解夢辭典

夢境象徵
全書

Llewellyn´s Complete Dictionary Of
DREAMS

Michael Lennox
麥可‧蘭諾克斯

楓 樹 林

家戶必備的心靈農民曆

　　小時候過年前家中總會得到一本農民曆，備註著一些民生實用的資訊，例如每日禁忌與適宜做的事情、沖煞，每當有婚喪喜慶之事就可作為參考。夢為每個人生活經驗的必然，解夢辭典也如同農民曆一般，能回應我們的日常需求，當我夢見各種人、事、物，就可以按圖索驥，了解夢境的意涵。

　　其實坊間解夢也有《周公解夢》、《夢林玄解》，這樣的書籍廣為人知，那麼這本《解夢辭典》辭典有何不同呢？周公解夢的方向大致是以吉凶、錢財得失、事情成敗以及現實生活的變化來說明的，就以井為例，《夢林玄解》對於井的解釋為：「夢汲井泉而飲之。此夢有二占；家居夢此，水清潔者得財帛，水汙濁者事難成；異鄉夢此，自汲取者歸鄉，人汲授者音信至。」

　　《解夢辭典》從心理學出發，對夢境的解釋則有較多心理學的概念，諸如情緒、壓力、自我照顧、人際關係等，例如《解夢辭典》對井的解釋則為：「你夢中這口井的狀況，也代表你目前生活中是否能夠好好照顧自己的情緒感受，以及你可能要付出多少情感給別人。如果你的井快要乾涸，那你可能需要先考慮自己的需求。如果井水滿出來，不妨檢視一下，你的情緒是不是已經大過你所能承受。」

　　作為心理師，我關注的是人的心理健康與心理發展，《解夢辭典》心理學取向的解釋能夠引導人回觀自己的內在世界，實為我所樂見，心理世界比起外在的財物物質來說更容易被忽略，但人的幸福快樂卻是無法與心理脫鉤的。

在心理治療的理論當中，佛洛伊德為解夢的開山始祖，著有《夢的解析》一書，但發揚光大者則為榮格，《解夢辭典》一書的理論根本則來自榮格的分析心理學。分析心理學中的陰影、原型、陰性法則與陽性法則等概念皆有在本書之序作解釋。

夢在榮格分析心理學的地位是至關重要的，我們可以從榮格晚期兩本著作看見，在榮格死前之作《人及其象徵》當中，榮格所撰寫的第一章「潛意識探微」開頭第一節即為「夢的重要性」。若去閱讀《榮格自傳：回憶·夢·省思》，我們則可以看到，在這本自傳當中，榮格陳述了非常多個人生重要關頭時的個人夢境，我們可以看到榮格是多麼嚴肅地去對待其夢境，並受到夢境的牽引。

榮格將人類心理發展熟成的歷程的過程命名為「個體化」，而個體化歷程的長期目標就是建立起與「靈魂」的關聯，榮格說「夢是靈魂最深、最親密聖壇的隱藏小門。」夢一方面靈魂對意識所說的話語，一方面也顯示當事人在其個體化歷程的進展。馮·法蘭茲於《人及其象徵》中提到，若夢者的意識態度受到夢的象徵內容適切詮釋的影響，個體化的進展就會更為快速，也因此任何有意願在個體化歷程努力之人，記夢、釋夢就是一個課題。

依照夢境出現的元素來查詢《解夢辭典》是最基本的解夢方法，但也建議再翻找夢境象徵的意涵之前，能自己先對夢境元素有些聯想，例如針對井，寫下心中的感受，還有冒出來的各種畫面、回憶，同時也要觀察夢境完整的脈絡，英諺曾說：「一個人的食物可能是另一個人的毒藥。」畢竟夢境是發生在個人身上，同一個物品對不同人來說也會帶出不同的感受。

祝願大家在《解夢辭典》的引領下，開啟一場心靈探索之旅，與自己的心靈越來越靠近。

——諮商心理師、臉書社團「榮格讀書會」創建者／陳宏儒

夢的象徵意義

　　在心理學講座中，談到解夢的實例時最能引起底下聽眾與學生的注意力。從深度心理學的角度來看，夢中的情節、人物、場景、出場順序、主支線任務，無不象徵著我們內在心靈中的某個部分。

　　精神分析認為夢指涉了個人的過去，榮格則認為它也再現了集體的過往，甚至能夠指涉個人與社會的未來。夢的玄妙之處在於它能自發性地重現神話的母題，因而若想瞭解自己的夢與潛意識，從神話與傳說下手，往往能得到有用的提示。因此故，故事分析的下課時間我身邊常會聚集許多急切著想瞭解個人夢境的伙伴，他們或者透過諮詢，或者透過沙盤創作，慢慢地養成了記錄與分析夢境的習慣，並走上謀求整合的個體化之路。

　　事實上，整合本就是生命的目的。生命可以被我們想像成一個圓，起點與終點、意識與潛意識，善與惡、男與女、愛與恨、幻與覺、乃至生與死，都在極深處某個不可思議的點交接。在那裡，療癒被達成，對立被超越。

　　分析夢境是沒有盡頭的，佛洛伊德與榮格本人都曾這麼坦承過。夢猶如一個絕佳的文本，禁得起多層次的分析。夢本身也有雜夢與大夢之別，前者可能反映的是當下的身體刺激（例如在夢中找不到廁所源於作夢者睡前喝多了正在尿急），後者則可能反映所處社群的當前危機與未來走向（例如榮格本人夢見日耳曼人即將以暴力統治歐洲）。但多數的夢處於這兩者之間，反應的主要是個人未解的情結。這些情結往往以擬人化的方式現身，亦即以某個你熟悉或陌生的人物出現，夢境中伴隨出現的情緒（而非夢到的人是誰，畢竟他只是潛意識使用的象徵或面具）因此成為解夢的關鍵之一。

正因如此，記錄夢與解夢成為了自我瞭解的最佳工具，那些情結內容往往指涉自己而非他人（例如夢到了父親對自己很嚴厲，反映的可能是你最近對自己太嚴苛了，而不是真實父親的嚴厲態度），一個善於觀察夢境的人，往往能從這裡得到許多啟示。另一位心理學大師，《愛的藝術》作者佛洛姆就認為，事實上夢並沒有榮格說得那麼玄祕，夢之所以能清晰準確地指出我們的困境，是因為我們醒著時被太多刺激與情緒所擾。因此人在睡著時反而比醒著更自由。不論是哪一種觀點，共同的結論就是：夢是有意義的，絕非無意義的產物。

看向光明的人絕不比看向內在黑暗的人清醒。這一點對許多雅好自我知識的人來說想必知之甚明。在傳統宗教逐漸失去了現代人的信任，而學院哲學與心理學又過於破碎的這個時代，追求整合的深度心理學再次展現了它的魅力。而這本書的用處即在於它是國內第一本系統化介紹各種夢境象徵之可能意義的專書。當然我們絕不會宣稱這可以替代專業的夢境分析與諮商，也無意說服讀者書中的解釋肯定合理允當。

詮釋的權力永遠在您的手裡，如果他人或書中的詮釋無法對您產生個人化的意義，那麼它就是一個無效的詮釋。所以請把書中的解釋當成一種參考吧！一種基於經驗所建立起來的推論。事實上，在整個解夢的過程裡，詮釋自己的夢境（或學習說故事）是我們最看重的能力，唯有如此，我們可才宣稱自己走向了個體化。而解夢讀夢，則是啟程上路的最好方式。

還請趕緊翻開這本書，理解您的潛意識想對您說些甚麼話？今晚好好地和陌生的自己在夢裡相遇吧！

—— 諮商心理師／鐘穎

content
目錄

序

　　自文明誕生以來，夢始終是人類生活當中非常重要的一部分。當我們的祖先圍坐在火堆旁、談論著夢境世界的種種，另一個向度的現實也隨之顯現。在那裡，有我們的先人祖輩和各種動物存在，凡此種種，皆成了後代的我們了解人類集體潛意識（the collective unconscious，或稱集體無意識）的證據，證明所有人類不分種族皆有相互牽連的關係。即便科學界對於睡眠中快速動眼期（REM）的研究，已經讓我們對於大腦運作的技術層面有了更多了解，但是作夢者透過對於夢境世界的感知，來獲取更多靈魂層面的訊息，也同樣有其價值。

　　雖然我們已經無法像古人那般，跟這個精神情感國度有那麼深的連結，但透過夢境，我們仍可找到一條進入我們內在深層世界的途徑，同時以此來了解全人類。在個人層面上，任何人只要曾經帶著一點點敬重之心、凝視過夢境的謎奧，就會明白這樣的探究是多麼有價值。一旦你更加了解你的夢，你也會更加了解你自己，以及你周遭這個世界。

　　夢，就是以象徵符號作為語言來訴說的故事。要了解那個語言、語彙，你必須要進入圖像符號本身的核心。每一個符號的普遍涵義，都有它個別的用途、精神本質、目的、或是內在質性。了解這個簡單的概念之後，所謂的「解夢」，就是把這個夢境所要說的故事將它完整說出來而已。

而這本解夢辭典，就是幫助你完成解夢過程的一項全方位工具，藉由讓你了解夢境要對你訴說的故事，來深化你的知識經驗以及對自己的了解。

我第一次被夢境吸引，是在我很小的時候。我到現在都還記得我三歲時候做的一個夢。在一片陌生空曠的景色中，我意識到，在我之上存在著一個我無法想像的巨大國度，同時我也感覺到，有一個地方比我所居住的這個中間地帶還要無限渺小。廣闊如宇宙，渺小如分子，儘管以我當時那麼幼小的心靈，根本無法真正理解那個意象。現在我已經長大，也知道這是一個跟「無邊無盡」有關的夢，而且也確實聽別人描述過跟我一模一樣的夢境。但當時我只知道，那個景色畫面非常迷人，讓我既興奮又害怕。不僅如此，我還明確感受到，那個既奇異又恐怖的地方，居然就在我自己體內，是我自己的想像力可及的一個地方。

青少年時代，偶然的因緣我讀到佛洛伊德的《夢的解析》（The Interpretation of Dreams），雖然內容已經有點超出我這個十五歲少年的感受力範圍，但我還是可以從他的著作當中得知，探索夢境確實可以帶我們洞見、了解自己內心潛藏的觀點。朋友間的社交聚會讓我有機會來測試這個想法。每次有朋友很興奮說他們做了什麼瘋狂的夢，我都會詳細詢問，仔細聆聽他們的夢境，然後根據我的直覺來給他們做回應。結果都讓朋友們

瞪大眼睛、驚異連連。就這樣，我維持了這個習慣很多年，做過幾千次夢境解析，也開發了我的解夢天賦，最後我走上正規的夢境研究之路，還因此拿到心理學博士學位。

不過，就算你有機會親眼看我解析一個夢境，而且對這件事興趣高昂，天賦也不是你所想的那回事。任何一個人都可以做到我所做的事情，而且這本書可以助你一臂之力，讓你將自己的解夢實力展現出來。我的天賦不在於我知道這些事情，因為任何一個人都可以接觸到關於人性和人類集體潛意識的知識。我的天賦在於，我可以用極快的速度對一個夢進行解析。

我的第一本書《夢境風光：解夢辭典與釋夢指南》（Dream Sight: A Dictionary and Guide for Interpreting Any Dream），對於如何解夢有非常詳盡的介紹，它比較像是一項教學工具，目的在於讓你能夠熟練夢境符號的意義，然後跟符號背後潛藏的知識做連結。你可能會有興趣參考這本書，來了解整個解夢過程是怎麼進行的，那本書上所提到的解夢詞彙，你也都可以在這本書上找到更簡要的解釋，而且這本書收集的詞彙量更多。這本《解夢辭典》收錄了超過一千條夢境符號的釋義，幾乎所有你夢中會出現的符號都可以在這本書上找到解釋。它會是你解夢的必備指南，讓你有辦法順利解讀所有的夢境符號。

若想要更有效率使用這本辭典，你可能需要先了解一些關於解夢的原則。首先，最重要的一個原則就是：解夢沒有所謂的對或錯。每一個夢境所代表的涵義都是非常個人的，很大程度取決於作夢者自己對於夢境的感受。同樣一個夢，在不同的時間點出現，它的涵義也可能會跟著改變。所

以，有一個最最重要的解夢原則一定要記住：夢本身有它自己的意識。就像一個興奮的孩子發現一項新活動一樣，它就是想要被看見、被認識。光是去思維一個夢境，就足以刺激我們的潛意識，提供你更多資訊來幫助你對自己有更多的了解。為自己解夢，真正的價值不在於最後所發現的那個夢境涵義，而是在於你幫自己解夢的過程。

第二個要考慮的原則是：要用什麼方法去探索夢境風光。雖然夢境可以反照出你平常生活中的很多面向，但最有效的解夢方式，是把夢境當中出現的每一個元素，都當成你自身意識的一種反射。這樣，夢中的每一個場景和活動，就都是你這位作夢者本身的一部分。你可以把你自己的意識想成是由很多面向組成的，而你所做的夢，就是你內在世界的象徵表現。

這個解夢法是源自十九世紀晚期一位非常著名的瑞士心理學家卡爾‧榮格（Carl Jung），後來的人因此尊稱他為現代解夢之父。跟佛洛伊德同時代的榮格提出了集體潛意識的概念，他認為，所有人類，無論分屬什麼文化或不同地理區域，在意識深處都擁有相同的意識原型。榮格遊歷世界各地之後發現，他在瑞士上層社會的那些病人個案，與他在非洲拜訪的土著，他們所做的夢居然是一樣的。當然，瑞士商人比較會夢到被銀行經理追著跑，而不是被老虎追，但夢境主題完全一模一樣。

根據榮格的解夢原理，你夢中出現的每一個人，都是你自己內在人格不同面向的化身。我把他們稱為「角色面向」（character aspects），你平時清醒生活中所展現的各種性格特質，會在你睡眠作夢時以各種不同人物出現。在這本書上，你會看到很多跟人或是個體有關的詞彙解釋，都是來自這個概念。不同的解夢原理對於這個概念也有不同的詮釋，但在這裡我們

使用的是「角色面貌」這個術語。你夢中出現的每一個人，都代表了你自己內在人格的其中一面，而且也應該被這樣解讀。作為複雜的人類，我們經常是用這種破碎的方式來了解自己，就像我們常說：「一部分的我覺得這樣、一部分的我覺得那樣。」夢的世界也跟這很像，在夢中，你真實本性的基本元素會被提取出來，用某個人物角色來作為代表，這個人你可能在現實生活中認識，也可能並不認識。

　　你現在就可以練習一下這個解夢技巧，試著回想你所認識的一個人，然後用三個形容詞來描述他們的個性，就這樣，非常簡單。比如，用三個形容詞來形容你最要好的朋友——溫暖、慷慨、有趣好笑；然後，你的老闆是：控制、要求、嚴格。憑你的自然直覺來描述就好，不要想太多。這個方法同樣可以應用在解夢上。比如，夢中出現某個你認識的人，就用這「三個形容詞技巧」來描述此人，你馬上就能知道，夢中出現的這個人是代表什麼意思。

　　以下我就用一個實際的夢境，來解釋這個解夢原理。有一位女士做了一個夢，在某個奇怪的場景裡，她看見她的高中英文老師飄浮在半空中；因為那個經驗讓她感到不安，因此對這個夢印象特別深。我請這位作夢者用三個形容詞來描述她的英文老師，她說：負面、嚴厲、要求很高。然後我又問她，在目前生活中是否有感受到什麼壓力，她提到工作上正在準備一份簡報，但她向來不習慣在眾人面前講話，因此非常緊張，對於這個即將到來的任務感到很憂慮。她馬上了解到自己的狀態、並直接對我講出她

內心的緊張，當她把她的老師看作她自己內在的一個「人格面貌」來加以
檢視，她發現，原來她是在批判自己、對自己很嚴厲，了解這件事之後，
也消除了她的一部分焦慮。

你跟生活中某個人愈熟識，你就愈難把這個人想像成你內在人格的一
部分。遇到這樣的狀況時，你最好能把自己暫時抽離出來。思考一下，如
果是別人，他們會如何描述這樣一個人，這樣你就比較能夠客觀了解自己
內在這部分的人格面貌。

當然，夢境當中也常會出現我們從未見過的人。如果是這種狀況，你
可以仔細回想關於這個人的所有細節，好好運用夢中出現的所有資訊。夢
境提供的東西愈少，你就得花愈多工夫才能發現這個陌生人是代表你內在
人格的哪一面。夢中出現不認識的人，很多時候是代表你尚未發掘到自己
的那些內在面貌。

有時候這並不容易做到，尤其是，假如你對自己內在的某個人格面貌
並不是那麼願意接受的話。我曾經遇過一位個案，她一開始非常抗拒這個
想法，我費了很大工夫才慢慢引導她接受這個概念。這位二十多歲的女性
做了一個夢，夢見她以前共事多年、年紀比她大的一位女上司。我請她用
三個形容詞來形容這位上司，她說：攻擊性很強、很強勢、不道德。我很
清楚看到，她夢中這位無情的女上司就是她自己內在人格的一部分，她自
己其實就有殘忍無情、不在乎是非道德的那一面。

平常清醒時，這位年輕女性確實很努力，想要在每一件事情上都表現得很好，「殘忍無情」這個形容詞跟她幾乎搭不上線。但諷刺的是，當我要她去思考這個解夢概念時，她表現出來的防衛行為卻是十分殘忍無情。我努力向她解釋，每一件事情都是我們內在的反射，不管是好的還是壞的，最後她才終於了解，並願意承認。

但這並不表示，我們的夢境不會反映出我們跟家人、朋友、以及認識的人之間的關係；夢確實也會是我們人際關係的反射。不過，我的觀點是：解夢最有價值的部分乃在於探究自己的內在。基於這個前提，將夢中出現的每一個場景都視為我們自身內在意識的反射，會比較有助於了解你自己。這並不是完全否定掉外部人際關係對我們夢境的影響，不過，這本解夢辭典所持的觀點，乃是從我所謂的「內部解析」（inner circle of interpretation）出發的，也就是說，你夢中出現的每一個人物，都是你自身的反射。

你需要了解的第三個解夢原則是：「陰影」（shadow）。陰影這個概念也是榮格創造出來的，他認為人的意識當中有很多面向，是我們不加思索就會抗拒的。他認為陰影是我們潛意識（無意識）心靈的一部分。若直接從名稱來理解，陰影就是你人格當中那些暗黑而且駭人的部分。它隱藏在我們內心，是我們所反感的、怨恨的、想要排拒、想要棄絕、不想接受的那些面向。我們會將這些東西深深埋藏在心靈深處，而在表意識層面完全無視它們的存在。

這背後的基本概念是，每一個人內在都擁有人類狀態的所有潛在表現。例如，我們每一個人內心都藏著凶狠的怒意；大多數情況下，人們並不會將那些衝動化成實際行為表現出來。但因為我們是人，心靈中潛藏著各種心性特質。而那些具有危險性的、讓人感到羞恥的，以及令人反感的心性特質，全都棲居在我們心靈意識的某個區域，這樣它們可以安然隱身在那個地方，不被我們看見。這些區域就是所謂的「陰影」。

對一般人來說，各式各樣的暗黑人格、社會無法接受的那些情緒，平常都安全地被隱藏起來，在夢境之外永遠見不到光。只要它們好好待在陰影中，我們就可以一方面做一個完整的人，一方面又可以表現出社會能夠接受的恰當行為。不過，若是為了我們自身的成長著想，想要擴展智慧和意識層次，我們還是得去探究這些潛藏的黑暗領域，這樣我們才能真正了解自己是誰。夢，或許就是我們通往這個暗黑區域最重要的一條路。

噩夢和令人不安的夢，很有可能就是從陰影區域洩露出來的。發生在夜晚、或是黑暗場景的夢，也有可能都跟我們的內在陰影有關。如果你夢中出現一些跟你實際狀況完全相反的特徵，比如你的膚色、髮色，以及性別等等，都可能是陰影的表現。假如夢中出現危險、令人感到恐懼、或是奇異神祕的事物，很有可能也是陰影在向你招手。

你的表意識所能覺察的那些事物，你可以毫無困難將它們整合成為你這個人的一部分。你對自己有一些新的發現，而且能夠將它接受下來，你對自己的認識就擴大了。但如果那樣東西是來自陰影，你就會因為恐懼和

抗拒而讓整合過程充滿阻礙。由於那樣東西本身是由你所討厭的人格元素組成的，因此你很難接受。夢是幫助你釋放恐懼、不再受困於某些生命狀態的最好方法，因為它能夠照亮你意識當中存在的恐懼。這個過程並不屬於理性的範疇，而且充滿神祕，但只要你願意花一些時間，好好跟自己的夢相處，你就可以不再受恐懼和禁忌的奴役。

任何一個夢都非常有價值，但是黑暗和令人驚恐的夢帶給我們的，卻是更加難得的寶貴經驗。或許正因為噩夢很恐怖，所以才更容易被我們記住。夢境中的陰影，恰恰就是我們潛意識（無意識）深處需要被釋放的那些部分，這樣我們才有機會得到成長。一旦那些恐懼被辨認出來，它就不會再待在陰影中，光明會照亮那曾經黑暗的地方。生命的智慧就是這樣得到增長的。

為了讓你能夠善用這本《解夢辭典》，先了解書上的一些術語會對你有很大幫助。「原型」（archetype）是能量組合形成單一概念後，以一種「模式」來代表同類或相似的形象。例如：戰士原型代表權力和侵略。在我們當代社會中，戰士原型有各種表現形態，包括運動員和某類男性電影明星。而愛與慈悲的原型通常是以女性角色為代表，在各種大眾媒體上反覆出現。這只是兩個最簡單的例子，讓我們知道什麼是原型，這本書上有許多詞彙都跟這個概念有關。當夢中出現一個原型意象，那個夢就是在反映人類意識經驗中的某些基礎法則。

上面提到的那兩個原型實例，也同時說明了這本書上會頻繁出現的另一個概念，那就是：「陰性（女性）能量法則（feminine principle）」和「陽性（男性）能量法則（masculine principle）」。或許可以說，人類行為和經驗的所有面向，都可被歸類在這兩大概念之中。請勿將這個概念與性別上的男性女性相混淆；這個概念跟性別和性傾向是無關的。陽性能量法則指的是積極作為（做／doing）、採取行動、果斷的概念，而陰性能量法則是指當下存在狀態（是／being）、創造力、滋養培育、接納收受的概念。當這兩種能量相互結合並保持平衡，我們就能體驗到融合與完整感。若說解夢工作的全部重點，就是在追求個體真我（自性）的這種融合與完整，或許有點過於簡化，但也並非不正確。事實上，夢經常出現在我們的心靈當中，要幫助我們去發現並朝這種狀態發展。因此，如果能夠了解我們夢中出現的那些影像畫面，跟這兩個基本結構（或其中一項）的連結關係，會對我們自己非常有幫助。在這本書上，你會經常看到這兩個概念出現。

　　歡迎你跟自己做一個新的承諾，用更有意義的方式來深入探究你的夢境。雖說解夢並沒有一種絕對正確的方法，但確實有一條道路，可以在你需要時為你提供正確的指引。假如你被這本特別的解夢辭典吸引，那麼對你來說這條路就是正確的。如果說，一個夢本身就是一個故事，那麼，解夢就是用一個故事來解說這個故事。請好好利用這本辭典，讓它為你引路，使你的夢發出更有力量的聲音，為你說出關於你自己的故事。

The Dream Dictionary

解夢辭典

◆ 數字 ◆

0 *Zero*：

零這個數字象徵缺少資訊；是事物開始之前的最原初狀態。

1 *One*：

一代表開始，是存在的起點。以人類來說，一指的就是本我。它是尚未付諸行動之前的意念想法，因此也蘊含著潛能的概念，代表事物尚未真正發生。事實上，一的能量是受到限制的，因為它本身沒有能力做任何事。不過，它也代表靜止不動以及邁向行動之欲望的培育階段。一是人生旅程的開端，是一個非常活潑的能量。但是，從陰影面來看，它也存在著孤獨與孤立的挑戰。

2 *Two*：

1加上另一個1，就形成2，夥伴關係就建立起來了。相對論的概念就是從二的能量演化而來，因為這個時候，一有了另一個對象來跟它自己作比較、作對照。一現在可以用「自我」這個概念來認識它自己，因為多了一個「他人」。2這個數字所涵蓋的涵義，都是這個概念的體現，比如：夥伴關係、二元性、對立面、陰／陽、平衡、以及相互分享……以上僅舉數例。2的陰影面是：有可能雙方關係會瓦解，因而失去自我感。

3 *Three*：

　　當兩個人聚合起來，最後他們的能量一定會創造出一個新的元素，「3」於是誕生。3 是一個代表創造力的數字，而且是非常強大的能量。3 這個概念有許多具體實例：母親、父親和孩子，可能是最普遍為人所知的一種。天主教信仰當中的三位一體也是。畫家、顏料以及作品，則被用來代表任何一種對於創作所投注的心力。以音樂來說，三和弦是最簡單、也可能是最受人喜愛的和弦。在幾何世界中，只有三點同時存在，才能創造出一個真正的形狀。三的陰影面挑戰在於，缺乏穩固基礎以及脫離現實。這是因為，3 這個數字是代表我們內在那股想要去創造事物的強烈欲望，但卻覺得做不到，因而會變成一種以恐懼為基礎的能量。

4 *Four*：

　　當你在一個三角形外多加一個第四支點，你就能得到一個四方形。4 這個數字代表的就是結構。一旦內在的創造力衝動得到滿足，緊接著就是要使之穩固、凝固，這件事就是要靠四的力量來完成。四方形是一個能夠承重的奇妙形狀，可以將三的創造力能量支撐起來，成為一個穩固的地基。4 代表的就是建築制度、秩序、規則，以及條例的建立。雖然它是一個具有強大力量的數字，但同時也帶來限制和拘束。

5 *Five*：

　　以 4 作為基礎，5 代表的是自由。當結構被建立起來之後，現在你可以在安全的情境下，安心去進行探索。5 這個數字就是代表這種表現力。人體的四肢加上頭部，就是數字 5 的具體展現。我們的身體可以在空間當中穿梭移動，這本身就是代表活力和令人振奮的經驗。因此，5 就是象徵自由、喜悅和幸福。但自由也存在陰影的一面：放縱。這個陰影面帶有非常嚴重的負面後果，比如強迫症和成癮。

6 *Six*：

　　6 這個數字是代表伴侶、婚姻創意合作以及平衡。6 尾隨在代表自由的 5 之後，代表的是一種對於穩定的要求。6 的能量也可以看成是兩組 3 的結合。如果 3 是代表個人層次的創造能力，那麼兩組 3 結合起來變成 6，就產生了世俗的伴侶關係以及婚姻與結合的概念。數字 6 代表各種層次的夥伴關係，包括：商業、社會教育以及靈性方面。從個人的角度來說，數字 6 代表我們內在兩種相反意見的愉快融合，以及我們內在兩種相反力量的統合，比如兩種相互矛盾的情緒感受。數字 6 的能量也有其陰影面，代表感覺自己責任重大和負擔沉重。

7 *Seven*：

　　當你在外部世界建立起夥伴關係之後，現在你已經做好準備，要更上一層樓，去體會更高的人性經驗。7 這個數字跟靈性和高階思想有關，這是在我們所有的基本人性需求都被滿足之後，才有可能去經驗的。現在你已經可以用更為深奧的方式，自由去沉思你生命的存在意義。靜心冥想以及內心風景的各種探索之道，都是數字 7 所掌管的範疇。包括：思維、內省沉思、神祕主義知識、禱告、宗教信仰、心理學，以及任何想要從更高視野去了解生命所做出的一切努力。其實我們對這個數字的重要性都已經相當熟悉：一個禮拜有七天、天主教有七宗罪、全音階有七個音符，等等。7 這個數字也有陰影面，它的挑戰在於：這個振動頻率會在乙太中迷路，跟務實的土地生命失去連結。

8 *Eight*：

　　精神層面的事物顯化成真之後，隨即而來的就是大豐收。8 是代表永恆無限的數字，這個無限包括各種形式的財富：愛、金錢、福報、喜悅，以及生活中所遇到的每一樣神奇經驗。「永恆無限」這個概念指的是宇宙浩瀚無垠、沒有極限，時間與空間無止盡延續，其運轉方式非吾等人類有辦法真正理解。當你了

解到，無邊無盡和豐盛這兩個概念其實是相結合的，你就會發現，你所想要的每一樣東西，宇宙都會源源不絕供應給你，即使有些東西你認為是有限的、或是你根本不可能得到的。8 就是 7 的魔法實際運轉的結果。它的陰影面是貪婪、囤積，以及退縮畏怯的愛。

9 *Nine*：

9 是數字系統的最後一個數字，代表圓滿與完結。世間一切事物最後都會結束，好讓新事物可以誕生。9 體現的就是這個新舊不斷循環的改變過程。9 這個數字的陰影面是對於死亡的恐懼，以及對於事物無常變化最終勢必結束的抗拒。

◆ 二畫 ◆

人形野獸 *Beast/Human*：

當你夢中出現結合了動物與人類特徵的人形野獸，表示你已經開始察覺到自己內在人格當中那些較接近原始特質的面向。神話當中很多生物都是以動物和人類軀體的結合來表現。這種具有神奇力量的人形野獸，存在於許多文化歷史中，就算是最夢幻離奇的人獸組合，事實上可能也是來自某個古文明神話。如果要解析夢中出現的人形野獸究竟代表什麼意義，首先應該去了解夢中那種動物擁有哪一種能量特質。試著去查閱跟你夢中那個野獸形象相吻合的歷史資料，你就能獲得許多寶貴的資訊，了解你的潛意識心靈想要告訴你什麼。

人行道 *Sidewalk*：

　　街道是象徵你以非常快的速度獲得你的社交和社群經驗。人行道也是代表你的社會生活經驗，但比較是在親密關係的層次上。它也代表當你在世上行走所受到的限制，比如人們告訴你，你必須走哪一條路，因此，人行道也代表一種社會束縛。在夢裡面，你走在人行道上的感覺，也反映出你對於這些社會限制和社會習俗有什麼樣的感受和看法。

匕首／短劍 *Dagger*：

　　夢裡面出現任何一種武器，都是象徵攻擊和破壞性的衝動。匕首是能夠劃出極深傷口的小工具。在夢裡面出現匕首，可能只是一種暗示，代表可能會發生攻擊的情況。匕首劃出的傷口可以象徵傷痕，也可以代表被人從背後中傷，不管是哪一種，都是暗指被朋友背叛或是朋友不忠。

十字 *Cross*：

　　這個符號跟基督宗教的關聯性最強，但事實上，將一個圓平均分成四等分的這個圖形，在人類歷史上幾乎是每一個文明中都普遍出現的精神符碼。地球這個圓球體，也是被南北兩極垂直線與東西向地平線所形成的十字劃分成四等分。因此，十字可以說是一個名符其實的宇宙符號。如果你本身是信仰基督宗教，那在解釋這個夢境時，就一定要把十字架的意義考慮進來。如果不是信仰基督宗教，那你還是可以將它視為代表地球萬物生靈之精神能量的一個原始符號來解釋它。夢中出現十字這個符號，可能表示作夢者開始對神祕事物有所感應。

刀子 *Knife*：

　　這項工具提供了一個銳利面，作為我們手部的延伸，便於隨意進行切割動作。這是一個帶有強大陽性能量的符號，一方面代表攻擊侵略，同時又具有保

護作用。如果能明智使用它，它就能成為我們手部創造能力的延伸。夢中出現刀子，往往會讓人感到驚恐害怕，它可能代表你需要將某些已經對你無益的東西從你生活中切除掉。

三畫

山 *Mountain*：

這個夢代表你的生活中必須克服的艱難挑戰或障礙，特別是跟新的點子、構想、或是選擇有關。當地殼中兩個相反的運動向量相互推擠、往上推升形成新的陸地時，山脈就形成了。因此，山象徵的就是因為衝突對撞而形成的新高地。請記得，地球表面的一切變動，都是始於熾熱的地心。就像我們的熱烈激情、敵對攻擊，以及任何會引起摩擦的情緒，最剛開始也都是發生於較深層的潛意識，最終，才在我們生命中形成新的高地，讓我們可以站在其上，看見更多生命風景。

山貓 *Bobcat*：

所有的貓科動物，在夢的解析上都是代表基於陰性能量所採取的行動。貓愈大隻，所提供的醫治力量就愈大。山貓個性獨來獨往，而且是非常有耐心又神祕莫測的狩獵高手。夢見山貓，是在提醒你要更有耐心集中意念，才能獲得你想要的東西。

山獅 *Mountain Lion*：

所有的貓科動物都是與陰性能量法則相對應。貓的體型愈大，牠的圖騰力量也愈強大。山獅是所有大型貓科動物當中體型較小的一種，取名為「山」獅，代表牠有能力爬升到意識的更高層次。

山丘／丘陵 *Hill*：

此刻，你感覺你的人生非常辛苦。陸地代表你的意識，如果你開始往一座山丘上爬，那表示你覺得自己正面臨到一些壓力挑戰，或是覺得你的人生遇到了艱難險阻。這座山丘的高度，就是代表你感受到的壓力有多重。夢到山丘，也可以代表你所面臨的挑戰相當振奮人心，而且即將為你帶來巨大收穫，因為當你爬到山丘頂上，你就能看到所有風景，而且接下來的旅程會很輕鬆。

山谷 *Valley*：

山谷是陸地的一部分，因此在象徵意義上也與你的表意識有關。你可以將山谷想成陸地的美麗延伸，座落於高海拔的群山之間。山谷通常擁有大自然田園風光，因此也代表你覺知意識當中受到更高層次思想保護的一塊地方。當你想到山谷這個概念，也必然會想到高山或丘陵，因為有高山才會有山谷，所以，山谷也代表了我們對於更高層次思想的欣賞和感謝。山谷也是象徵受到這種更高願望抱負的保護與庇蔭。

小牛 *Calf*：

小牛就是尚未發展成熟的成年母牛和公牛，因此在解夢時要把「純真無邪」這個元素考慮進去。（參見母牛／Cow，第64頁）

小孩 *Children*：

　　你夢中出現的所有人物，都是你內在人格的反照。以象徵符號的核心意涵來說，小孩就是代表天真無邪。不過，夢裡面小孩子的行為和動作，也會影響到我們對這個夢的解釋。當然還要考慮夢中的這個（或這些）孩子的年紀。夢中的這些孩子出生的那個時刻，代表的就是你實際生活中有新的想法、習慣模式，或是意識覺知形成的時刻。比如說，夢見一個七歲的孩子，可能表示你在七年前發生了什麼事。你也可以看看夢中這個小孩是多大年紀，你在那個年紀的時候是否也剛好形成某個思維模式出現。從這個角度來說，夢見七歲的小孩，代表的就是你在七歲時可能發生了某些事情。如果夢中出現的是你自己的小孩，那可能反映出你的家庭生活實際上出現了某些問題。

小丑 *Clowns*：

　　在夢的解析上，小丑是一個非常複雜的意象符號。他們外表展現的是調皮嬉戲的能量，但底下卻隱藏著顛覆和不可信任的成分在內，他們擁有可以含攝巨大矛盾的諷刺能力。小丑很調皮、很小孩子氣，但也非常荒誕怪異。小丑這個概念本身就帶有一種顛覆的特質：他們外表上看起來無害，但表層底下可能潛伏著陰暗的東西。他們永遠只有一號表情，因此顯得很不可靠。不過，他們的表演如果適當，帶來的娛樂效果絕對是精彩萬分。夢裡面出現小丑，也是你內在人格的一部分，代表某種想法或思維模式。夢到小丑，可能是在提醒你要更深入去探索，在那身戲服底下，究竟你真實的想法是什麼。

小貓 *Kitten*：

　　貓代表無條件之愛的陰性能量法則。小貓則是這個能量最極致純真的展現。經常重複夢到小貓，對一般人來說很平常，而且這種夢境常常能夠帶給作夢者愛和撫慰的感覺。從另一個角度來說，小貓也可能代表對於愛與親密關係上比較不成熟，因為牠們會因為恐懼和抗拒而表現出依賴感。

小路 *Path*：

小路是指在某些荒野地帶，前人所開闢出的一條行走路徑。它是象徵你自己的人生道路、你所做過的人生選擇，而那些選擇已經有其他人做過。這條道路愈是荒涼偏僻，你的夢境所出現的場景就愈特別、愈不尋常。夢中出現荒涼小路，或是你在小路上行走，都是代表你在人生中所走過的私密旅程。

小徑 *Trail*：

小徑代表你人生中的某段旅程。通常當你進入小徑，會發現比大馬路更多的自然風光，因此，在夢的解析上，小徑就是代表更接近你個人本性的東西，也就是你個人的內在旅程，而不是對外公開的生活。從夢中這條小徑的品質，以及在小徑上發生的事，你會得到更多線索，知道這個夢是代表什麼意思。

小石子 *Pebble*：

以一般我們對石頭的定義來說，小石子就是最小的石頭。所有的石頭在象徵意義上都是代表過去，因為它們就是地球本身記憶的具體展現。小石子可以是一種具有刺激性的東西，也可以是一種裝飾品，端視情境而定。如果你夢見你的鞋子裡面有一粒小石子，那表示你現在想要甩掉一個舊有的想法或經驗。如果是夢見你用小石子在裝飾花園或是做其他布置，那表示你用一種健康而且正向的方式在慶祝你的過去經驗。

小狗 *Puppy*：

狗代表的是無條件之愛、忠心耿耿、不受拘束之感情的陽性能量法則。小狗則是這股能量最旺盛最極致的展現。小狗也代表一種不太成熟的愛和親密關係，他們會表現出滿滿的熱情，勝過內心真實的愛。

小考 *Quiz*：

　　小考是一種小型測驗，用來測試你是否已經完全融合吸收你所接收到的知識。生活中，你也經常會面對到一些情況，必須運用你才剛學到的智慧，來解決一些問題，因此，夢到自己接受小考，或許是在提醒你，要根據你最近學到的知識，去執行你要做的事情。（參見考試／隨堂測驗／參加考試〈Exams／Pop Quiz／Taking a Test〉，第82頁、335頁、226頁）

小地毯 *Rug*：

　　小地毯可以讓腳踩上去感覺更舒服，也同時保護地毯底下的地板，而且還能裝飾空間、增加美觀。小地毯這個符號，有一部分涵義是跟你是否在一個空間當中感覺穩定、穩固有關，有時也代表財富和豐盛。小地毯的形狀也代表你對於財富與豐盛的生活信念。地毯老舊破損，代表你的想法已經過時。新穎美麗的地毯代表你正在迎接豐盛奢華的生活新願景。

小便池 *Urinal*：

　　排尿這個動作代表我們內在有毒素和憤怒需要釋放。小便池是小便的接收器，而小便代表以俐落有序的方式來排除意識內的毒素。

大便 *Defecation*：

　　講到糞便，我們最直接想到的就是身體的排泄物，但事實上，排便這個動作卻是我們生命中第一次的創作經驗喔。父母親對小孩子的排便訓練，其實就是教導一個小孩如何去控制他身體功能的過程。小孩子的這個生命階段，對於他或她將來的人生有非常深遠的影響。因此，要訓練一個小孩子排便，最有效的方法就是，讓他把在廁所裡製造出糞便的過程跟創造一樣東西連結起來。對一個幼小稚嫩的心靈來說，排便簡直就是一項壯舉，跟完成一件大事一樣。從這個角度來看，夢到排便或是糞便，我們首先要想到的就是跟一個人的創造

力量有關。無論製造出來的東西是什麼，它都是代表你個人的創造力狀態，也就是跟你創造事物的能力有關。需要注意的是，在夢中你對這件事是否覺得反感。在夢裡面，我們通常不會覺得糞便很髒。如果夢到大便讓你感覺很不愉快，那可能表示你在抗拒一些內在更深層的東西，因為是屬於陰影的部分，所以你需要讓它看起來「很骯髒」。如果夢見自己在吃大便，代表把創意咀嚼進身體裡面，那你可能需要在實際生活的某些方面多發揮一點創意。夢見自己在玩大便或是處理大便（包括你在做這件事情時的感受），可能代表你是否能夠輕鬆自在去面對生命的過渡轉換期，或許你需要藉由深入研究「自己的屎」，來重新找到你的真我。

大腿 *Lap*：

大腿代表身體的一部分，同時也代表以某種特定姿勢形成一個空間，用來承載某樣東西或某個人。無論是你坐在別人的大腿上，或是讓別人坐在你的大腿上，都表示你們之間非常親密。因此，夢中如果出現大腿這個部位，那是在提醒你去注意你的感情和親密關係狀態。讓某人坐在你的大腿上，或是把某樣東西放在你的大腿上，意謂著你跟那個人或那樣東西很親密。夢到你坐在別人大腿上，代表你想要得到對方的安慰。此外，如果把出現在你夢中的這個人視為你內在人格的一面，那就是代表你內在這個部分需要被照顧，或者它可以提供你滋養和撫慰。

大廳／門廳 *Lobby*：

不管是哪一種建築物，要進入這棟建築的主要房間之前，一定要先經過大廳。因此，在象徵意義上，大廳就是代表需要為即將到來的事物做準備。你夢見的是哪一種大廳，解夢的內容也會有所不同，比如，劇院大廳代表的意義就跟辦公室大廳不一樣。但無論你夢到的是哪一種建築，只要夢境場景是發生在大廳，它都是意謂著，在你可以從這種建築所代表的意義得到益處之前，你必須事先採取一些準備行動。

大屠殺 *Massacre(s)*：

這個夢代表你個人的意識型態正在發生巨大變革。大屠殺是藉由單一力量來造成大規模死亡。任何跟死亡有關的符號，都是代表轉換和改變，同時也預示著某種重生的契機。而人數眾多的大規模死亡也是一樣的涵義——這個改變實在太過巨大，以致我們只能將它解釋成：舊有的事物消逝乃是為了讓新的事物誕生。檢視一下你的生活中是否正在發生某些變化或進行某些改變，你感覺這個改變的規模非常龐大，因而刺激你做了這個夢。由於你夢中的人物都是代表你內在人格的一部分，因此，那些大量死亡的人也可能代表你正在拋棄許多陳舊的想法或模式。

大聲喊叫 *Yelling*：

當我們帶著怒氣說話，或是想要傳達我們認為重要的事情，我們會提高音量。因此，在夢中大喊大叫，就是代表當時發生的那件事情重要性極高。這也是非常典型的一種夢，當作夢者面對到內心深層的憤怒情緒時，就很容易做這種夢。在夢裡面，作夢者會發現自己大聲喊叫，但是卻好像發不出聲音，因此感到非常沮喪。這個夢其實是反映出，憤怒情緒如果過於龐大，很可能會帶來非常嚴重的後果，因此必須好好去面對、處理，和宣洩出來。看看夢裡面你是在對誰大聲喊叫，可能就是代表你心理上哪個部分有情緒崩潰的感覺。如果夢中是別人對著你大喊大叫，看看這個人是誰，藉以找出線索，看是你生活中哪件事情讓你這麼生氣。

工廠 *Factory*：

工廠是用來生產和製造東西的地方。廠房建築本身象徵的就是一個純粹的基礎結構體，裡面裝著我們內在心靈的各種思想、觀念，或是某個信仰系統。當我們在解析一個跟工廠有關的夢，很重要的關鍵在於，這個工廠是生產什麼東西。工廠製造出來的東西，可以提供我們解夢的重要線索。接著要認知到，

無論你認為那樣東西代表什麼涵義，那個信仰系統或觀念都具有一種永久性，不會輕易改變。

工具 *Tools*：

工具是用來修理和建造東西之用，因此，代表的是陽性能量解決問題的能力。如果你夢到工具，代表你生活中可能出現某個障礙或挑戰，需要你親手去解決。看看你夢裡使用的是哪一種工具。鐵鎚代表必須採取強硬和明確的步驟。螺絲起子代表需要慢慢深入問題的核心。更複雜的工具則表示，你所面對的情況比較複雜，可能需要用更細膩更精準的方法去解決。

工具腰帶 *Tool Belt*：

如果你夢到工具腰帶，那表示你實際生活中可能需要準備好各種解決問題的方法技能，以備不時之需。工具是陽性能量法則的展現，代表實際去做事，以及具備各種做事的技巧，有各式各樣的方法可以選擇。

工作 *Work*：

這個夢跟你白天時候的義務和責任有關。我們的社會是一個以任務和工作為中心的社會。大多數人都認為，他們的工作是為了維持生計而不得不做。因此，你的工作和工作場所也代表了生活賦予你的一切責任和義務。很多時候，這種跟工作有關的夢都會讓人感覺非常真實。因為你有很多時間是在那個地方度過，因此你的夢裡面出現的都是跟白天有關的影像。夢境的場景發生在工作地點，也可能是一種補償性的夢，它是在幫助你排除一些壓力，讓你第二天醒來時可以再次去面對它。不過，這樣的夢也可能是讓你用一種比較省事的方式，將你潛意識當中對於你的責任和義務的情緒感受表現出來，以致你對這些情緒不夠警覺和在意。並非所有跟工作有關的夢都會讓人感到壓力沉重。如果你的夢是屬於這種情況，不妨利用你對工作、工作環境，以及對同事的感受，

來幫你確定夢中所要顯露的是你自己內在的哪一個性格層面。很多人對於工作上的那個自己，與平常生活其他部分的自我認知，其實是相當不同的。如果你的夢境內容跟工作場所有關，那可能也要去檢視一下，你對工作有什麼樣的看法。

叉子 *Fork*：

食具器皿是我們進食過程中的輔助工具。而吃東西是象徵自我照顧和滋養的需要。因此，（在西方飲食習慣中）叉子是在我們滿足這個需要的過程當中，最重要、也是第一個會被使用的器具。其次，針對不同的食物，我們會選用不同的叉子，這也代表我們在照顧自己的時候，需要考慮到你所選擇的東西是否能真正有效達到這個目的。

口香糖 *Gum*：

口香糖跟口腔有關，因此只要夢裡面出現口香糖，大概都是跟溝通的有效性與否有關。口香糖會影響我們說話的清晰度和講話的力度，因此夢見口香糖，可能是代表你沒辦法為自己做出有力的表達。很多人都會不斷夢見自己一直在嚼口香糖，代表你覺得你說的話需要被人認真看待，或是堅定說出你想說的話。

口紅 *Lipstick*：

任何與嘴巴相關的東西，在象徵意義上都跟溝通有關。口紅的主要功能是凸顯嘴部，某方面來說是帶有些許性暗示的意味。如果你本身是女性，那夢見口紅可能表示你需要更加注意你發出的聲音的力量和命令。對男性來說，夢見口紅可能是在提醒你，在語言表達上需要更柔軟、更軟化一些。如果你在夢中看到有某個人正誇張地在塗口紅，那表示這個人所代表的、你本身的內在人格面向，有一些重要事情要對你說。

口交 *Oral Sex*：

　　這個夢境意象代表的是你的語言品質、權力狀態，以及跟溝通交流有關的議題。雖然一般來說，跟性有關的夢只是代表你未實現的慾望，但是口交這個夢境符號則帶有多重涵義。性代表渴望結為一體，代表將不同的存在方式或不同人格面向加以統合。而嘴部方面的動作，在這裡則意謂著跟語言溝通有關。如果是夢見以嘴來取悅男性陰莖，表示你想要或是需要在語言上更強勢一點。如果是以嘴來取悅女性生殖器，表示你希望你人格中屬於接納、敏感、創造方面的特質能夠被認可、被接受。如果你是採取主動姿勢的一方，代表你對這些事情有更強烈的急迫性，比起作為接受的一方來說。如果我們把這種新的交流方式當成一件正在發生的事情，那接受口交的一方就是代表過程的開端，而幫對方口交的一方則是代表結束。跟你口交的對象是誰，也會透露出這個夢是代表什麼涵義。這也是很多人對這種性交夢境感到困惑、甚至害怕的原因，因為夢中跟我們發生關係的對象，很多都是我們在實際生活中不可能跟他們性交的人。不過，對潛意識心靈來說，性交是象徵一種融合，跟社會或個人對它所加諸的汙名無關。如果夢中你的性交對象是你認識的人，對方的性格特質就是代表你想要將這種人格特質整合進來，改善你的溝通方式。如果夢中性交的對象是陌生人，你可以回想這個夢境的一些細節資訊，來釐清這個夢的涵義。

千斤頂 *Jack-in-the-Box*：

　　這個符號是代表持續不斷累積的壓力，最終可能導致出人意料或震撼的事情發生。千斤頂所承受的真實張力，不是萬一會不會發生的問題，而是何時會發生的問題。當你把彈簧愈旋愈緊，你完全知道，這股能量最後一定會突然爆掉，但這件意料中之事什麼時候會發生，你卻無從知曉。在夢裡面，這項工具的狀況如何，將可提供你更多的解夢資訊。假如螺旋尚未旋緊，那可能代表你希望生活中可以多點刺激，讓你感覺人生有點意思。假如這架千斤頂壞掉了，那表示你延遲滿足或稍後採取行動的能力可能有所不足。

上坡 *Uphill*：

這個夢象徵你在目前的人生旅程上奮力前進。夢裡面出現的任何一種道路，無論是大馬路、羊腸小徑或人行道，都是代表你的人生過程。道路的傾斜坡度，就是你的潛意識對於你目前走在這條路上所感受的壓力程度，也是代表你對生活中某件事情的實際經驗感受。雖然上坡很辛苦，讓人感到精疲力盡，但也有一點點刺激，爬上頂端之後會覺得非常有成就感。如果你對生活中某件事情感到虛弱無力，你可能會夢到自己在爬坡，但是爬得很辛苦，感到非常挫折。如果你夢到自己爬到一半就無力再前進，那表示你對自己信心不足，而且可能在面對一個生活挑戰時陷入困境。如果夢到在坡頂看風景，表示你正在檢視自己對目前某項決定的內在動力。

下巴／下顎 *Jaw*：

下巴的作用主要是咀嚼食物，讓食物更容易被我們的身體消化，因此根本上來說，下巴是跟自我照顧和滋養的法則有關。另一方面，下巴咬得很緊通常是代表內在有憤怒和緊張壓力沒有表達出來。如果夢中出現你自己或是別人的下巴特寫，那這個夢很可能是跟憤怒的問題有關。夢中出現的是誰的下巴，這個人可能也是代表你人格中的一部分，它讓你必須去抑制自己的憤怒，或是代表你在這個部分有怒氣未被表達出來。

下水道 *Sewer*：

下水道是一種地下建築構造，目的是為了排除廢水和廢物。因此，在象徵意義上，它代表的是讓我們不想要的東西可以順利排除掉，而且遠離我們的視線範圍。下水道通常埋設在地底下，而且跟我們的生活中那些令人厭惡的東西緊密相連，因此，它也可以說是一個陰影符號。如果你的夢境場景發生在下水道，那表示你正在探索自己內心深層的陰影面，你想要去了解自身內在被否認的部分。這樣的夢可能也反映出，你希望自己可以坦然接受你不想要看見的東

西。此外，從流經下水道的東西來看，下水道也代表你有能力在不被看見的情況下，從一處移動到另一處，只要你願意接受你內在心靈的導引。

女同性戀性愛 *Lesbian Sex*：

代表我們內在依據陰性能量法則在運作的那些不同性格面向，正在進行整合。在夢中，任何的性行為都是代表我們內在不同人格面向的統整與融合。以女同性戀性行為來說，它凸顯的就是陰性能量法則的要素，比如滋養、照顧，以及創造力等。之所以把女同性愛列為一個夢境符號是因為，對於異性戀女性來說，夢到女同性愛是很普遍的現象，尤其如果那段時間在生活中經常遇到與陰性能量有關的議題時。懷孕中的婦女就經常會夢到她們跟另一位女性做愛。如果那位作夢者本身是女同性戀，那麼就應該從性愛和性交的概念來探索這樣的夢。很多異性戀男人在實際生活中都會藉由觀看女同性愛畫面來進行性幻想。不過，對一位男性來說，如果他們的夢境中出現這樣的畫面，更多的意義是在於，他們的內在人格正在進行陰性能量的整合。這是自然的演進過程，當一個男人愈是邁向成熟，他就愈能去連結他內在本具的陰性能量。一個真正成熟完整的男性，一定也是一個擁有創造力、接納之心、能夠滋養他人，以及心性敏銳的人。

女性貼身內衣 *Lingerie*：

貼身內衣是衣物的一種，因此也是代表我們內在自我的展現。由於具有這種性質的衣物是內衣，因此它的涵義也和隱藏的事物有關。其次，貼身內衣是屬於最內層衣物，因此也帶有某種程度的情色性質。夢見自己穿著貼身衣物，可能是在幫助你，在生活中培養更多的親密感以及對於情慾的敏感度。不管是男性或女性，都可能作這樣的夢，但如果是男性夢到自己穿著女性貼身內衣，可能表示有較高程度的戀物傾向，而且在性慾的表達上需要更溫柔、更女性化一些。

女傭 *Maid*：

女傭是負責家裡清潔和家務工作的人。作為你內在人格的其中一個角色面向，女傭代表的是，當你的思想和感受出現混亂分歧、需要清理收拾時，那位負責讓事物維持條理分明、有條不紊的角色就會出現。

子宮 *Womb*：

子宮是創造一切生命，並為這些生命的出生做好準備的地方。這是代表孕育力的強大象徵，無論你孕育的是一個生命、一個點子想法、一種創造力衝動，還是任何你想要實現的東西。夢到子宮裡面空無一物，代表你遺失或缺乏創造新事物的能力。如果夢中你感覺確實有什麼東西在你子宮裡成長，那表示你需要保持耐心，讓這件事情能夠順利進行。

◆ 四畫 ◆

天使 *Angel*：

早在人類出現在地球之前，天使這種主要原型能量體就已經存在。幾千年來，人類已經把這些擁有巨大感知力的能量體創造成特定型態的存有，呈現在許多宗教和靈修教導中。這些存有會出現在我們夢中，並作為我們精神靈性高度進化的證據。天使也象徵著神聖力量的介入，祂們會在高處守護我們，並使奇蹟發生。

天空 *Sky*：

　　天空在我們的世界中占了很大部分，天空裡的每一樣東西都是地球沒有的。因此，天空這個符號代表的就是人類源源不絕的想像能力。對某些人來說，天空的廣闊無垠是如此巨大，甚至大到可以涵蓋上帝的概念。夢境中出現天空的場景，代表的是人類心靈品質的向上揚升。解夢時要考慮的是，夢裡這片天空發生了什麼事，以及你對這片天空的情緒感知。夢中這片天空的狀況，就是代表你內在最高層次的思想狀態，無論它是正向或負向。請記得，那些「從天而降」的東西，就是代表突然發生、不在預料之中的事情；同樣的，它可能是好事也可能是壞事。

手 *Hands*：

　　我們的雙手擁有不可思議的創造力和表現力，這是人類獨有的經驗領域。從個人層次來說，一個人的手會洩露非常多的訊息。一個人的手部狀態和模樣，直接反映出這個人平時是如何在使用他的手。兩手緊握或者把雙手藏起來，可能代表此人需要對自己的外在表現施加某種程度的控制。講話時手勢非常多，可能代表在跟人溝通時過度修飾、喜歡錦上添花，這樣可能會讓你和對方的距離拉得更遠。夢見一隻脫離身體的手，可能代表行為處事沒有良心。夢見自己用手在製作某樣東西，可能是在提醒你，生活中要多多這樣做。有句俗話說「把你的手弄髒」，意思就是你需要讓自己全力投入某件事情，來獲取更豐富的經驗。

手鍊 *Bracelet*：

　　任何一種裝飾品，最終目的都是為了讓你得到他人的注目。夢見珠寶是代表什麼涵義，則要看這個珠寶凸顯的是身體的哪一個部位。手是代表創造力表現，手腕則多了一層涵義，代表在那個部位保持靈活機動性。因次，夢見手鍊可能是要凸顯你內心的一個渴望，你希望自己能夠更有創意、更有表現的意思。

手機 *Cell Phone*：

夢到手機，表示你在生活中與人有所聯繫，或是與人失去聯繫。在當今這個時代，手機行動電話代表的就是思想的力量和速度。你一想到某人，就可以立即跟他們聯絡。夢中出現手機，無論是在什麼情境下，都是代表你作夢那個時候跟人的連結性有多強。夢到自己正在使用手機，那表示你想要立即跟你生活中的其他人有所聯繫。如果手機無法接通，那代表焦慮或是混亂和與人失去聯繫。夢見遺失手機，表示你暫時失去了你向身邊的人表達自己和你的想法的能力。（參見電話／Phone，第255頁）

手扶梯 *Escalator*：

自動手扶梯主要象徵的是：你的思想和意識往上層或往下層移動。往下移動代表你正在往內在更深、更隱密的地方去探索，往上移動代表你渴望靈魂往更高的層次提升。手扶梯緩慢、穩定的速度，就是代表你用溫和和從容的步調在經歷這個探索的過程。夢到手扶梯壞掉，代表你必須做更多功課，才能釐清自己目前遇到的困難在哪裡。

手電筒 *Flashlight*：

不管是哪一種光，它都是象徵我們渴望光明、想要看得更清晰。手電筒是一種可以隨身攜帶的照明工具，可以在任何時刻、任何情境下發出亮光。夢到手電筒，意謂著你即將展開某種更深層的探究。

手套 *Gloves*：

手套可以保護你的手，同時把你的手藏起來，因此，手套這個符號是跟你的天賦、能力、技能，以及表現力有關。它可以是主動刻意的或是被強加的，它可能對你有幫助，也可能造成限制。在夢中，你戴的是哪一種手套、它

的外觀看起來如何，都可能代表溝通內容的一部分，那是超出我們言語的弦外之音，是屬於肢體語言的一部分。手套代表我們在與他人溝通時所戴的各種面具，是我們想讓別人看到的，同時把自己真正的皮膚藏起來。性感的、緊緻合身的手套，代表一種隱微的誘惑。如果是夢見工作手套，那可能代表你生活中某些地方你覺得必須努力工作來掩飾自己的真實想法。蕾絲手套代表細膩的溝通，因為它只用薄薄的一層紗來遮住或掩蓋自己真正的意思。拳擊手套代表你生活中可能正面臨挑戰。它們也可能正在阻擋你與對方溝通，因為你有所提防——拳擊手套裡的手可能準備跟對方打架，但它們既不能過於溫和、又不能表現得太明顯。連指手套（除了拇指其餘四指連著的）可能代表你需要或渴望讓自己感覺更舒服，但相對的卻失去表達能力或是溝通效力。從手指一直連到手臂的長版手套代表隱藏的範圍更廣泛，或是有更強的誘惑企圖。橡膠手套也可能是代表某些潛在訊息，那些訊息具有嚴重的傷害性，因為那是有毒的。

手銬 *Handcuffs*：

手銬通常是用來將犯罪者束縛住、限制他們行動的一種工具。因此，在象徵涵義上，除了代表一種拘束感以及對自由的限制，同時也代表你做出的行為和選擇可能導致被限制的後果。手銬還有另一層次要涵義，是作為性活動的輔助用具，因為這種拘禁可以激發人的情慾。如果你夢到的是後者，可能代表你想要去探索，是否某些跟性有關的問題限制了你的自由。

手淫／自慰 *Masturbation*：

代表你想要藉由你的創造力能量、甚至是性慾，來激發你的某種自我表現方式。任何跟性慾有關的意象，都具有複雜的多重涵義，要解釋這個意象，最好的方法就是從這個符號的象徵意義開始，先將這個意象符號分解成更基礎的元素來進行解析。手淫的主要目的是為了達到高潮。而高潮有兩種功能，一個是用愉悅趕來紓解壓力，另一個是提醒自己性慾的存在。另一個解夢關鍵是，它代表你目前的性生活狀態，以及你平常對於性慾的態度。如果夢中有出現另

一個人，那請將這個人視為你內在人格的一部分。如果是你在**觀看別人自慰**（或是你在**幫別人手淫**），那麼這個人可能就是代表做夢這段時間你內在對於性慾的看法。如果是反過來，別人在幫你手淫，也是相同的意思；不過，差別在於你內在這部分的性格，可能試圖想要激發出你自己對於性慾的反應。這個人的性別也應該要考慮進去，無論你個人的性傾向喜好是什麼。男性代表行動力的陽性能量，女性則代表接納的陰性能量。人類的性趨力與創造力本能是屬於同一種力量。夢見手淫，不一定是代表實際上真的有性的需要，有時候其實是代表你內在有一股創造表達的需求。不妨檢視一下，這個夢是不是在提醒你，在生活某些方面要喚醒你的熱情。

手術 *Operation*：

外科手術是一種治療疾病的建議程序，主要是為了修復身體失常的機能、移除無法正常運作的器官、或是將某個已經沒有功能的器官換掉。作為一種象徵符號，手術是代表你人生中正在進行這樣的一種治療或更換，而且這種療癒具有侵入性，會讓人感到害怕，並且帶有風險，同時，這種療癒也必定是極為深層的。

手術 *Surgery*：

治療正在進行，儘管它帶有潛在破壞性，而且本質上帶有暴力性質。外科手術通常被認為是一種痛苦而且屬於侵入性質的治療程序。根本上來說，治療是去改變身體某些部位之結構的一個過程。所有的外科手術都可歸為兩類，一類是切除，另一類是植入。如果你是夢見從身體切除什麼東西，那你可能要去檢視，你生活中是不是有哪些部分面臨到失去的狀況、或是有什麼事情需要放下。如果你是接受植入手術，比如人工關節或心律調節器，那就要檢視你的人生目前是不是剛走在新的道路上，或是現在的生活方式對你來說有點陌生。無論是哪一種手術，它都是代表你意識中的某些部分需要進行大規模的療癒。

手術服 *Scrubs*：

近年由於媒體出現很多與醫院有關的戲劇，「手術服」已經成為現代人常用的語彙之一。穿著手術服的醫生，也是代表我們內在的一個人格角色面向，主要和療癒有關。如果你夢見自己穿著手術服，代表你對於自己健康狀況的關注提升到一個新的層次，無論是指你實際上肉體的健康，還是精神面的隱喻。

手錶 *Watch*：

以計時功能來說，手錶已經快要成為一種過時的東西，但它還是最能代表測量及保持生活節奏的一種象徵。更重要的是，藉由守時的機制，我們可以跟全世界保持一致性的聯繫，這樣事情才能同步進行。如果你夢中出現手錶，那表示你可能需要讓你的生活更加保持一種節奏，按時操課，這樣才能與其他人的工作節奏保持同步。

分手 *Breaking Up*：

代表你生活中某些事情正在改變，或是可能需要做個了結。若單純就字面上的意義來說，就是指你生命中的一個階段，或是你跟另一個人的感情關係結束了。不過，也可能是指你正在戒斷自己的某樣行為。或許你正在跟你的一種習慣或模式「分手」，因為那些行為已經對你毫無益處，現在該是你將它放掉、往前走的時候了。

公事包 *Briefcase*：

公事包代表的象徵意義是，你有能力執行生活中某些重要事情，通常是跟工作以及責任義務有關。夢見遺失公事包，可能表示你覺得自己沒辦法履行你的義務，或是照顧好自己的事業。

公牛 *Bull*：

有時候，力量的極致展現就是寂靜不動，公牛讓我們聯想到的就是這件事。公牛是一種身形龐大的動物，大部分時刻牠都是靜止不動的。公牛所代表的療癒涵義是：要去認識你自己的力量，相信你自己的能力，當正確時機來到，你就能展現出最大的行動力。公牛在某些文化傳統中也代表財富，特別是在西方占星學上，金牛座掌管的就是金錢和物質上的舒適享受。

公驢 *Jackass*：

參見驢子 Donkey，第375頁。

公園 *Park*：

公園是一種現代發明，主要是為了創造一個已經從現代人生活中消失的幻想式自然風景。公園代表的是我們內在想要讓我們的意識保有一部分的純淨、原始，以及自然。在象徵符號的領域中，它代表一種放鬆狀態，沒有壓力、恐懼、疑惑，以及物質俗世的憂慮。夢中場景出現在公園，可能是要提醒你，你內在與大自然緊密相連的那部分，也就是對於愛的感受。

公雞 *Rooster*：

所有的鳥禽類都是信使的象徵，而公雞帶來的訊息非常特別。公雞的咕咕聲代表一天的開始。如果有公雞出現在你的夢中，那表示你的人生即將展開一個新的循環。在中國的十二生肖學當中，雞代表務實和足智多謀，但也是代表驕傲、自視甚高的原型。夢見公雞，可能跟以上這些特質都有關聯。

水 *Water*：

在夢的解析中，水就是代表情緒。同時也是代表從我們潛意識心靈所升起的一切事物。事實上，可以這麼說，情緒本身就是某個東西正在潛意識裡發生的外顯證據。因此，水代表情緒，同時也代表潛意識。人類身體極大部分都是水，情感的湧動會使這種寶貴的液體以淚水的形式從你的眼睛傾瀉而出。因此，在夢裡如果出現任何一種水分，都是在提醒你要去思考關於你本性當中的情緒面。水量愈大，這個夢要表達的情緒量也愈大。如果水勢洶湧或存在某種危險性，比如夢到海浪或瀑布，解夢時就要把這種危險感加進來，因為當我們情緒過於強烈，大到超過我們所能掌控，我們常常會對自己的情緒感到害怕。情緒感受也會流動，就跟水一樣，因此，你夢裡面的水是用什麼樣的方式在流動，也代表你如何在感受這個情緒。緩緩流動的小溪，就像平緩流動的少量情緒，很重要，但持續不斷而且平靜。奔騰怒吼的河流，就像強大的情緒，非常激烈，但如果控制不當，可能會危及你的幸福感。雨水就像我們的眼淚，在夢裡面，飽含水氣的天氣型態，可能是代表你正在經歷或想要避開生活中某些容易讓你情緒感傷的事情。

水牛 *Buffalo*：

對大多數美洲原住民來說，水牛可說是最神聖的動物之一，水牛代表的是感謝、豐盛、財富以及糧食。夢中出現水牛，是在提醒你要去承認你生命中哺育你長大、提供你一切所需的那些神聖奇蹟。這身形雄偉的野獸，代表的是感恩的靈性法則。

水晶 *Crystal*：

參見石頭／岩石／巨石（Stones／Rock／Boulders，第67頁、113頁）。

水龍頭 *Faucet*：

水龍頭是自來水的出水口，是代表文明、便利，以及生活富裕的象徵。水這個符號連結的是人類經驗中的情緒情感面向，因此，水龍頭也代表了你要如何來駕馭你的情緒，使它可以發揮正向功能，為你帶來好處。在西方世界，我們認為水龍頭的存在是理所當然的，但是作為一種象徵符號，水龍頭其實代表的是，你有一種不可思議的能力可以讓情緒自由流動，並且有辦法讓它為你帶來助益。如果你夢見水龍頭被某個東西堵塞住，可能表示你用來維持自己能量的方式已經失衡，你用了太多蠻力，而且可能你需要淨化一下你的情緒，好讓自己可以恢復元氣、重新開始。

水災 *Flood*：

在夢的解析上，水是跟情緒感受的問題以及潛意識心靈有關。水災就是代表這個情緒已經大到不堪負荷。水災是相當普遍常見的夢，當你生活中遇到情感方面的問題，如果受到的刺激太深，就會夢到水災。

水果 *Fruit*：

大自然母親為我們創造出的各種食物，就是地球豐富生命的展現。香甜的水果就是象徵生命的甜美。如果你夢到水果，無論是哪一種，都是代表你內心有一種渴望，想要感受生命的豐盛和富足。每一種水果都有其成熟期，這也代表了一項任務計畫、點子，或是理想願景，一定會在某個特定時刻結出果子，豐富的收成就將垂手可得。假如時間過了很久你都沒有付諸行動，你的一切辛勞可能會付諸流水。

水管 *Hose*：

水管可以將水引導到特定方向，來達到各種用途。水象徵的是我們的情緒感受，因此，水管就是代表你將情緒引導到對自己有利的方向上，使之得到充分利用的一種能力。

水蛭 *Leeches*：

水蛭是一種蠕蟲，主要是靠吸食哺乳動物的血液維生。「水蛭」這個詞甚至也被用來意指速度緩慢的虹吸作用，因此，水蛭本身作為一種象徵符號，代表的就是逐步緩慢失去熱情、能量，或是生命力。由於大部分的水蛭都生活在水中，因此這個符號也帶有情緒感受的涵義在內。

水獺 *Otter*：

作為一種象徵符號，水獺代表的是歡樂和活潑淘氣。因為水獺是水中生物，因此連結的是陰性能量法則，以及穩固務實的特性。水獺可以在代表情緒和潛意識心靈的水域中自在嬉戲，因此，夢到水獺，可能是在提醒我們，要用一種輕鬆愉快的心情，去面對生活中跟情緒有關的各種事情。

水池 *Pool*：

參見游泳池／Swimming Pool，第247頁）。

水庫／儲水槽 *Reservoir*：

夢裡面出現任何型態的水，都是象徵你的情緒感受面。以水庫／儲水槽來說，它是一種人造結構體，用來儲水以維持生活所需。夢到水庫，可能代表你想要記住情緒表達的重要性，因為它就是你人性原有的一部分。

水肺潛水 *Scuba Diving*：

海洋代表我們的深層潛意識。跟我們的潛意識一樣，海洋底下也有很多地方可以讓我們盡情探索，假如你裝備齊全、潛入深海，就能看到不同的海底景色。水肺潛水象徵的就是這種深入自己潛意識心靈的探勘經驗，那些風景平常深藏不露，但只要透過各種自我探索的方法，你就有辦法接近它。

水槽 *Sink*：

水槽能夠幫你儲水，也有辦法讓廢水流走，因此在象徵意義上，它就是文明生活的反照。事實上它是一種能讓水流動的結構，因此也跟我們的情緒感受相關聯。在解夢時，要考慮的是水槽的種類以及它的狀態。浴室裡的洗臉槽，代表跟親密關係和私密生活有關。廚房裡的水槽代表你是否有好好照顧自己。工業用的水槽則跟你的社交生活、社會經驗有關。

水井 *Well*：

你可以取用來自內在深處的情緒養分，是這個夢要告訴你的事情。夢裡面只要出現水，都是代表跟你的情緒狀態有關。水也是維持我們生命的要素。只要挖出一口水井，就保證你可以擁有源源不絕的生命靈藥。以象徵符號的角度來說，水井就是象徵情緒感受的水與維持生命的水，這兩種東西的相互關聯與結合。我們的肉體需要水才能生存，我們的靈魂需要情緒平衡才能成長茁壯。水井通常也是一個社區的重要資源，所以，你夢中這口井的狀況，也代表你目前生活中是否能夠好好照顧自己的情緒感受，以及你可能要付出多少情感給別人。如果你的井快要乾涸，那你可能需要先考慮自己的需求。如果井水滿出來，不妨檢視一下，你的情緒是不是已經大過你所能承受。

巴士 *Bus*：

夢見巴士，代表你在公眾或社交生活方面正在發生緩慢的改變。跟任何一種交通工具一樣，巴士也是代表一個人的生命路程。當你搭上巴士，你就是把方向盤交給另一個人，你只要好好在自己的位子上坐著，跟著車子前進即可。不同種類的巴士，在夢的解析上也有不同涵義。校車代表一個人退回到早期的心智狀態，市公車可能代表你需要遵循一種方式，耐心與別人共處。私人巴士（比如旅遊巴士之類）則代表財富的豐盛程度，以及需要搜集更有創意的資源，以供未來之需。不過，如果是用巴士來代替家用汽車，可能是代表你內心感覺匱乏和受到局限。

日曆 *Calendar*：

日曆是標記事件時間的工具，它們能讓我們知道我們之前曾經去過哪裡，以及將來要去哪些地方。在抽象意義上，日曆代表的就是時間本身這個概念。夢到日曆，可能是在提醒你去思考，當你在做決定時，時間這個因素占了什麼樣的地位，或者，你對於自己現在的生活有什麼想法。你在夢中的情緒感受，會幫助你決定如何解釋日曆這個象徵符號。

日間托育 *Daycare*：

把小孩交給日間托育，你就可以擺脫一些職責，暫時擁有一點自由，來從事其他的責任義務。如果夢中出現日間托育中心，可能表示你肩負多項責任義務，需要暫時喘息，或者需要兼顧一下其他職責，稍微平衡一下。

日蝕／月蝕 *Eclipse*：

蝕是太陽系的一種天文現象，指一個星體遮住了來自另一個星體的光，最常見的就是，月球遮住太陽的光，或是地球遮住了太陽照在月球上的光。因此，日蝕（或月蝕）就是象徵光線被阻擋，而這裡的光就是隱喻我們的意識、想法，或是生命力量。古時候的人曾經認為，日蝕或月蝕可能是大事要發生的預兆。

日記 *Journal*：

日記是我們內在思想和個人反思的象徵。很多對於解夢有興趣的人，都會把他們的夢記錄在日記裡，因此日記這個意象符號若出現在夢中，最直接的意思就是，透過思考夢境本身來獲得內在智慧的這個過程。在夢裡面，不管這本日記出現的情境為何，它都是在直接反映你跟這些內在私密訊息的關係。

毛毛蟲 *Caterpillar*：

先有毛毛蟲，然後才羽化成蝴蝶。毛毛蟲必須做一件非常勇敢的事情：牠必須願意放棄自己的生命。牠並不知道接下來會發生什麼奇蹟。如果你夢見毛毛蟲，那是在提醒你，要徹底放下自己，全然臣服，帶著全部的信心，相信奇蹟一定會發生。

牛仔 *Cowboy*：

夢中的牛仔也是你自己內在的一部分，代表著你勤奮工作，以及追求開拓與自由的個人主義精神的那一面。牛仔這個符號代表的是一種粗獷豪邁的個人主義精神，這基本上跟美國傳統的西部拓荒神話有很大的關係。牛仔給人的印象通常是獨行俠，有點孤僻但在工作上孜孜不倦、非常敬業。拜大眾媒體之賜，牛仔幾乎已經成了一種獨特標誌，代表了靜默的陽剛力量的極致境界。夢到牛仔，通常都跟這種親力親為的獨立精神有關。你生命中是不是有一些新的領域需要去開拓？或許有些什麼事情是你必須親自動手去做的。畢竟，就像西部電影最後的結局都是牛仔騎著馬在落日餘暉下遠去，牛仔心中永遠都抱持著一個信念，幸福的新生活就在不遠的前方。

牛仔褲 *Jeans*：

在美國，牛仔褲幾乎已成為一種制服，但它最早其實是給從事繁重勞動工作的人穿的。到現在，牛仔褲已經變得非常普遍，因此，作為一種夢境符號，牛仔褲代表的就是一種需要，表示你不想要那麼嚴肅認真，或是在某些場合不想穿得那麼正式。假如你是夢見別人穿著牛仔褲，那這個人也是代表你內在人格的一部分，他希望你的心情可以放輕鬆一點。

牛奶 *Milk*：

　　這種來自哺乳動物的飲品，一般被認為是一種基礎食物來源，尤其對嬰兒和兒童來說。作為一種符號，它代表的是來自陰性能量法則的營養與照顧之終極來源。牛奶也讓人聯想到母性本能，因此「母乳」這個詞也帶有一種安慰與支持的意味。

不毛之地 *Deserted Place*：

　　夢到荒蕪不毛之地，可能是在提醒你，你有一些需求未被滿足，還有，你過去所選擇的東西現在對你已經不再有益。人類是社會性動物。從我們來到地球的那一天，我們就一直跟其他人共同生活在一起。如果你發現自己身處荒涼不毛之地，而且身邊完全看不到其他人類，你一定會感覺很無助。一個人是否會感覺容易受到傷害，或是不安全，很大程度取決於他身處在什麼地方、能夠取用什麼資源，以及自己擁有多大的毅力和勇氣。就算在最好的環境裡面，人的生命存續依然存在著風險，因此，不毛之地這個符號的象徵意義，主要還是跟冒險與死亡有關。雖然我們可能會認為，身處不毛之地最直接給人的聯想就是孤獨感，但在解夢時對這個符碼的詮釋，主要還是放在人類資源的缺乏上。就算你覺得不毛之地是代表身邊沒有人可以安慰你，這個涵義也依然適用。或許我們可以這樣去思考，如果你的一切需求都要依賴他人才能夠滿足，這也許就是讓你產生焦慮，然後做了這個夢的根本原因。

引擎 *Engine*：

　　任何靠點火發動的機器，它的最核心機件就是引擎。因此，引擎象徵的就是任何事物的核心。由於引擎也可以代表推動欲望的一股力量，因此也直接代表願望在顯化過程中所需的能力和動力。你夢境中那具引擎是處於什麼樣的狀態，也代表你擁有多少力量可以讓事情實現成真。

父親 *Father*：

參見父母親／Parents，第47頁。

父母親 *Parents*：

代表你正在與你的內在權威力量連結；是你的父母親造就了現在的你。父母親的話語會深深鑲嵌在我們心中，成為我們人格的一部分。因為在我們人生的頭幾年，總是不斷重複接收來自父母的訊息。假如他們的訊息是充滿批判性和限制性的，這些訊息就會住在我們心裡，成為我們自己內在獨白的一部分。如果我們的父母對我們傳送的是支持、疼愛的訊息，也是一樣。很多時候，父母給我們的訊息是複合式的，有正面，也有負面。在你人生各個不同階段，你對這些訊息的感受也會不同，有時候你會覺得父母親帶給你的困難挑戰比他們給你的禮物還多。在你真正能夠寬恕之前，好好去面對憤怒和怨恨通常是最有效的方法。從夢中你跟父母親的互動品質，也可以看出你目前是處在哪個階段。夢到父母親，可能是要讓你知道，你跟他們的實際關係究竟是如何，重要的是要去思考，這個夢是否也在向你透露一些訊息，關於你如何養育自己、照顧自己。

火 *Fire*：

事情正在發生劇烈變化。熊熊烈火將路上的一切都燒毀了。但是請記得，被火燒毀的東西會還原成為碳，而碳就是一切生命的組成元素。因此，儘管火帶有絕對的破壞力，就像所有的改變亦是如此，但火也造就了其他事物誕生的空間。夢見小火焰或是火花，代表有一股改變之風正在吹來，而熊熊火焰則表示這個改變和轉換可能已經超出你所能控制，你覺得承受不了，心裡很害怕。解夢時也要去看，夢中是什麼東西在燃燒，你就會知道夢中的這把火究竟是在反映什麼事情。什麼東西正在燃燒，可能是你在解這個夢時最需要關注的部分。假如你知道那樣東西是什麼，那表示那樣東西所象徵的事情在你的生活中

正在發生重大變化。夢見房子著火，代表你個人的身分認同正在改變。如果是一棟公共建築物著火，那可能跟你的社會身分角色比較有關。如果是你擁有的一樣物品著火了，那表示跟這樣東西有關的事情正在發生激烈變化。大自然裡發生火災，代表失去資源、失去滋養的能量或創造力。如果有人在大火中喪生，那個人就是代表你內在人格的一個面向，你的那部分真我必須被犧牲，新的自我認同才能誕生出來。夢中這場火的規模大小，以及你對這場火的情緒反應，會顯示出你對這個改變是否覺得無法承受和無法掌控。已經失控的大火，代表是一場大範圍、大規模的改變，可能會讓你原本的生活完全變樣。可受控制的火焰，代表那個改變是你能夠掌握的，甚至是你刻意要讓它發生的。如果是像戶外的營火堆，代表你有辦法利用有限的資源來造成巨大改變。家中的壁爐或燒柴的火爐，代表這個改變是你可駕馭的，或是帶有一種娛樂性質。雖然火很危險又凶猛，但它也擁有淨化的力量，能夠創造出新的可能性，帶來新的成長。如果夢見火，你要小心留意，那表示有重大改變即將發生，它可能會為你帶來新的生命和新的機會。（參見火焰／Flame，第48頁）

火焰 *Flame*：

火焰是火的最頂端部分，它是屬於火的一部分，也是讓火向外蔓延擴散的部位。蠟燭的燭焰，或是任何的一撮小星火，起初看起來都是可控的，但如果你放著不管，很容易就會引發更大範圍的燃燒，所謂星星之火可以燎原。因此，火焰代表的就是一種潛能、一種可能性，如果你忽視不管，就會帶來巨大破壞。（參見火／Fire，第47頁）

火災逃生口 *Fire Escape*：

火象徵巨大改變和轉換。改變真的很嚇人，我們通常都會想要逃避它。火災逃生口就是一種象徵意象，代表你知道如何離開一個炙熱的情境，免得讓自己陷入危險，或是驚嚇過度。夢見火災逃生口，在解夢上比較困難的部分是要

去釐清和確認，你是不是真的有必要因為恐懼而逃離那個現場？還是你應該轉過身來，回到原來的地方，去面對那個無可避免的變化。

火鶴 *Flamingo*：

火鶴（紅鶴）是一種水鳥，因此在象徵意義上是跟情感領域以及潛意識表面之下的東西有關。火鶴優美的身形面貌以及美麗的粉紅色羽毛，讓牠在象徵上多了一個層次的涵義，代表有某些東西正在意識表象之下默默醞釀著。火鶴總是佇立在混濁的水域中，好像在對我們說：「這底下有藏著東西唷。」

火柴 *Matches*：

火柴有引發大火的可能，因此在象徵意義上就是代表一種潛在的火。火柴的出現，除了代表內心的欲望，也代表想要引火的意圖。火這個符號是代表改變和轉換。因此，夢到火柴，表示你正考慮在近期做出某項改變。

火花 *Spark*：

火是象徵巨大變革與轉換。而火花本質上是微量的火，因此，也代表推動變革發生的原動力。它可能是一個最初的想法，暗示著接下來即將顯現的偉大遠景。有的時候，火花需要聚集到一個程度，才會引發大火，因此，這樣的夢也可能是在暗示，你目前生活中有很多可利用的靈感。

火把 *Torch*：

火焰永遠都是象徵巨大改變和轉換。火把通常是用來照亮黑暗的地方，因此，它就是代表有能力透過一段時間的改變，看見平常隱藏起來的事物。「為某人舉著火把」（carrying a torch），這句話的意思就是單相思，表示對於一個無法再聯絡的對象，依然維持著深深的愛意。

火車 *Train*：

你正在經歷非常重大的改變或轉換。任何一種可以讓你從一個地點移動到另一個地點的交通工具，都是預示有巨大的轉換正在發生。火車時速比汽車快，但是比飛機慢。因此，夢見自己坐在火車上，代表這是你生活中正在發生中等程度的變化。火車也是一種公共運輸工具，所以這個改變很可能是跟你的公眾生活有關，而非你的私人生活方面。夢中這輛火車的狀況，比如它的年代和它的內部型態，也都可以提供你更多解夢的資訊。

火車站 *Train Station*：

火車是一種交通運輸工具，因此也代表你人生中的一個改變或轉換。火車站是等候的地方，代表這個改變可能即將完成，或是才剛要開始。

火車鐵軌 *Train Tracks*：

火車鐵軌代表對於改變的渴望，或是感應到即將發生的改變可能帶有某種危險性。如果火車代表改變本身，那麼鐵軌就是代表轉換和改變的可能性，因為沒有鐵軌，火車不可能移動，改變不可能發生。火車鐵軌也隱藏著某種程度的危險，因為火車隨時會開過來，讓你置於險境。因此，夢中的場景如果是發生在鐵軌上，那代表可能會發生劇烈改變，而當改變發生時，有可能會讓你感到害怕，或是造成一些破壞。軌道上有火車在走，也暗示了這輛火車哪裡都可能去，也就是指移動和旅行的可能性。鐵軌還有一個非常強大的象徵，是代表一種階級的區隔，所謂「鐵軌的另一邊」(other side of the tracks)，指的就是貧民區。在夢裡面，你是站在鐵軌的哪一側呢？

火雞 *Turkey*：

雖然火雞是一種鳥禽類，但值得我們將牠視為一個動物圖騰來關注，在美國，火雞幾乎是就是感恩節的代名詞。

火山 *Volcano*：

　　火山是象徵在長時間受到束縛或約束之後，可能爆發憤怒與帶來巨大破壞。火山的外觀也顯示了這個符號的根本影響力在於：束縛或約束。地殼只能暫時將熱與燃燒的力量壓住，等到壓力積累到一個程度就會產生爆炸性的噴發，造成地景的永久改變。高熱和熔岩代表與怒氣、憤怒，以及其他受到強大力量壓抑的情緒。夢中出現火山爆發的景象，代表這個情緒即將爆開。休眠的火山代表過去曾經被壓抑的情緒，但這些問題已經不再對你造成安全上的威脅。活火山表示動盪情況仍在持續進行，熱氣仍在噴發，火山隨時可能再次爆發。

五金店 *Hardware Store*：

　　五金象徵的是建構起我們生命的一切結構與機械元素，而商店則是代表你隨時可以取得讓你生活更為舒適有效率的東西。此外，由於你在這種商店買到的很多工具和材料，都和建造的行為有關，因此夢到自己去五金行，可能代表你可能需要去組建出某樣新東西，或是把已經壞掉無法順利運轉的東西重新修理。是什麼東西需要修理呢？

五角星 *Pentagram*：

　　五角星是一個廣泛被誤解的符號，這個符號最早是源自基督教，但後來大眾媒體經常將它上下顛倒，變成一種祕術邪惡面象徵。五角星最單純的意義就是代表人體的五種感官覺受經驗。在早期的基督教，它就是代表耶穌基督身上的五個傷口。在塔羅牌當中，五角星就是錢幣，代表金錢財富和繁榮。以上提到的幾種涵義，在夢境中都可能以五角星的意象出現。

牙齦 *Gums*：

　　牙齦直接和牙齒有關，牙齦的健康與否也會反映出你身體其他部位的健康情況。牙齒是安全感的象徵，因此，牙齦代表的就是你是否有能力照顧好你自

已。夢到牙齦酸痛流血，是在提醒你，你要再多加照顧自己一些。當然也代表你在溝通上可能有些問題。

牙齒 *Teeth*：

　　牙齒的象徵涵義與豐盛繁榮有關。在解釋這個符號時，請務必了解，金錢只是財富和豐盛的其中一種形式而已。微笑時露出牙齒，可以吸引對方喜歡你。你也可以用皺眉頭和露出齜牙咧嘴的表情，來作為一種自我保護。牙齒可以咀嚼食物，協助提升身體吸收營養的能力。因此，牙齒之所以象徵繁榮豐盛，是因為它在愛情、保護，以及營養這些事情上扮演著關鍵角色。

牙齒掉落 *Teeth Falling Out*：

　　你的生活中有些事情讓你感到不安。牙齒主要有三種功能。它們可以幫忙我們處理食物，讓我們身體得到營養。微笑時露出牙齒可以表達愛意，生氣露出齜牙咧嘴的表情代表攻擊。這三樣事情——營養、喜悅，以及保護——都直接關係到我們的安全與幸福。如果有人沒辦法提供自己養分、吸引愛和關心、保護自己不受危險攻擊，那麼就不可能擁有基本的生命安全感。沒有這三樣重要東西，恐懼感就會在我們心裡蔓延。因此，如果夢見自己牙齒掉落，那麼，跟個人安全感有關的問題，就是你的潛意識最想要告訴你的事情。它包括了幾個不同層級的強度。從一顆牙齒稍微鬆動，到一滿口牙齒掉出來，滿嘴血腥。夢境內容的強度級別，就是代表你的恐懼程度。包括：害怕自己失去控制、看起來很醜很老，或是其他無法被滿足的需求等等，夢境所呈現出來的，就是你對於實際生活當中某些事情的不安程度。牙齒的其中一種功能是「咀嚼」，在夢的象徵涵義上就是代表需要好好仔細思考（咀嚼）某件事情，然後才做決定或採取行動。英語有句話說「使勁把牙深深咬進某樣東西裡面」（Sinking your teeth into something），意思就是「卯足全力、全心全意投入你的生活」。小時候掉牙齒，是一個非常有力的成長儀式。從某方面來說，夢到自己掉牙齒，也是代表成長的過程，即使你現在已經成年。

牙刷 *Toothbrush*：

牙齒代表你能夠藉由滋養、保護自己，以及吸引愛情，來得到安全感。牙刷則是代表你能夠持續去照護你所需要的這種能力，讓自己可以繼續擁有這種安全感。

牙膏 *Toothpaste*：

跟牙刷的涵義類似，牙膏也是一種照顧牙齒的工具，象徵你維持安全感以及吸引愛情、接收養分的能力。牙膏在保持牙齒健康和吸引力方面的涵義更明顯，因此，在夢的解析上，它代表你具備這種能力。不過，就跟很多自我照顧的東西一樣，你必須去使用它，它才能發揮作用。

心 *Heart*：

心臟是我們生命的核心，在我們活著的每一刻負責對我們輸送生命原力。心這個符號代表的是生命、熱情，以及智慧，緩慢而有力地朝真正的幸福方向移動。夢境中如果出現心臟形狀的特寫，無論是直接意指，或是在象徵涵義上，都是代表你目前的人際情感關係帶有這種智慧，而且你就是以這樣的方式在過你的生活。心這個形狀已經成為一個非常有力的符號，尤其是透過情人節慶祝活動的宣傳，心這個形狀已經成為愛情和奉獻的象徵。如果你夢中出現心形圖案，可能表示你內在有一股衝動想要把你的感受讓別人知道。夢中看到破碎的心，表示你正在採取一些做法來療癒自己過去的創傷。心臟部位的疼痛、疾病或受傷，代表你人生中有一些難捱的事情正在發生，讓你感到非常悲傷或是失落。夢見心臟移植，代表這個改變非常巨大，以致你需要在愛的舞台上讓自己重新開始。

心臟病發 *Heart Attack*：

原本就受傷的心，突然受到嚴重撞擊，心臟病發作，代表你在跟愛有關的事情上，正在經歷突如其來的巨大轉變和變化。心臟病發的結果，最輕可能沒有什麼傷害性，最重則可能致死。心臟是「愛的中心」的象徵。當這份愛長時間遭到背棄、背離，心臟就會開始反抗和攻擊。在這個脈絡之下，當我們用到「愛」這個字，並不一定是指浪漫情愛的依戀。愛是生命存在最根本、也最基礎的原理法則，任何事物只要與愛相悖離，比如憤怒、怨恨、嫉妒，或是自傲，都會為心臟帶來負面影響。在心臟病真正發作之前，通常都有很長一段時間，我們並沒有仔細注意心臟的狀況。因此，心臟病發這個夢境意象，可能是意謂著，長期以來，你的潛意識裡面一直縈繞著不滿的感覺，這就是導致心臟病發的潛在原因。在夢中，如果你就是那個心臟病發作的人，那麼你可能要仔細檢視一下，生活中有哪些跟愛有關的事情，讓你內心深處一直感覺到受傷害。假如夢裡面是另一個人心臟病發，那麼你可以把這個人視為你內在的一個人格面向，去看看這個部分的你，是不是也因為愛而受苦，或是因為缺乏愛而苦惱不堪。

丑角 *Jester*：

丑角就是調皮嬉戲和詭詐能量的原型人物，當你需要從嚴肅的事情中轉移注意力時，丑角就會出現。

化妝 *Makeup*：

化妝代表一個人的公開形象，同時也是在創造一種錯覺，讓別人覺得你本來就那麼漂亮。作為一個夢境符號，化妝象徵不真實的狀態，以及不想讓世人看到表層底下的真相。在夢裡面，發生了什麼跟化妝有關的事，會決定你如何解釋這個夢。夢見自己正在化妝，代表你想要用虛假的形象表現來掩蓋事情的真相。夢到正在卸妝，表示你想要用真實的自己來面對這個世界。

月經 *Menstruation*：

陰性能量法則的具體化呈現就是月經的經血，因為這股能夠創造出生命的力量，就是人類本性之陰性面的主要核心。因此，經血這個夢境符號代表的就是最基礎層次的創造力。不過，月經也會伴隨著悲傷情緒，因為對所有年輕女性來說，這種週期性的出血就是等於生育能力無法實現的證明。所以，夢到月經，代表你對某些事情無法實現、創造力無法得到表現而感到遺憾。

月亮 / 月光 *Moon / Moonlight*：

任何跟月亮或月光有關的夢，都與我們生命能量當中的陰性能量有關。月亮是擁有強大力量的符號，如同它對我們地球人的日常生活存在著巨大影響力。相對於代表陽性／男性能量的太陽，月亮代表的就是生命的陰性／女性面。月亮的主要特徵就是持續不斷的變動性。因為這個特性的緣故，月亮也象徵生命的短暫，以及不斷循環變化的人類經驗。假如在你的夢境中月亮是主要凸顯的角色，首先你對這個夢境的解釋應該從「你的生活即將發生變化」這個概念開始。接下來就是看月亮在你夢中是以什麼型態出現。如果你很清楚看到月亮掛在天空中，那就是代表你正在注視你情緒力量的來源。假如你看見的是月光灑在地球上，那是代表你正在感受月亮神奇的影響力。假如你夢見自己在月亮上，那代表你正在拜訪你的潛意識領域；這個夢就是在告訴你，你生命中看不見的那部分正在大力影響看得見的部分。月亮就是代表生命的情緒感受面。包括所有的變化無常、對低潮時期的所有反應，以及生命的流動。這對人類來說是一個無可爭議的事實，因此，在解釋月亮的夢時，這是應該被強調的重點。

方尖碑 *Obelisk*：

方尖碑是男性陽具的象徵，也就是代表陽性力量的靈性物件。夢中出現方尖碑，表示你的生活中某些地方非常需要這種能量。

孔雀 *Peacock*：

公孔雀最為人津津樂道的就是牠的美麗羽毛，這也是為牠贏得名聲、使其可以展現驕傲氣勢的來源。因此，孔雀的象徵涵義就是：為你自己的成就感到驕傲自豪。夢裡面出現孔雀，可能是一種提醒，你要對自己升起這種自豪感，也可能是代表一種警告，因為你可能過於驕傲。從夢境的前後內容，以及你在夢中的感受，你會知道自己是屬於哪一種情況。

孔雀羽毛 *Peacock Feather*：

公孔雀的羽毛可說涵蓋了大自然國度中最絢麗的顏色，長久以來就與皇宮貴族有很深的關聯，因此也被認為是巨大財富的象徵。孔雀羽毛也是一個力量強大的圖騰，代表吉祥幸運和繁榮興旺。

太陽 *Sun*：

太陽幾乎可說是地球一切生命的來源。太陽內部蘊含的能量非常強大，幾乎深不可測。夢到太陽，表示你正在跟你內在這個層次的能量連結。

太陽升起／太陽下山 *Sunrise/Sunset*：

日出代表一個嶄新的開始，日落則意謂著某種結束。如果夢中看到太陽被雲遮住，那麼你可能要去思考一下，在生活中哪些方面，你的個人力量可能受到限制或遭到阻礙。

太陽能 *Solar Power*：

當你夢到太陽能這種高科技設備，可能是要提醒你，要承認每一個人類與生俱來都擁有源源不絕的豐富潛能，以及無窮無盡的生命力。

中風 *Stroke*：

　　你內心可能懷有破壞性的負面想法，而且這些想法正在對你產生危險的影響。中風是大腦的完整性受到干擾而造成的，通常是因為血栓或是血管爆裂所導致，嚴重程度的中風很可能致人於死。大腦象徵的是我們的理智思維與想法。當我們的理智思維遭受突來的挑戰而受到損害，如果程度很嚴重，就可能會夢到中風。

內衣褲 *Underwear*：

　　任何一種衣物，某種程度都是代表我們的自我展現。此外，衣服也是代表我們人體對抗大自然的一種保護機制。衣物同時代表了這兩種概念。內衣褲的概念則是屬於私人和親密關係的層次，因為內衣褲是穿在衣服裡面，跟我們的身體直接接觸，而且主要是可以把我們的性器官遮住。因此，內衣褲就是代表你想要壓制自己的性慾。還有，它也是代表你想要保護自己、讓自己不至於完全毫無防備的一種欲望；如果你在夢中穿著內衣褲，雖然是有暴露你的身體，但至少不是完全毫無防備的脆弱狀態。你的媽媽可能常常警告你，一定要穿乾淨的內衣褲，否則萬一你不小心出事被送到醫院就難看了。這個意思是，你要有所準備隨時可能會暴露自己，而這種想法也跟我們對於自己身上最私密之處的羞恥感有關。

木材 *Wood*：

　　木材是我們生存的支柱之一，在很多文化當中，都把木元素列為生命四大元素之一。距今不久以前，人類史上幾乎所有一切有力和堅韌的東西都是用木頭製造的。到今天，雖然木材已經不能算是最堅固的一種材料，在象徵意義上，仍代表了我們渴望去創造出某樣東西，它能夠以穩固扎根的方式將我們與地球連結起來。夢中出現任何用木頭做成的東西，都是在提醒你，要與大自然和你塵世源頭有更緊密的連繫。

五畫

加速器／油門 *Accelerator*：

　　汽車或其他機械的加速器（油門）這種引擎構造，是為了提高你的行動速度、讓你能夠更快抵達你想要的目標。夢中出現加速器這種東西，表示你可能需要在某特定任務上更加費心、多加努力。如果夢見加速器壞掉或故障，你可能需要去查清楚，為什麼你會遇到阻礙。把油門催得太快，可能表示你需要把速度放慢，或是排除一些壓力，以免你生活中某些事情上暴衝。

加油站 *Gas Station*：

　　車子代表我們行走於人生道路上的方式，而加油站就是我們為了這趟旅程能夠繼續，而停下來補給能量的地方。在夢中，不管你在這個加油站發生什麼事，都可能是在反映，你到達目標地點之前是否能夠很順利，或是會遇到艱難挑戰。為了讓你的人生可以走得更遠，你可能需要幫自己充一下電。

出軌 *Affair*：

　　參見劈腿／不忠 Infidelity，第 310 頁。

外星人 *Alien*：

　　你夢中出現的每一個人，都是你自身意識的一部分，而外星人就是代表你自己人格當中完全陌生的那一面。這樣的夢，可能與你內在更高層次、更屬靈的那一面有關聯，但也可能代表某些全然新奇而且截然不同的東西，因此你覺

得有威脅。透過對於這類夢境的解析，你可以發現到你個人與外太空以及外星人之間的關聯。夢見被外星人綁架，可能代表你內心對於不熟悉的領域或是新環境有所恐懼，因為在那些領域裡面你可能會發現不同的自己。你在夢中愈覺得害怕，表示你對於即將發生的改變也存在著愈多恐懼。如果是相反的情況，感覺跟外星人很親近，那可能表示你很想擺脫一成不變的模式之束縛。

外套 *Coat*：

參見夾克／Jacket，第104頁。

外太空 *Outer Space*：

整個太陽系都是象徵我們的覺知意識，而外太空則代表你心靈深處可以被你意識到，但從來無法真正清楚碰觸到的部分。夢境場景發生在外太空，可能意謂著你正在思考人性的更高深概念。

平行宇宙 *Alternate Universe*：

你夢中出現的每一個場景，都擁有它自己的意識，而且經常夢見平行宇宙的人並不在少數。事實上，我們就是透過夢境來進入平行宇宙的意識空間。這個空間本身就是那些謎般夢境象徵的其中一個，在那個空間裡面，每一樣東西的涵義就是你表面上看到的那個意思。每一個夢境場景本身，就是一個平行宇宙。假如你感覺你的夢境場景不是你現在居住的地方，那麼解夢時你首先要想到的就是，把整個夢境視為一個母題來解析。如果你感覺這個夢充滿正向積極的氛圍，那麼這個平行宇宙可能單純代表你潛意識的一個功能，充滿創意且無限廣大。不過，也有可能是代表一個元素，暗示你的願望可以實現或是無法達成。創造一個平行宇宙，或許是一種最簡單而且簡便的方法，讓你可以暫時逃離眼前現實生活世界的挑戰。

皮帶 *Belt*：

皮帶的功能是用來撐起褲子，因此也象徵支撐、支持。不過，皮帶也可以用來作為裝飾或表現，這也讓皮帶的象徵意義多了幾分創意。皮帶束得太緊，小腹就必須收縮起來，因此也象徵受到限制，感覺自己受到束縛。

皮艇 *Kayak*：

皮艇是獨木舟的一種，它可以讓你非常靈巧地在水上移動，即使水流非常湍急。在夢的解析裡，水都是代表你的情緒狀態，而皮艇就是代表你有能力在情緒的快速流動狀態中，依然非常有技巧、靈活地駕馭你的情緒。

皮包 *Purse*：

皮包這個意象代表的是你有能力使用這項工具來應付你的日常生活。這個符號的關鍵涵義在於，皮包裡面裝了什麼東西。無論是皮夾、公事包，或是肩背包，在這個步調快速的世界，這種隨身攜帶的包包已經成為一種個人必需品。它可以讓我們出門在外時帶著重要物品，以供我們隨時所需，比如你的小錢包、駕駛執照、信用卡，以及其他身分證明文件等。因此，這個符號也跟我們日常生活所需之工具有著非常強烈的連結關係。皮夾、手提包，或是皮包通常都是女性在拿的，而且裡面經常裝著化妝品。在象徵意義上也跟陰性能量法則相連結。皮包裡裝的物品則是象徵自我照顧和滋養。假如你夢見自己遺失皮包，而且到處尋找，表示你在實際生活中可能有遇到短暫性的障礙。

皮箱 *Suitcase*：

參見袋子／行李箱（Bag／Luggage），第200頁、87頁。

皮膚 *Skin*：

皮膚是人體上面積最大的一個器官，主要目的就是在保護我們的身體。但皮膚本身也相當脆弱，因此，夢中出現皮膚的特寫畫面，可能是在反映這種脆弱性。露出皮膚，通常帶有一種情色意味在內，如果夢裡面有出現跟皮膚有關的畫面，也可能是情色感受的反映。皮膚具有極強的表現力，能夠顯露表層底下之事物的真實情況，因此，夢到皮膚，也是在傳達跟我們的情緒和心靈有關的訊息。

生日 *Birthday*：

生日就像一個里程碑，每個人每年都會經歷一次，對生日的感受也因人而異。要解析關於生日的夢，一定不能忽略你個人對於生日這件事情的感覺，尤其是，如果你是夢見自己在過生日，那可能代表你對於日漸衰老這件事的感受。如果是夢見在幫別人慶生，那麼你要思考的是，對於這個每年都會碰到的日子，你幫這個人過生日有什麼感覺，因為這也代表你對自己內在這個人格面向的感受。

兄弟 *Brother*：

參見兄弟姊妹／Siblings，第61頁。

兄弟姊妹 *Siblings*：

夢裡面出現的每一個人物，都是代表你內在人格的一個面向。夢見自己真實生活中的兄弟姊妹，也跟出現在你夢中的其他人物一樣，他們的性格特徵就是代表你自身人格特質的一部分。不過，因為他們跟你有實際上家庭生活的互動，你夢中的情境也會直接反映出這些家庭成員實際上所扮演的角色。夢到兄弟姊妹，通常代表你們之間存在著一些情結，從你們目前的相處關係，到你

童年以來的經驗，甚至父母親養育小孩的態度，都會對每一個家庭成員形成影響。謹慎、不帶預設心態去探索這個夢，你就能將你個人的成長發展，與你人生過程所受到的局限，清楚區分開來。

仙人掌 *Cactus*：

仙人掌是一種多肉植物，能夠在缺水的沙漠環境下旺盛生長。由於水是維持生命的重要東西，因此這種能夠在缺水的環境中生長茂密的植物，就是象徵一個人有能力在艱難環境中依然蓬勃發展。如果你夢到仙人掌，那是在告訴你，你自己就有能力找到維生的養分，即使表面上看起來並沒有那些資源。

仙子 *Fairy*：

仙子是一種古老傳說，在很多神話故事裡可說比比皆是，雖然形象各有不同。到今天，仙子的傳說儘管歷經各種演變，但依然在當代各種大眾媒體作品中活靈活現。他們變成是一種體型非常小、身上帶有魔法力量的生物，通常不會害人，甚至還會去幫助小孩子。不過，最初古代傳說中的仙子通常都心思詭詐，心腸也不是很好，甚至有點邪惡。如果你夢到的是這種仙子，那麼你要仔細去看看，他到底想要做什麼。在解夢上，仙子也可以代表一種思想或觀念，外表看起來無害，但實際上可能對你造成極大傷害。試著去檢視一下，實際生活中有哪些事情，你可能有一些過於天真魔幻的想法，以致讓自己因此受害。

卡片 *Card*：

當我們想要對某人表達特別的敬意，我們會送他卡片，表示我們非常重視對方。因此卡片的涵義就是在傳達特定訊息，卡片的種類也大大關係到解夢的內容。從傳達訊息的角度來說，夢到卡片可能是在提醒你，要去留意某些重要的想法，因為很重要所以會以一種禮儀的形式在你夢中出現。

卡拉OK *Karaoke*：

卡拉 OK 的核心是唱歌，因此，作為一種符號，它代表的是熱情、創造力，以及自我表現的內在驅力。不過，這種公眾活動也帶有醺然酒醉的意涵，以及代表一種不需要任何特別的才能就能從事的活動。假如你夢到自己在唱卡拉 OK，那表示你心裡可能很想要擺脫自我懷疑和自我束縛的枷鎖。

卡車 *Truck*：

卡車這個意象符號，也是非常實際能夠代表你是用什麼方式在度過你的人生。跟其他種類的交通工具一樣，在象徵意義上卡車也是代表一個人之生命的轉換移動過程。如果這種交通工具並不是你平時慣常使用的，那就是代表你的人生方向產生了潛在性的轉變。當你需要以比較不費力的方式運送重型貨物時，卡車是一種非常好用的車輛。夢裡出現卡車，那表示你開始要進入一個全新的領域，可能會需要用到大量的庫存資源。夢裡面這輛卡車的大小、構造，以及功能，都可提供你更多資料線索來解釋這個夢。確認這輛卡車的特定用途，你就會更清楚這個符號背後所指的潛在轉變究竟是什麼意思。廂型貨車所代表的涵義比小型貨運車（皮卡車）更廣，前者是代表你的潛意識某些部分需要完全重組，而後者則代表只需要輕微改變。夢到有拖吊功能的卡車，代表你需要帶著某樣老舊和壞掉的東西一起進入到目前出現的新領域。夢到功能更特殊的卡車，比如水泥車或是建築施工用車，表示你可能需要去思考，你生活中是不是有什麼結構上或根本基礎上的改變。卡車的車型、車齡，以及顏色，解夢時也都可以考慮進去。夢到車齡老舊的卡車，可能表示你之前曾經有過這種改變，但你現在因為某些事情而有喜新厭舊之感。

半人馬 *Centaur*：

半人馬擁有人類的頭部、上半身軀幹以及手臂，而下半身體是馬。牠是結合了力量、陽性能量，以及人類的聰明智慧和推理論證能力於一身的原型意

象。這個擁有山羊腿和男人上半身軀幹的生物，把陰暗的性能量跟陽性法則結合在一起，而且經常被視為是帶領人們從一個地方前往全新領域的嚮導。夢中出現這樣的意象，是在提醒你，在面對生命中的艱難處境時，要發揮更強大的技巧和力量，好好施展你的抱負。

母牛 *Cow*：

在很多文化當中，母牛都擁有非常多神話學的象徵。但是，以現代的眼光來看，母牛的力量代表的核心涵義就是：最基本的維生和提供營養的功能。牠們製造牛乳給人類當作主食，牠們身上的肉提供地球數十億人口果腹，母牛代表的就是最基本需求的滿足。因為能夠製造牛奶，母牛這個符號也象徵了生育力和女性法則的力量。夢見母牛，也代表滿足基本需求所能帶來的療癒力量。

母親 *Mother*：

參見父母親／Parents，第47頁。

去顫器 *Defibrillator*：

當心臟節律混亂不整、超過負荷時，可以利用去顫器來電擊心臟，釋放一個能量使心臟重新回到原本的規律節奏。因此，這種裝置的主要目的，是為了讓心臟系統功能失常的人可以重新恢復生命力。很可能你現在覺得自己接受到太多刺激而不堪負荷，幾乎要撐不下去，因此，夢到去顫器代表你很想要停止目前的生活模式，讓自己重新開始。

打架 *Fight*：

打架就是雙方以對等的力氣正面相向，是一種選擇用陽性法則來解決問題的方式。這種方式可能有效、也可能無效。夢到你在跟人打架，可能要去檢視

一下，你生活中是不是正在為什麼事情奮戰，而那些事情也許你選擇接受會比較好。

打包行李 *Packing*：

打包收拾行李是為尚未發生的未來做準備。很多人都會做這樣的夢。如果你經常做這種夢，那表示你可能內心有一種焦慮感，想要去掌控那些其實不可控的事情，你會想像，只要把正確該帶的東西都帶在身邊，你就可以做好萬全準備來應付一切事情的結果。如果你並沒有經常做這種夢，只是因為某件特別的事情引起你的焦慮，因而做了這個夢，也是代表同樣的意義。其實，你只能盡可能做好準備，至於結果，你必須放下。

四葉草／幸運草 *Four-Leaf Clover*：

四葉草是代表幸運的根本符號。如果你在路上遇見它，那保證會為你帶來好運。假如你在夢中看見幸運草，那表示你內心非常希望自己能夠變得更有錢、更富裕，以及得到意外之財。

四重奏 *Quartet*：

四重奏是一種音樂表演型態，是將四種不同的聲音集合在一起演出，無論那個聲音是人聲或是樂器所發出的。從靈數學的角度來說，四這個數字代表結構和基礎。而音樂代表熱情的展現。兩者加在一起，如果你夢中出現四重奏，那表示你想要讓你的生活展現更多的熱情，而且你正在為這件事創建良好的基礎。

巨人 *Giant*：

巨人就是一個人類的放大版。在象徵意義上，巨人代表的是一群概念的膨脹或擴張。在你夢中，這位或這群巨人正在做什麼事，會決定你該如何解析這

個夢。假如夢中這個巨人很恐怖，那可能表示你內心有很多恐懼，超過你實際生活中的真實情況。假如夢中的巨人慈眉善目，那可能是在提醒你，你內在某一部分性格需要讓它再強大一點，以應付某個特殊情況。

巨石 *Rocks*：

參見岩石／巨石（Rocks／Boulders，第113頁）。

石像怪／滴水嘴獸 *Gargoyle*：

石像怪是設置在建築大廈外部的鬼怪或野獸塑像，面部朝外，目的是為了嚇跑惡鬼，作為避邪之用。石像怪雖然面目猙獰，但它們最主要的目的是守衛和保護。你是否因為內心感到害怕而過度保護自己？你現在生活中不願意去面對的是什麼事情？

石油 *Oil*：

石油的前身就是有生命的植物，它來自地底深層，攜帶著遠古的太陽能量。今日，石油的用途非常廣泛，從燃料到機器運轉必要的潤滑劑，都要靠石油。作為一種符號，石油代表的是這類使事物可以操作運轉的最基本用途。石油也是財富和繁榮的象徵。請記得，石油作為燃料，會對環境帶來極大的負面影響，因此石油這個象徵符號也帶有財富黑暗面的涵義在內。

石英 *Quartz*：

水晶的力量在於它們能夠提升振動頻率。在所有晶體礦物中，石英可能是最常見也最普遍的一種。如果你實際生活中就有使用水晶的習慣，那麼這個夢可能暗示著，你需要去召喚這樣的一種能量。假如你並不熟悉水晶的特性，那麼夢見水晶可能是在邀請你，去探索跟神祕學有關的概念。（參見石頭／岩石〈Stones／Boulders〉，第67頁、113頁）

石頭 *Stones*：

石頭就是小塊的岩石。岩石是代表記憶以及過去所發生的某些事情。夢中出現的石頭，就是代表你從過去以來始終帶著的一個陳舊觀念，或是你從目前的經歷中把它撿取出來並帶在身邊的一個想法。（參見鑽石／綠寶石〈Diamond／Emerald〉，第377頁、288頁，以及其他種類的石頭）

汁液／果汁 *Juice*：

任何東西的汁液，就是那樣東西本身的流質精華所在。以水果或蔬菜來說，果汁就是它們的流質化型態，本身就包含了它所有的養分。因此，汁液／果汁這個符號代表的，就是存在於任何一樣物質或結構當中的精華利益。由於果汁是一種很容易消化的東西，夢到果汁也意謂著，你希望用最輕鬆容易的方式去吸收某樣有價值的東西。

古蘭經 *Koran*：

古蘭經是伊斯蘭教的神聖經典，內容記錄真主對信眾們的啟示。它的經文如詩，文字優美，傳遞了伊斯蘭信仰的最高生活準則。假如你實際的宗教信仰和這本經書有關，那麼這個夢對你來說就可直接從表面上去解釋。假如你本身不是伊斯蘭教的信徒，那麼這個夢對你的意義，或許比較偏向所有宗教都共通的基本靈性法則。

市場 *Market*：

在市場這個地方，你可以獲得你需要的，以及你想要的東西，通常是一些日常生活用品，尤其是食物。因此這個符號象徵的就是，你能夠提供自己所需要的營養和自我照顧，同時也代表地球的豐盛法則。在夢境當中，市場就是代表你意識中的一個區域，代表那些隨時可供你取用，以及你準備要接收進來的東西。這樣的夢通常都會有一個整體性的主題，而你必須用夢中發生的事情，

以及這個場景當中出現的人物，來評估你目前是用什麼方式在實踐這些跟營養與自我照顧有關的法則。

包裹 *Package*：

包裹的真正意義在於它裡面到底裝了什麼東西，但通常你從外表是看不出來的。因此，這個符號的核心涵義就是代表興奮期待的心情，以及它所帶來的神祕感。如果你夢到的那個包裹是要寄給你的，那就是代表你獲得某樣新的東西，而且你希望那樣東西對你有益。此外，你做這個夢當時的心情如何，也是解夢重點；這個尚未拆開的包裹讓你感到害怕或是焦慮嗎？你可以藉此來檢視自己，是不是有某種程度的悲觀主義，以及經常以恐懼為基礎來思考事情。

奴隸 *Slave*：

奴隸也是你內在性格面向的一部分，代表的是你人格當中受迫害和受束縛的那個部分。從這個夢境的前後內容，你會知道是你生活中的哪個部分受到拘束。你是不是因為工作太過操勞，導致生活失去平衡？如果不是因為工作，那你是被什麼奴役呢？

奴隸制 *Slavery*：

奴隸制是一種文化制度，在夢的解析上，它是代表一種無處不在的氛圍，在這種氛圍中，你意識當中的一個元素對另一個元素形成阻撓，以致你無法正常發揮你的功能。這樣的夢可能是在提醒你，要去檢視一下你的思想，是不是因為太過僵化，以致對你帶來阻礙。

白蟻 *Termite*：

白蟻生存的要素，也恰好闡明了它的象徵意義，也就是它的破壞力。白蟻隱身在看不見的地方，可以完全破壞一棟建築物的結構完整性，幾乎可說是

所有屋主的最可怕噩夢。如果你看到幾隻白蟻出現,那表示可能有好幾百隻看不見的白蟻正在侵蝕你所珍惜的事物之根基。夢中出現白蟻,表示你要做好準備,仔細去查看表面之下的跡象,因為你生活中可能有某個結構正在被吞蝕。

白色 *White*:

　　純潔和完整由白色來作為代表,是因為白色是人類肉眼所能見到的所有光譜顏色的總和。有些人認為,白色是代表靈性最高層次的顏色。另一些人覺得,白色代表無雜質無汙染的完美,例如童貞和貞操。外觀是白色的物體會將光向外反射,不吸收光譜上的任何一種顏色。正是這種將照在你身上的光反射回世界的概念,體現了白色所代表的高階意識。(參見色彩/Colors,第77頁)

白色動物 *White Animals*:

　　許多擁有豐富歷史的原住民文化,至今依然保存著一種集體意識,在動物圖騰的世界中,白色動物的純淨度是最高的。最常見的是水牛、狼,以及大型貓科動物,當這些動物以白色來呈現時,代表這隻動物的力量超乎尋常。在顏色光譜上,當所有的光的振動結合在一起,就會呈現出白色,因此,在象徵意義上,白色就是代表完全融合與完滿。它是一種神聖顏色。如果你夢中出現任何一種白色動物,那表示這確實是非常難得、極為神聖的一種造訪。

白宮 *White House*:

　　這座建築本身就是美國、現代民主,以及美國夢三者的象徵。夢見白宮,可能反映了你渴望在群體中擁有更高水準的展現。此外,當你非常關心政治情勢,或是對政治感到失望,也可能會夢見白宮。白宮也是美國總統的住所,代表了美國人民對於自由民主生活方式的一種意識。夢中出現白宮這個意象,最重要的意義是,它代表美國人的集體意識裡面認為美國是世界的強權大國。如果想要得到更為確切的解釋,可能也要把作夢者對政府和政治的看法考慮進來。

代客駕駛 *Valet*：

代客駕駛是介於開車與某特定目的地之間的一個中間人物。如果開車是代表你在人生旅程上的移動，而目的地代表你對某件事情的意識覺知，那麼代客駕駛就是代表你內在某個部分，它可以讓你在人生（你的車子）移動的過程中，確保你得到妥善照顧。在夢裡面，你跟這位代客駕駛之間的關係及你的感受，都可以提供你更多解夢資訊。

世貿中心 *World Trade Center*：

世貿中心這個代表美國強大力量的全球性象徵符號，已經永久進入人類的集體意識，代表了人類不屈不撓的精神，以及有能力承受可怕與巨大變化的基本能力。沒有任何一種攻擊能碰觸你的靈魂層面，夢到世貿中心，或許是在提醒你，你的生命有一個更大的圖像願景，它存在於你的精神領域。當你面臨到生命中珍貴事物崩落之時，這可能是你最需要謹記在心的事情。

◆ 六畫 ◆

年紀 *Age*：

我們經常會在夢中回到過去。在某些夢境裡面，我們會發現目前的自己出現在過去生活的場景中，但有的時候，我們會夢見自己變回過去那個人，出現在特定場景裡。無論夢境的實際結構是什麼，只要夢見我們自己回到早年生活，表示我們是在探究自己如何從過去變成現在這個人。夢中出現的那個人的年紀，也可能代表某個特定意識想法跟了你多少年。舉例來說，夢見一個五歲的小孩，可能代表某件事情在你的覺知意識當中已經存在五年。

光 *Light*：

　　一般來說，光就是象徵生命本身，也象徵創造力，也有人認為是代表上帝或是神性。猶太基督教義告訴我們，創世神話當中第一樣被創造出來的東西就是光。有很多夢境會利用光的出現來象徵人類對於精神面事物的感知經驗。如果你在夢中感應到光，那代表你能夠感應到自身的精神本性。光也代表你可以看見和覺察你自己以及你生命中一切事物的能力。因此，夢到光，也代表你對事物的覺知力正在擴大，原本之前在陰暗中看不見的東西，現在可以被光明照見。

光環 *Aura*：

　　任何生物體外圍都有一圈能量場，也就是所謂的光環、氣場，它也是人類的高我和靈性面存在的證據。假如你在夢中看見光環，表示你正在連結你自己內在的這個層面，也代表你的直覺力正在提升。如果你在夢中看到自己的光環，表示這是你人生中的重要時刻，你所要追求的答案應該是屬於靈魂層次的。由於光環是透過顏色來表現的，在解夢時也可以把顏色納進來做解釋。（參見色彩／Colors，第77頁）

光束 *Beams of Light*：

　　代表你把思想集中起來，讓它成為一股更具穿透性的能量。光是一種動態能量。提到光，我們就會直接聯想到它可以照亮東西、讓東西被看見。然而，光實際上是一種能量波，人類肉眼可以看見的，只是光的一小部分而已。因此，我們所能看見的光，也代表我們的意識能夠覺知到的思想。不同型態的光，代表了不同層次和強度的思想。光束是把一道光集中起來，讓某個區域或某件物體顯得特別亮，因此也象徵思想的集中。

光球 *Orbs*：

　　光球是出現在數位照片中的一種現象，從照片上，你可以看見相機捕捉到人類肉眼無法見到的圓球形狀的光。人們認為，光球是其他次元能量存在的一種證據。夢境裡面出現光球，代表的是神祕且無法解釋的強大能量，應該被視為一種巨大的精神象徵。

X 光 *X-ray*：

　　夢到 X 光片，代表你希望看穿障礙，把一件事情看得更清楚。X 光的輻射性其實對身體健康是有風險的，因此，夢境裡面出現跟 X 光有關的事物，可能是在告訴你，當你太深入去看一樣東西，有可能隱藏著某種危險。

灰燼 *Ashes*：

　　夢見灰燼，代表最近可能發生了某些跟火有關的事情。火代表劇烈的改變和轉化。因此，夢中出現灰燼，可能意謂著最近剛發生某種劇烈變化。灰燼也經常讓人聯想到悲傷，因為事情的變化跟我們的願望背道而馳，比如某些東西「化為灰燼」。不過，鳳凰也是浴火之後從灰燼中飛出的，因此，夢到灰燼可能代表過去老舊的循環、習慣以及模式即將終結，新的循環即將展開。

灰色 *Gray*：

　　灰色幾乎可說是沒有任何表現力的顏色。如果你夢中出現灰色調，那表示你的生命缺乏熱情和喜悅。灰色也意謂著年華老去，以及代表某種歡樂喜悅的心情已經成為過去。（參見色彩／Colors，第77頁）

地下室 *Basement*：

　　地下室的夢是跟你內心深藏的祕密，是潛意識所隱藏的想法有關。如果屋子是代表一個人的本我，那麼地下室就是這個本我之下的那個我。因此，任何

跟地下室有關的夢，都是代表你潛意識裡的東西，以及藏匿在你心靈意識表層底下的事物。由於大部分的地下室都很黑暗陰鬱，讓人感覺恐怖、充滿威脅，因此很多戲劇電影也經常利用這點來製造氣氛，例如：沒有人能逃脫的恐怖地下室，象徵我們生命中的陰影部分和深深害怕的那些東西。

地毯 *Carpet*：

在夢的解析上，地板就是代表你感覺自己的立基是否穩固踏實。在這個基礎上，覺知意識的房間才得以立足。夢到地毯，可能表示你渴望你腳下所踏的那塊地面可以更柔軟、更舒服一些。在夢中，那塊地毯的好壞狀況、顏色、質地都會透露一些訊息，讓你知道，當下這個時刻你是否感覺自己夠穩固、夠踏實。

地牢 *Dungeon*：

你正困在潛意識的負面信念裡。地牢是囚禁人和施行嚴刑拷打的地方，代表我們潛意識裡深藏的想法和恐懼。在地牢裡，人們被關起來並受酷刑；因此，地牢是潛意識陰影的一部分，在那裡，我們最深的恐懼意念和想法會不斷製造痛苦，到一種不可思議的程度。地牢這個意象也帶有性的成分，代表在性幻想角色扮演中，為滿足某種慾望而成為性幻想行為的主導者或順從者。如果是這種情形，那麼地牢就未必是一個令人害怕的陰暗沉悶空間，反而是一個擁有各種設備來促進性愛角色扮演活動的隱密場所。

地球 *Earth*：

我們自己就是地球本身的延伸，因此，夢中出現地球，可能是代表一個集體意識概念的原型，表示我們和眾生相連相繫，是一個人類有機體。也許你目前正在關心一些關於地球的問題，包括這些問題對於我們個人產生的影響。這個夢也許是要讓你看見，在這些問題上你並不孤單，而是跟全體眾生緊緊相繫。如果夢中出現的景象讓你很愉快，那表示你認為地球是一個讓你感覺舒適

安穩的地方。如果夢中出現不愉快景象或是暴力畫面，那可能表示，你覺得地球上現在的生活處處充滿危險，讓你感到很害怕。

地震 *Earthquake*：

目前你生命中可能出現了不少具有大幅度破壞力的變化，這些變化可能是來自你的意識表層之下。地震會造成地景的改變，而其根源是地底下的變動。這也說明了，當我們的潛意識思想和感受突然浮現到意識層面，會對我們帶來多麼巨大的衝擊和影響。地震本身持續的時間相對比較短，因此地震這個意象可能是在反映我們生命中突然發生的變化。地震的象徵意義包含了三個元素：第一，代表已經發生的巨大變動；第二，這個變動是根源於內在潛意識深處；第三，世事無常，凡事不會永遠不變。

地板／樓層 *Floors*：

夢裡面只要出現任何跟樓層或是地板有關的事物，都是代表覺得受到支持。地板象徵的就是自我身分認同的根基。在夢裡面，建築物是代表我們意識的各種不同感知。房子是代表我們的真我／自性。因此，地板樓層代表的就是我們個人所站立的基礎。在夢中，地板的質地是否良好、結構是否完整，透露出的是你目前是否覺得自己的根基夠穩固。如果是質地很紮實再加上結構很完整，那表示你的自我認同很穩固。地板上出現任何損壞或侵蝕的情形，都意謂著有一些變化正在發生。

地獄 *Hell*：

大多數人想到地獄，都會馬上聯想到基督宗教裡面的概念，如果你生前沒有遵守某些行為上的教條規範，死後就會落入地獄。新思維學派圈則是把地獄視為一種在世的生命經驗，如果你與神聖本源分離，活在虛妄幻象中，你就等於身在地獄。不管你個人對地獄是採取哪一種觀點，地獄這個概念背後的原理

就是：它是當你跟愛失去連結之後，所產生一種分離和痛苦的狀態。這種狀態，時時刻刻都可能出現在我們生命中，當你感覺自己與溫暖、情感、甚至獲得認可的那個來源中間產生阻隔時，地獄就出現了。當你處在這種狀況下，夢到地獄就是一個非常強烈的象徵，表示你正處於這種疏離狀態。不妨問問自己，你生命中哪些地方沒辦法讓你感覺安全和被愛。

地平線 *Horizon*：

地平線既是廣闊無邊，同時也狹窄而受局限。它是一個固定的點，但同時又完全沒有被固定，它其實是不斷在變化著，雖然你怎麼看它好像都一樣。地平線這個符號代表的是一種自然經驗，是無限與有限同時並存的一種象徵，這就是為什麼它可以在我們生命中帶來如此令人敬畏和驚奇的感覺。地平線作為一種夢境符號出現在夢中，它可能是在提醒你，你的存在本性也是如此。夢到地平線，是要你去思考你本性當中的更高面向。

地圖 *Map*：

地圖是對一個區域做出詳細的描繪，讓人們在這個區域活動時可以準確定位。作為一種象徵符號，地圖代表的是你前往某處時需要的嚮導。由於大部分的地圖都只針對陸地來做，因此重點也放在你如何順利穿越你心靈中的表意識區域。不過，這同時也意謂著，你可能會進入到你未曾探索過的地方。夢中出現地圖，可能是因為你即將展開自我探索的長途跋涉旅程，同時也代表你現在正受到不可思議之力量的導引和幫助。

地鐵 *Subway*：

地鐵可說是自成一格的地下世界，城市裡的地下鐵道系統可以把你從一個地方帶到另一個地方，甚至不用看到任何日光。在夢中從一地到另一地的旅行，就是代表改變或轉換。通常地鐵的路程都比較短，因此也代表這個改變相

對來說是比較小型的。地鐵這個意象,也經常被用來象徵你意識表面之下的世界。因此,夢到地鐵可能意謂著,你可以藉由去探查潛伏在你意識底下的東西,來獲得某種學習,你將會在這個新的領域當中發現到新的自己。

血 *Blood*:

你可能正在與自己內在深層的生命力連結,也代表對生命的熱情。不過,還是要看夢中的血是以什麼方式出現,夢到血也可能表示你正在失去生命的熱情和能量。如果夢到你正在進行輸血或是正在失血,可能表示你需要更多的能量,要不就是有某件事情正在耗盡你的能量。如果是夢到有另一個人造成你流血受傷,表示有外在衝突存在,如果是夢到處理傷口的醫療過程,那可能表示你更需要的是內在治療。

名片 *Business Card*:

名片是身分識別的一種方式,因此在夢的解析上,名片代表的意思跟它在我們平常清醒時的象徵意涵一樣,也就是一個人在工作事業上的身分。名片是一種與人聯繫和招攬業務的工具,在夢境中,它代表的就是擁有這張名片的這個人。如果你夢到某人遞給你一張名片,那麼在解夢上可以朝這方面去思考:這個人擁有什麼樣的人格特質,以及他或她是要提供你什麼樣的服務。名片本身,以及遞名片的動作都是在提醒你,那些人格特質可以幫助你去從事某些冒險。假如你夢到的是自己的名片,那麼可能代表你心中有一個渴望,希望拓展你在生命中某些場域的能力或影響力。

名人 / 明星 *Celebrities*:

名人就是現代的男神和女神,代表了眾人普遍認同的某種典型人類特質。名人的某個特定角色形象往往會被過分強調,而成為我們辨識人的標準。有非常非常多人內心都有這種名人形象投射。這些形象特質被誇大之後,就賦予了他們超

人般的地位，結果每一個人自己的性格特色反而被消滅了。夢到名人，表示我們下了太高的賭注在夢到的那件事情上，因此潛意識就透過這種強而有力的意象來提醒你，要對這件事情多加留意。無論你夢到誰，在解夢上都是一樣的道理。

衣服 *Clothes*：

衣服代表的是一個人如何表現自我個性以及個人原則。我們選擇穿什麼樣的衣服，很大一部分跟我們對自己的感受有關，同時也反映出我們希望外人如何看待我們。在象徵意義上，衣服代表一個人的創意表現。不過，衣服也代表我們想要用什麼方式把自己的真實樣貌遮掩起來，改變外人所能看到的東西。此外，我們在什麼時間要穿什麼樣的衣服，也跟我們的心情有關，也有可能無意間透露我們的情緒。在夢中，這件衣服的質地和樣式，也關係到你如何解析這個夢。夢到舊衣服，可能表示我們回想起過去的一些生活。夢到新衣服，可能代表我們內在渴望或是需要成長，所以改變我們的外觀。夢到自己穿著戲服，可能表示你在實際生活中正在扮演的那個角色是假的，而穿著自己平常穿的衣服則是表示，你目前遇到的這個問題跟你現在對自己的感受有關。夢見自己穿著不合身的衣服，表示你很在意別人的看法，想要去迎合別人。夢到身上穿了太多衣服，有時候可能表示你對於自己的性慾或身體樣貌感覺不自在、難以接受。夢見身上的衣服有很多層、很難處理，表示現在的你在表達內在深層真實自我時，有很大的障礙。想要把身上的衣服全部脫掉，表示你想要打破自己在別人眼中的刻板印象；如果是反過來想要多穿幾件衣服，可能代表你想要用這種方式來保護自己，免於受到外來傷害。夢見自己身上沒有穿衣服，通常反映的是你處在一種開放的狀態，沒有防備，因此也很容易受傷。

色彩 *Colors*：

具有色彩的夢，通常被認為一種特殊現象，以此來區別出你所做的其他夢境。這種想法似乎帶有一種弦外之音，如果人們會記得的都是彩色的夢，那麼

其他的夢就應該就都是黑白的才對。事實上，所有的夢境都帶有不同強度的色彩，一個夢如果色彩非常鮮豔、讓你特別記住，那只是你的潛意識用另一種方式在跟你說話罷了。就像我們看到光是白色的，但如果你將它用折射分析出不同波長的光譜，就算我們用肉眼也看得出來，這道光是由七種不同顏色組成。

色情片 *Porn*：

色情片是以誇張的方式來表現人類的性慾。它並非真實情況，但經常偽裝成如此。在夢的解析上，色情片代表過度強調人類性行為中的色慾成分，而避開了人與人的親密要素。

死路 *Dead End*：

表示某件事情的發展已經到了絕境、徹底無解，該是你重新做選擇的時候了。

死亡／死者 *Death*：

這是最能象徵我們人生重大轉變過程的一個符號。從死亡到重生的這個循環，就是一個改變的過程。所有萬物生靈皆是如此，從四季的轉換，到人際關係的來來去去，還有生命的出生和死亡，無一不是如此。夢到有人死亡，代表你生命中正在發生巨大的改變。如果那位死者是你生活中認識的人，你可以想想，那個人是代表你自己內在的哪一個人格面向。這個人是怎樣在過他的人生，就是代表你自己心靈層面正在發生的改變。因為這個改變實在是太過巨大，因此必須用這種象徵徹底改變的符號——死亡來表現。如果夢中那位死者妳並不認識，那就要仔細回想夢中關於這個人的一些細節資訊，以此來得知你的內在意識到底哪一部分正在發生改變。這些轉變可能包括外在行為舉止、習慣，或是個性特徵等等。夢中那個死亡發生的情況愈殘暴、愈突然，代表實際上你正在經歷的那個內在轉變也愈激烈。如果夢中那個人已經死了一段時間，那表示實際生活中你所經歷的改變已經來到後期階段，而不是剛剛發生。假如

你就是那個死掉的人，那表示你的整個人生或生活方式幾乎是發生徹底的翻轉——有可能是你正在搬家、換工作、感情破裂而分手、遇到新的戀愛對象、終結一些具有破壞性的行為……等等。

向下 *Down*：

在這個二分的世界裡，總是存在著兩極化的選項。從上往下的連續動作，則是直接跟地球的重力有關。如果你夢見有什麼東西直接從上往下掉，可能代表你正在探索表面意識之下的東西，也可能是有什麼東西正在把你往下拉，阻止你往上升。解夢時必須考慮的是：你對這個向下移動的過程有什麼感受，並且要記得去探索，在你意識更底層、更深的地方，是否有什麼智慧等著你去探索。

耳聾 *Deaf*：

聽力是人體導航系統的一部分，它能夠使我們的身體保持平衡和挺直，在空間中保有方向感。如果失去聽力，我們的方向感就會受到干擾。如果你夢見自己耳朵聽不見了，那可能要想一想，你是不是有好好去聆聽你目前的生命方向，不管那個方向是什麼。（參見殘疾／Disability，第231頁）

灰塵 *Dust*：

在我們的世界裡，幾乎每一樣自然界的有機物在老化崩解的過程中，都會散發出粉塵。我們認為，萬物終究會衰壞腐敗、化為塵土。在我們自己家中，大部分的灰塵也確實都是來自我們人類身上。因此，夢中的灰塵代表的就是過去的思維意識，如果它正在堆積，或是阻擋了你的視線，那可能是代表你有一些過去的事情還需要被清理。

耳朵 *Ears*：

聽力基本上是跟平衡與定向有關，而耳朵就是讓我們能夠處於這個平衡定向狀態的管道。要解析夢境裡面出現的耳朵，必須從兩個方向來思考：首先，在這個夢境中，耳朵本身發生什麼事？其次問自己，是什麼東西影響了你的平衡感，或是你對自己周遭環境的知覺能力，從中去獲得解答。當你真正聽見別人所表達的東西，你會升起同理心和同情心，因此耳朵也代表了跟同理心有關的行為準則。當然啦，夢到耳朵，可能也是在提醒你，是否有好好聆聽你的生活經驗想要跟你說的話。

耳機／無線耳機 *Earphones／iPods*：

耳朵是我們所有的感覺器官當中，最無法去對它施力控制的。即使你先將聲音定向，它還是會從各個角度進入我們耳內。我們的耳朵是完全開放的，可以接受各種外部刺激，除非使用某個外物來加以阻擋。人們經常會使用各種物件器材來降低進入我們耳內的聲量，但耳機的目的，則是用我們自己選擇的聲音（通常是音樂），來取代原本自然進入我們耳內的聲音。因為這個緣故，耳機這個符號所代表的一個重要象徵意義就是：逃避現實。

耳環 *Earrings*：

在耳朵上面加上裝飾，目的是為了引起注意。你是不是覺得你需要提升自己的聆聽品質，以及同理心與同情心的能力呢？

耳垢／耳屎 *Earwax*：

耳朵裡面的積垢會阻礙耳朵的聽力。是不是有什麼事情你不想去聽呢？請記得，我們也是透過耳朵才能聽見別人的哭聲。耳朵聽力受到阻擋，會讓我們無法升起慈悲心和同情心。

吃東西 *Eating*：

　　吃東西的象徵意涵主要是跟營養的攝取有關。它也可以意指攝取食物以外的東西，比如力量。如果你夢裡的主要畫面是在吃東西，那麼你可以檢視一下，你生活中是不是有哪些地方沒有照顧到自己的需要。還有，跟這個吃東西的動作有關的前後脈絡，也可以提供一些解夢的線索。在夢中你東西吃得愈多，這個夢就愈跟你平常的暴飲暴食習慣有關。夢中你吃了什麼東西，也應該把那樣東西的象徵涵義納入解夢的範圍。當你去釐清那樣食物（或其他東西）所代表的意義，你就能知道，你內心是擁有什麼樣的一種渴望，你想要把那樣東西所擁有的品質吸收到你自己身體裡面，變成你的一部分。

吃角子老虎 *Slot Machine*：

　　吃角子老虎是一種隨機的賭博機器，是非常容易讓人沉迷其中的東西，因為它會讓你覺得自己可能贏也可能輸，所以你會一直不斷去嘗試。你生活裡面是不是有什麼事情一直吸引你的關注，因為雖然贏的機會很小，但可能的報償卻很大？這個夢或許是在提醒你，你習慣於期待某些事情，以致對你生活中其他方面造成了損害。當然，也並非所有的賭注都會輸，因此，這樣的夢也可能是在告訴你，要勇於去冒險。

回聲 *Echo*：

　　聲波碰到實體物後反彈，並以重複的頻率形成原始聲音的循環，回聲就產生了。因此，回聲就是象徵一種有辦法感知遠方邊界與界限的能力。登山時，透過這個非常簡單的方法，我們就能得知要爬的下一座山距離現在這座山有多遠。此外，回聲這個概念也可以意指在親密關係當中，我們希望自己內心的聲音被對方聽見。在以上這兩種象徵涵義當中，回聲的力量就隱含在它所提供的訊息中。夢見回聲，可能是一種對你的提問：「你覺得你的聲音有被聽到嗎？以及你知道你要去哪裡嗎？」

考試 *Exams*：

考試這件事背後所隱藏的象徵意義，跟責任心與責任義務有關。當我們在學校求學時，考試通常會帶給我們很大的壓力，因此很多人離開學校之後，還是會經常夢到考試。所以，夢到考試代表的就是無處不在的焦慮，而且通常是跟你近期剛接受的責任有關。（參見隨堂測驗／小考／參加考試／〈Pop Quiz／Quiz／Taking a Test，第335頁、25頁、226頁〉）

有效期限 *Expiration Date*：

有效期限這個概念是跟安全有關，任何食物只要在有效期限範圍內食用，都安全無虞。如果你覺得某樣東西感覺上好像有點危險，那麼你可能就會去檢查它的有效期限。這個概念也適用於你目前生活中存在的任何一種風險。夢中出現使用期限，表示某件事情的時間已經快到了，你需要多加注意。

尖牙／利齒 *Fangs*：

動物界裡面有很多帶有尖牙的動物，而牠們嘴中的尖牙都有一個相同的目的，就是為了抓住獵物。蛇和蜘蛛的尖牙甚至還會射出毒液。人類的牙齒並不能算是尖牙，但是神話故事裡面的吸血鬼，牙齒卻又長又尖，需要靠它來吸食血液才能活命。如果你夢中出現長著這種尖牙利齒的動物、虛構生物，或是人類，那表示你內心可能存在著一些恐懼情緒，覺得自己有某些事情正在被支配、被吞食。如果是夢見你自己長了尖牙，那可能代表你內心有一些欲望需要被表達出來，或是這個貪婪欲望已經表現在外。如果你是前者，那麼你可以仔細檢視一下，你在哪些方面需要提升一點熱情。如果是後者，那表示你的言語或行為可能正在傷害別人。

尖碎片 *Splinter*：

這種細小尖刺的物體，會讓人感到非常不舒服。因此，這個符號象徵的就是，某種東西雖然看起來無害，卻一直讓你感到極為困擾。你生活中有什麼類似這樣的煩惱需要去除呢？

羽毛 *Feather*：

羽毛被認為是一種神聖物件，這種連結的其中一個理由，是跟這支羽毛原本所屬的那個動物有關。羽毛來自鳥禽的翅膀，因此它也代表了飛翔的力量。在夢中看見一根羽毛，是在提醒你去憶起你的更高遠抱負和理想。如果是夢見用羽毛做成的某樣東西，比如一件衣服或是物品，那就表示這個理想已經快要實現。

同志性行為 *Gay Sex*：

夢中出現的任何一種性行為，在象徵意義上都是代表你內在不同人格面向的整合與統合。如果是夢見男同志之間的性行為，那麼它要強調的就是陽性能量，比如採取行動或是侵略。異性戀的男性或女性，也會常夢到男同志性行為，而且這樣的夢也未必就是真的指性慾性愛或是實際生活中的性行為。不過，如果作夢者本身的性別認同是男同志，那麼這個夢應該就直接朝字面原本的意義去探索即可。

同性戀 *Homosexuality*：

在象徵意義上，同性戀的核心涵義是：無論是陰性能量或是陽性能量，它們的結合都會產生更大的力量，也更受到重視。這種結合完全不是指性行為上的結合；陽性能量是代表行動作為的能量，而陰性能量是代表如是存在的能量。從原型的角度來說，一位具有同性戀傾向的人，他（或她）其實是具備了一種天賦，能夠同時擁有這兩種能量的振動頻率，是他（或她）與生俱來就帶有一種充沛的能量本質，因此，如果夢中出現某些跟同性戀有關的情節，可能就是在藉

由這樣一種性傾向，來展現這種較高層次的能量本質。當然，對許多人來說，性慾都是一個非常複雜的問題，夢中出現這樣的主題，可能牽涉到很多層次的原因。如果你本身並不是同性戀者，而你卻做了這樣的夢，那你可能需要去檢視一下自己對於性的看法和偏見。如果你夢見的人物本身就是同性戀，那麼你可以把他們視為你內在人格的其他面向，他們可能是在提醒你，或許你需要以這種上天給你的本能恩寵，多展現這方面的自己，或憑藉它來行動，或是去彌補這兩個極端之間的縫隙。如果這個夢讓你感覺不舒服，你可能要去思考，你對於自己本身的性向是否存在著焦慮。

冰 *Ice*：

水代表情緒，而冰是結凍的水。在象徵意義上，冰代表已經劇烈轉變的情緒內容。這個轉變後的物質既冷酷又堅硬——當我們用這兩個形容詞來形容一個人的情緒時，你是絕對感受不到任何愉快感的。從物理學的角度來說，我們都知道，冰並不是把冷的東西加到水裡面之後製造出來的，而是水失去熱度之後的結果。這告訴了我們，只要冰出現，就表示溫暖溫度不見了，或是被丟棄了。冰也可能存在著危險性，尤其當一個人以此來操縱別人時。夢見路面結冰，隱含的意義就是：如果情緒缺乏流動，你的人生道路可能會充滿艱險。

冰淇淋 *Ice Cream*：

冰淇淋是一種非常能夠撫慰人心的食物，當我們生活中需要一點甜美的感覺時，它能帶來強大的療癒效果。但是從反面來說，冰淇淋也可能代表放縱，假如你需要節食和減肥，那冰淇淋就是一種充滿罪惡的愉悅。

冰山 *Iceberg*：

冰山是從海面下往上伸出的障礙物，象徵被卡住的情緒或模式，當你航行在潛意識心靈的水域時，可能會為你帶來危險。「冰山一角」這句話就是在提醒你，必須看得更深一些，去找到問題或困難的真正根源。

冰河 *Glacier*：

冰河是地球景觀的一種，因此它對應的是我們的表意識心靈。由於冰河主要是由水所組成，因此也可以用來作為情感的象徵。冰河的水是結凍的，代表缺乏溫暖和憐憫心。冰河實際上有在移動，只是速度非常緩慢，因此我們常會用「冰河般的速度」來暗示一件事情停滯不前。在夢裡面，冰河代表的是你將自己的情緒感受冰封起來，而導致你整個人生變得非常低迷。你生命中有什麼事情，因為你對它態度變得很冷淡，而無法繼續往前推進呢？不要忘記，生命中有些事情的改變，是非常非常緩慢的。

冰箱 *Refrigerator*：

冰箱的主要目的在於利用一個足夠低溫的小空間，來保存某些有機體，以延長它的新鮮度。寒冷的低溫象徵較少激情和怒氣，因此冰箱作為一種符號，其中一個涵義就是，藉由減輕你的情緒強度，讓某些東西可以保存得更久一些。你想要保存的東西，在夢裡面就會用冰箱來表現，因此，解夢時要注意兩件事，一個是冰箱裡面裝的東西，另一個是冰箱這部機器本身的狀態。兩方面都要考慮進去。

守衛 *Guard*：

守衛是一個原型，他的任務就是保護。從政府機關到監獄，很多地方都能看到守衛的身影，雖然他們工作的地點不同，但目的是一樣的，就是阻止危險和暴力。在夢中，守衛可以代表一個角色面向，他就是你心靈的一部分，只要你感覺危險可能會從外部降臨，這個守衛角色就會出現。從反面情況來說，如果夢見的是監獄裡的守衛，那他可能代表你覺得自己內在出現暴力氣息，因此你必須去壓制它。

守靈 *Wake*：

很多文化傳統當中都有代表悲傷的守靈儀式，人們會聚集在剛剛過世之人身邊，對亡者表達敬意，也代表我們願意放手讓這個人離開。因此，夢到守靈，意謂著某些事情已經被犧牲、被放棄，因此需要用某種方式來處理，同時也代表著有新一輪的變化即將來臨。

吉他 *Guitar*：

夢到任何一種樂器，都是代表你內在的創造力和感情需要得到表現。在西方文化中，吉他演奏者的地位頗高，因此跟其他大多數樂器比起來，吉他這個符號擁有更為強大的力量。吉他的曲線造型也經常讓人聯想到女性的身形，因此如果夢到彈吉他，通常帶有很強烈的性暗示。

吊床 *Hammock*：

吊床代表輕鬆和回歸大自然，因為通常它是掛在樹跟樹之間。在夢的解析上，吊床這個符號是代表一種呼喚，要你放下一些世俗的煩憂，記得你與土地和寧靜心境的自然連結。

收割 *Harvest*：

當你努力耕耘的東西終於開花結果，你就可以快樂地盡情收割。它象徵的就是為了創造出某樣東西的價值，而付出的努力。如果你的夢境顯示出已經到了收割某樣東西的季節，那表示你過去的努力已經得到報償，你正在享受它帶來的豐盛成果。

曲棍球 *Hockey*：

所有的體育賽事都是象徵我們的人生就像一場比賽。以曲棍球來說，它的特色是快節奏速度和暴力傾向。假如夢中出現曲棍球比賽場景，可能表示你開

始允許自己表現出你本性當中帶有侵略性的那一面，那是平常的你不會表現出來的。反過來說，也有可能代表你在別人身上看到這種傾向。由於曲棍球是一種冰上活動，這可能暗示著，你目前正開始要展露出自己內在的靈活敏捷特質，因為只有具備這種敏捷性，你才能應付場上的混亂和不可預測，讓自己可以一直留在比賽場上。冰是水凝結之後的狀態，而水代表情緒。夢到曲棍球，可能反映了你在情緒上讓自己保持在冷靜優雅的狀態，儘管外表看起來有點冷酷。

全像圖 *Hologram*：

曾經只是科幻小說的一種產物，全像圖的概念現在已經被拿來解釋我們整個宇宙的構成。因此，夢中出現全像圖，可能代表你進入了所謂神聖幾何學的領域，開始要去探索靈性上的更高智慧。根據夢境的前後脈絡，你會知道如何解釋這個夢。全像圖可以允許你從各個不同角度來思考一件事情，因此，夢到全像圖代表了具備某種客觀性。

行李箱 *Luggage*：

行李箱的功用是裝運某些你所需的物品，好讓你在任何地方可以繼續正常生活。作為一種象徵符號，不管是哪一種行李箱，都是代表你是否有能力取得各種工具，來應付生活中的各種狀況。在文化意義的關聯上，我們經常把過去未被療癒的傷，以及目前情感關係中所遭遇的困難，視為我們生命的「包袱」。如何解這個夢，主要跟你對這個夢本身的感覺有關；它會讓你知道，夢中的這個行李箱，是一種對你生活有助益的工具，還是代表你需要在情感關係上多做一些努力。

行軍 *Marching*：

行軍是指將一群原本獨立分散的個體聚合起來，合著拍子、以相同的步伐齊聲前進。如果把你夢中這群正在行軍的人，當作是你的思想和念頭，行軍這

個意象符號就是代表將原本混亂、隨意冒出的想法整合起來，成為一個完整單一的概念。解夢時要考慮的是，夢裡是誰在行軍，以及是在什麼場景發生，試著從這些細節來解讀你的夢。

肉 *Meat*：

肉類是蛋白質的主要來源。在符號的象徵意義上，代表的就是基礎營養。如果你的夢中出現肉類的特寫，那表示你需要餵食自己某些東西，來增強你的力量；比如一種點子想法、一個計畫，或是你人生中的一個新方向。夢中這塊肉是什麼狀態，也代表了不同的意思。生肉是代表，為了強化你的目標意圖，你還有很多事情需要去做。腐爛的肉代表你可能錯失了某些機會。如果你實際生活中是很排斥吃肉的人，那麼在解釋這個夢時，也要把這點考慮進去。

早晨 *Morning*：

白天就是代表你的表意識。以一天 24 小時來說，白天時刻就是代表行動力的陽性法則。早晨是一天的開始，因此，也代表你生活中某一項計畫或目標方向的最初行動。如果你在實際生活中開始要展開新的計畫、新的情感關係，或是任何事業行動，很可能睡覺時就會出現關於早晨的夢。

老鼠／小老鼠 *Mouse*：

老鼠是一種體型非常小的動物，「膽小如鼠」這個成語，就是在形容一個人個性非常膽怯。老鼠大多隱身在牆後，因此老鼠也代表大部分隱藏起來，但依然可被聽見的那些想法，具象來說，牠們就像在表層底下，或是躲在背後，不斷用爪子抓咬東西。

老鼠/大老鼠 *Rats*：

老鼠通常很令人討厭，因為牠們的繁殖力很強，而且不僅會破壞東西，還會傳染疾病。在人類歷史上，老鼠經常是瘟疫的帶原者。如果沒有好好處理老鼠的問題，結果很可能會像德國童話《吹笛人》所描寫的故事，被小鎮村民僱用來捕鼠的男孩，因為沒有拿到先前村民承諾的報酬，最後他把鎮上的小孩子都拐走，困在山洞裡面全數死亡。老鼠通常寄居在下水道、地下室，以及陰暗角落。這也增加了老鼠和我們內在陰影面的關聯性，牠們代表的就是，我們內在不希望自己是那樣，或是不想要去看見的部分。如果你的夢中出現老鼠，不管是哪一種方式出現，都是代表你需要去探查存在於表層事物底下的東西。

老人 *Old*：

你正在與你自身人格中的智慧與導師原型連結。這位智慧老人，以及與他相對應的陰性原型——老嫗，都是榮格心理學裡面代表人類智慧的人格原型。這是每一個地球人共同擁有的性格面向，代表我們的內在指引與最高層次思想。唯有當我們能從錯誤中學到功課時，我們才能與這股強大能量連結，之所以會以老人的型態出現，也表示隨著年齡的增長，我們能夠得到年輕時無法獲得的領悟。你生活中認識的老人，或許可以代表這個智慧原型，但是當你在解析這個夢時，也必須把這個人的性格特質考慮進去。當這位老人或老嫗以原型的形式出現，他們可能並不是代表你所認識的那個人，而是代表一個可以為你帶來洞見、智慧，或是禮物的對象。這個原型人物，是我們很多人在展開內在探索旅程時經常會遇到的第一個對象。這是因為，所有的人類都會隨著年齡增長而逐漸開展智慧，因此當我們開始進入自己的內在，很容易就會遇到這個原型。

老師 *Teacher*：

在夢的解析上，老師這個人物一部分是原型，一部分是代表我們的內在性格面向。老師是傳遞知識的人，夢見老師就是代表你想要深入自己內在的知識。如果夢中這位老師是你認識的人，你可以把這個人的性格特質加進來解釋。你對夢裡這位老師所知愈少，代表你在原型層次可以得到的智慧愈多。無論這位老師是以什麼方式出現，你都可以去思考，他是不是想要讓你知道什麼事情。知識是累積的，老師知道該如何循序漸進把片段資訊累積成有用的知識。老師是學校裡面唯一知道課程計畫是什麼的人，因此也代表了一種權威形象。老師同時是提出問題和解答問題的人。他們不只要掌控課堂上發生的事情，也知道為什麼要讓事情維持在某種特定秩序。每一位個別學科的老師都會教給我們特定知識，以讓我們可以熟悉這項資訊到達一定程度。夢中出現的任何一位老師，都是代表你內在人格的一部分，他了解一步步學習的概念，而且能夠提供一個適合學習的心理環境，也知道什麼樣的環境會對學習造成阻礙。這過程需要極大的耐心，儘管你生命中遇到的老師，不見得每一位都具備這樣的特質。如果你夢中出現某一位老師，請用此人的特質去檢視你自己的性格面向。在夢中，這位老師對你做出的行為以及你產生的感受，都會提供你一些見解讓你知道，你內在的智慧指引系統是否運作良好，以及你對於自己的成長速度是否擁有足夠的耐心。一位和藹可親的老師，以及一位會虐待學生或讓學生害怕的老師，解夢時會出現非常不同的結果。

老虎 *Tiger*：

老虎是最能代表力量與感性的動物符號，同時也是生命力與健康的象徵。一隻老虎出現在你夢中，表示你正在與這個強大的動物圖騰建立連結，牠會帶領你穿越任何艱難困境。老虎圖騰的療癒力量在於，它是恐懼感與厭惡感的完美解藥，因為老虎的勇氣、力量以及聰明狡猾是無可匹敵的。

肌肉 *Muscles*：

　　肌肉這個意象主要是跟男性有關，通常代表力量、權勢，以及雄性陽剛的特質。肌肉經常會被過度誇大，因此，當我們過分強調以上這些特質時，通常就會以肌肉來表現。如果你在夢裡看到自己身上的肌肉組織線條非常明顯，那表示你曾經為自己生命中的某件事情做過極大努力。如果夢裡看見另一個人有大塊肌，你可以運用性格面向技巧來做自我探索，看看是你內在人格的哪一個部分擁有這麼多額外的力量。

安撫奶嘴 *Pacifier*：

　　安撫奶嘴是乳頭的替代品，可以讓嬰兒認為自己正在吸奶，而安靜下來。作為一種象徵符號，它代表的是能夠安撫自己內在焦煩情緒的那股力量。看看夢裡面是誰在使用安撫奶嘴，你就可以從中找到線索，找出是你內在哪個部分在對你哭叫不停。如果是夢見自己找不到安撫奶嘴，或是發現安撫奶嘴受損，那可能表示你有壓力需要紓解。這個符號還有另一層涵義，跟安撫奶嘴本身並無餵奶功能有關；它提供的是一種暫時性的錯覺，讓你感覺好像有吸到東西，但實際上並非如此。因此，夢到安撫奶嘴，也可以代表你試圖創造某種不具真實力量的東西，以為這樣可以滿足自己。如果你本身就是一位父母親，家裡有一個嬰兒正在使用安撫奶嘴，那這個夢可能就是你表面上看到的意思。

安全帶 *Seatbelt*：

　　汽車代表你如何走過你的人生。由於安全帶是固定在汽車上的，因此也跟汽車的象徵涵義直接相關。繫上安全帶可以提升行車安全，因此安全帶也象徵，在人生道路上，你會盡力保護好自己，來抵禦你所面臨的挑戰和阻礙。

池塘 *Pond*：

任何一種水體都是代表你的情緒經驗。池塘屬於自然環境，因此它也與你個人對大自然的感受有關聯。池塘體積小且易於管理，這也反映出你是以輕鬆平靜和充滿智慧的覺知在感受你的情緒。檢視夢中這座池塘的狀態，就可以大略得知，在你作夢的這段時間，你的情緒大概是處於何種狀態。

收音機 *Radio*：

收音機是接收無線電波發送的訊號，然後將它們還原成聲音、播送出音樂和當地新聞的機器。在象徵意義上，它是代表運作中的集體意識，因為它是所有的人一起聆聽一個特定電台，收聽相同的節目。在夢的解析上，收音機是代表集體的想法和社會的共同協定。由於收音機上通常都有很多個電台頻道，因此，這樣的夢也可能是在提醒你，或許是該轉台的時候了。

汙點 *Stain*：

汙點是一種證據，證明過去曾經發生意外或不小心發生某件事，而改變了你對一個人、一處地方，或是一件事情的看法。因此，夢到汙點代表你對某件事感到懊悔或羞恥，但你已經無法改變那個既成事實，它已經在你記憶中留下殘餘的影響。

西裝／套裝 *Suit*：

任何一種服裝，都是你個人的自我展現，也代表你選擇用什麼樣的角色來展現給世界。需要穿西裝（或套裝），代表這是一個比較正式的活動，或是有很多人在一起工作的場所。如果夢見自己穿著西裝（或套裝），可能代表你需要表現你較為嚴肅的那一面。

汗水 *Sweat*：

汗水是代表你內心有隱藏的恐懼、羞恥感、罪惡感，或是壓力的外顯證據。從社交的層面來說，汗水有時候是代表內在壓力。它也會顯露出一個人因為背叛了某人而感到內疚或恐慌。如果你在夢裡面有這種感覺，解夢時就要去檢視，你實際生活中是不是隱藏了什麼祕密不想讓人知道。

寺廟 *Temple*：

這個夢是在告訴你，你正在以一種更為傳統的方式，連結你的精神本性。教堂、寺廟以及清真寺，都是一個群體的精神信仰中心，就像夢到房子一樣的意思，不管哪一種建築物，都是代表一個人目前的自我意識。因此，任何一種宗教場所，代表的就是你跟宗教以及靈性事物之間的關係。由於宗教信仰本身特別具有爭議性，因此解夢時要特別注意，寺廟在精神靈性方面所代表的普遍涵義，以及你個人對於宗教組織所懷抱的感情，這兩者之間的區別。如果夢裡面這座寺廟看起來並不像典型的拜拜場所，這個夢可能是在提醒你，要去思考不同宗教教義之間的共通性，而非差異性。（參見教堂／清真寺〈Church／Mosque〉，第 207 頁、208頁）

舌頭 *Tongue*：

任何跟舌頭有關的事情，都是代表你在溝通時的口齒表達能力。反過來說，舌頭也有可能代表味覺，以及與品嚐食物有關的生活品味。舌頭也象徵著我們與生俱來渴望被了解的欲求，以及跟溝通交流有關的問題。因此我們常用的一些跟溝通有關的形容詞，比如輕聲細語、言詞尖銳惡毒等等，都跟舌頭有關。如果溝通方式太過被動，你要溝通的內容可能就會變得無效。如果言詞太

過尖銳或直接，又會帶給對方傷害，造成反效果。如果夢見舌頭受傷，可能代表你需要檢視一下你的溝通是否有效。夢見舌頭麻痺了，表示你在實際生活中可能說話不夠有分量，無法達到你想要的目的。

刑求 *Torture*：

刑求的主要目的是希望某樣資訊可以被揭露；刑求拷問達到目的，被刑求者才能獲得自由。你是不是懷藏著一些祕密，或是偷偷在進行某件事情，而這讓你感到非常痛苦？如果你夢到刑求，那表示你可能藏著一些祕密不想讓人知道。

自動販賣機 *Vending Machine*：

自動販賣機最早是為了方便取得零食之用。因此，在夢的解析上，要同時考慮這兩個概念的象徵意義。第一個是方便性，代表你的需要可以立即得到滿足。不過，通常自動販賣機賣的東西都沒什麼營養價值，因此也說明了，這種立即的滿足其實是一種低層次意識覺知之下所做出的選擇。你是用什麼東西來餵飽自己呢？

七畫

冷氣空調 *Air Conditioning*：

溫度是心情好壞的象徵，也代表情緒強度的高低。高溫就是脾氣暴躁和熱情洋溢的同義詞。想要用人為的方法來冷卻溫度，象徵著你有能力依照自己的意願來調控你生活中的這些部分。冷氣的噸數規模愈大，你所展現出來的控制力道就愈強。因此，窗型冷氣代表少量控制，中央空調系統則代表你想要全面控制自己的熱情。如果夢見冷氣壞掉，表示你無法在壓力下保持冷靜。

汽車 *Automobile*：

參見車子／Car，第98頁。

汽油 *Gasoline*：

汽油是一種高度易燃品，它主要是為交通工具提供燃料，讓我們的人生可以順利往前進。汽油這個象徵符號的核心涵義，是跟它的可燃性有關，而不一定跟它的用途有關。如果是引擎裝置裡面的汽油，它就是代表可讓引擎運轉的那個動力，以及可被駕馭的那股力量。對於引擎之外的東西而言，汽油則代表可以引發這個動力的那股潛在力量，它隱藏著可能的危險後果，假如你沒有帶著敬重之心去使用它的話。你是否有好好運用你的潛能呢？還是你因為誤用你的潛能，隨時可能引發意外爆炸？

赤腳 *Barefoot*：

夢見自己赤腳，表示你需要在生活中更加務實、讓自己更加穩定，而且可能正面臨到一些抉擇，難以做出決定。雙腳連結的是你覺得自己是否夠穩固；同時也代表你對於目前生活中的各種抉擇是否具備靈活機動性。你把腳放在哪裡，以及你要去什麼地方，這兩者有直接的關聯。假如你雙腳光溜溜沒有任何遮蔽，它們會很容易受傷，但是因為跟地面直接接觸，機動性也比較強。赤腳的意象也讓人有一種腳踏實地的感覺，而且表示比較悠閒放鬆。

貝斯／低音吉他 *Bass*：

這種樂器主要是負責用聲波的最低音來輔助旋律的進行。無論是哪一種樂器，在解夢上都是象徵創造力和表現的欲望。不過，貝斯跟其他樂器最主要的差別在於，它象徵的是生命的根本旋律。如果你夢中出現貝斯這種樂器，表示你應該要好好表現你自己，但是要尊重你內在的自然節奏，不要太快也不要太慢。要聆聽你自己的心跳聲。

床 *Bed*：

　　床是一個可以讓我們睡覺，也可以提供親密感的地方。它是最能夠代表休息和性行為這兩種神聖活動的有力象徵。有很多夢的場景是發生於你正在睡覺的那張床上。如果是這種情況，那麼這個夢就具有即時性，你夢到的就是你目前的意識狀態，而且你想要用有意義的方式去探索你對那個狀態的實際想法。床也是安全感的一種象徵，因為人在睡覺的時候是最沒有防備的，夢到自己的床也代表了這種感覺安全安心的狀態。從反面而言，如果是夢到一張陌生的床，可能表示缺乏安全感。夢裡面這張床的狀況如何，也會透露出你平常時候對於安全感、性關係，以及休息這些事情的態度。

肚子 *Belly*：

　　代表你的直覺和情緒感受。對於我們自己內在以及外部環境所發生的事情，最先升起情緒感受和直覺的地方就是在肚子。如果肚子功能運作正常，它就是跟你關係良好的夥伴，能夠指引你人生方向，讓你知道在某些時刻你是否安全。如果肚子功能受到折損，比如覆蓋著層層脂肪，表示你的直覺力受到阻擋。夢見肚子部位出毛病，表示你過去可能沒有誠實面對自己，或是你正在壓抑自己的憤怒或悲傷。

肚臍 *Bellybutton*：

　　肚臍是人類世代不斷繁衍的明證。因為有肚臍，我們能夠和我們的母親永遠保持一種相連感，也能藉此追溯到無限遙遠的過去與永恆。我們身上現在留著這樣東西，證明了我們曾經活在一個充滿恩典的地方，在那裡，我們的每一項需要都可以立即得到滿足；媽媽的子宮，或許是我們這輩子曾經最接近伊甸樂園的地方。如果夢到肚臍，你可能需要回想一下整個夢境的前後細節，才能做出更正確的解讀。夢見自己的肚臍，代表你跟自己的連結感以及整個生命的延續感。如果你夢見的是別人的肚臍，那就要考慮，那個人是代表哪一種人格特質，那可能就是你正在尋找、想要與之連結的重要東西。

肚臍眼 *Navel*：

肚臍是我們與生命源頭的原始連接點。透過它，我們所有的需要都可以立即被滿足，因此我們不會實際上經驗到需要的感覺。人類身體的這個部位，也跟我們對母性照顧的渴望有關。夢到肚臍，可能表示你正在跟這種原始感受相連結。肚臍也是我們身體上的情緒中心位置，是你與你的直覺和勇氣連結的所在。從夢境的前後內容，你就能了解這個夢的涵義。

身體部位 *Body Parts*：

身體每一個部位所代表的涵義，都與它們各自的功能有關。腳部代表穩固扎根的感覺，腳趾則代表維持平衡。雙腿連結的是自由、選擇以及移動。膝蓋則是謙虛、謙卑，或是臣服的象徵；而且也是隱藏恐懼情緒的地方。臀部是身體主幹的中心點，因此代表身體各個系統的統合以及生命所有的元素，它們全都必須保持良好的協調互動，才能讓身體繼續運作。肋骨代表脆弱沒有防備，以及保護自己免受情緒的痛苦。肩膀則跟承受壓力以及滿足他人的需要有關。手臂的構造讓你能夠採取行動，完成你的目標和願望，而手部是賦予你創造的能力，讓你可以完成手臂的目標。每一根手指則分別代表生命的複雜性和細節。脊柱是道德中心，也是你的價值觀的所在。頸部雖然是屬於脊柱的一部分，但它是代表你的區辨力和抉擇力。頭顱對應的是你的信仰、理念，以及觀點見解，而支撐臉目的顏面骨則跟社群共同體，以及你想要和他人連結的欲望有關。

身分證件 *Identification*：

在現代文明社會中，隨身攜帶某種形式的身分證件已是日常生活的一環。在夢中，身分證件這個意象代表的就是你的自我認同。如果你夢到自己遺失身分證，代表你感覺自己已經失去處理日常生活事件的能力。

佛陀 *Buddha*：

參見耶穌或佛陀／Jesus, Buddha，第151頁。

車子 *Car*：

車子可以載著我們四處移動，夢中出現車子，很明顯就是跟你的人生旅程有關，因為它代表著你如何引導你的人生方向，包括你所做的抉擇以及你如何創造自己的命運。夢見你的車子拋錨或是壞掉，可能表示你目前所處的環境阻止你往前進，而且是突然發生的。夢見自己的車子不見了，表示你對於自己人生的下一步方向感到困惑。解夢時不妨也把車子的顏色考慮進來。夢見車子開得太快或太慢，讓你感覺不舒服，可能是在暗示你內心想要在實際生活中有更多的掌控權。

車庫／停車位 *Garage*：

這個符號是代表你人生旅程之預期行動中的一個暫時停駐點。車庫的主要功能是讓車子可以在沒有使用的期間得到安全保護。車子本身是象徵我們用什麼方式在度過我們的人生。如果一個夢境的主要特寫畫面是車庫，那就是代表你現在的人生是否過得順利。車庫代表的根本涵義是，你準備要進入塵世之中。假如這個車庫是私人的，屬於你房子的一部分，那麼你就要從你的私人生活這部分來解析。如果是屬於共用車庫，那麼這個夢可能是在反映你的社交生活所帶來的一些問題。由於在公共停車空間裡面有很多停車位，因此也代表有很多選項可供你選擇。在停車場找不到停車位，代表你人生中有某些部分暫時被卡住了。不妨問問自己，哪件事情你想要往前進，以及你該為這段旅程做些什麼準備。

車燈 *Headlights*：

　　汽車或其他交通工具的車燈可以照亮道路，讓車子可以在夜間行駛。有能力看見事物黑暗的那一面，就是這個符號的象徵涵義。黑暗就是指我們內在的陰影面，以及被我們棄絕、拒絕，或是感到害怕的那些東西，而車燈可以幫你照亮生命的道路，排除這些心理上的障礙，順利走過你的人生。車燈就像車子的眼睛，因此車燈代表的就是一種在黑暗中「看見事物」的能力，它能幫助我們去面對一切人生境遇，繼續往前邁進。

沙漠 *Desert*：

　　目前，你的生活中很明顯缺乏熱情和生命力。在沙漠裡面，如果你想看見生命的跡象，就要看得更深一點，因此，夢境的場景發生在沙漠中，就是在提醒你要這樣做。不要從事物的表象去決定它的價值。要往內深入去看，你就會發現，事情的真相並非僅止於你肉眼所見。夢到沙漠也是在建議你，要帶著更多的情感和熱力，去灌溉和充實你的生命。

沙龍 *Salon*：

　　沙龍是由一位能夠鼓舞人心的主持人所召集的聚會，通常是為了激勵和提升參加者的士氣。這個概念現在已經被美容美髮業所採用，來到沙龍的人，都是為了改善他們的外觀而來。作為夢境場景，沙龍代表的是關於美貌與魅力的集體概念，以及想要讓你的外觀看起來更符合社會的觀感。

沙子 *Sand*：

　　沙子是土地的一部分，因此在象徵意義上與我們的意識心靈有關。沙子是由許多微小顆粒組成，這些微小的顆粒就是代表在某段時間裡面占據我們頭腦意識的許許多多念頭。由於沙子本質上缺乏堅固性，無法作為任何東西的支撐

結構，因此，在象徵意義上，它就是代表因為地基不穩而帶來的危險。你的生活基礎現在夠紮實、夠穩固嗎？沙灘也是由沙子所組成，而沙灘是象徵陸地的意識與象徵海洋的潛意識的交界地帶。沙灘的景觀範圍隨時都在變化，具有很強的可塑性，因此，夢到沙子，也可能跟這個特質有關。

沙塵暴 *Sandstorm*：

沙子代表意識當中的微細思想念頭，沙塵暴則是代表散亂念頭過多所導致的負面後果。風這個符號也是代表智性思想，風和沙子以一種失衡的方式結合在一起，你可能會感覺到整個人陷在其中，看不清楚前方，也無法往前移動。沙塵暴結合了風的力量和微小塵土的結構。風是象徵當思想念頭受到強力引導時會發生什麼事。這裡的沙子則是代表微小的思想念頭，當它為數不多，可能沒什麼影響力，但是當它們被特定導向的思想瘋狂席捲時，可能就會讓人完全陷入盲目狀態，帶來巨大的破壞。

妖魔鬼怪 *Demon*：

妖魔鬼怪是精神靈性界域的黑暗面，是靠著恐懼和仇恨維生的存有。如果你夢見妖魔鬼怪，那表示你發現自己已經無法再壓制內在的陰影面，那些你所恐懼的東西已經將你打敗。夢中出現的這個妖魔鬼怪，也可能代表你長期以來一直刻意無視的、某種具有破壞力的模式。

妖精 *Elf*：

小妖精最早源自北歐神話，而且被認為具有神奇的魔法力量。在現代媒體當中，他們依然是具有神奇力量的妖精，還多加了一點調皮的個性。夢裡面出現小妖精，代表你可能正在連結自我內在屬於調皮且帶點詭詐、喜歡惡作劇的那一面。

尿布 *Diaper*：

尿布的根本功能和目的在於它可以為我們帶來自由。身上穿著尿布的人，就可以不用受時間和地點的限制來把身上的毒素和廢物排掉。由於排便和排尿經常讓人感覺羞恥，因此尿布也被視為一種承裝羞恥感的容器。你現在是不是緊緊抓住一些讓你感覺羞恥的事情不放呢？

快閃族 *Flash Mob*：

快閃族是一種新興現象，是在一團混亂當中凸顯出天才創意的一個時刻。它象徵的是將多個隨機出現的想法結合起來，成為一個偉大的點子、方向，或是創意計畫的能力。在現實生活中，若要讓這件事發生，你需要做大量的準備，需要有很多團體一起合作，方能順利執行。在夢的解析上，這群快閃族裡面的每一個人，都是代表存在於你內在意識當中的一個想法或點子。當這些隨機出現的想法全部被組合在一起，成為你想要去實現的一個點子或計畫，只要透過合作和組織，就能完成不可思議的神奇大事。

花 *Flowers*：

花朵就是一種愛和美的表徵，因它本身就是如此。花朵也代表未來成長的可能性以及實際達到的豐富成果。每一種花都有屬於它自己的花語，活在現代社會的我們已經遺失了這些資訊，但過去的人一直都是用花來傳遞訊息的，花就是一種充滿活力的溝通方式。比如說，紅玫瑰代表浪漫愛情，黃玫瑰則代表柏拉圖式的精神之愛。無論你夢中出現的是哪一種花，在解夢時都要去思考的是，當你把一朵花摘下來，它們就開始枯萎和腐爛，這代表愛的感覺和愛情本身其實是短暫不長久的。

花園 *Garden*：

代表豐盛、富裕，以及你有能力創造一個可提供自我照顧和滋養的領域。花園是經過精心設計的區域結構，可以讓生命在那裡蓬勃生長。無論裡面種植的植物僅供觀賞之用，或是可供食用，它都是代表具有創造力和滋養力的陰性能量法則。而花園的構造和邊界就是陽性能量法則的展現。因此，花園就是創造力本身的一個縮影。據報導，照顧花花草草之類的園藝活動，有助於提升人的內在平靜感，讓人更加放鬆、心情愉悅。在夢的解析上，花園可以代表我們內在的一種需要或渴望，想要在自己的生活中製造一種平靜、富足、滋養的氛圍。花園的類型、裡面種植的東西，以及你當時正在花園裡做什麼，都是在反映你目前實際生活中哪一個領域需要有這種感受，以及你是否有能力做到這件事。

花瓶 *Vase*：

花瓶的目的是擺放切採下來的鮮花，是象徵對於美的持有。因此，花瓶也代表你自己身上對於美好事物的持有能力。夢裡面花瓶本身的狀況，也是在反映你是否有能力吸引愛情與表達愛意。

花環 *Wreath*：

花環本身是源自多神教文化的一種象徵符號，它是用樹枝編成一個圓形，來象徵季節的循環變化。如果你夢到花環，可能是受到某些節日的影響，但在深層意義都與它的原始涵義有關，是代表對於生命循環的崇敬之心，冬季逝去之後，春天將再次來臨。

足球 *Football*：

足球是跟策略和蠻力有關的比賽，它是戰爭行為的映射，敵對的雙方都努力想要在對方的城池中攻城掠地。作為一個夢境符號，足球這種熱門運動代表的是人類的競爭本性，但在這種相互競逐的欲望衝動之中同時又帶有某種程度

的娛樂性。如果夢見足球，那表示你可能想要尋求一種既健康又可被社會普遍接受的方式，來表現你的侵略心和競爭心。

作嘔 *Gagging*：

你正在壓制自己想去除某個想法、習慣，或是思想模式的內在衝動。你的環境當中可能存在著很多毒素，是你目前尚未完全準備好要去處理的，而作嘔的反射動作就是代表你對這些東西的容忍程度差不多已經到了頂點。嘔吐象徵的是你將那些已經對你無益處的東西從體內排除的過程。作嘔反應跟嘔吐這個內在衝動是同時存在的，但是尚未到達嘔吐的時刻。夢中出現作嘔反應是一種警告，它是在提醒你，有某些令人不悅或不健康的東西即將被揭露出來。

防毒面具 *Gas Mask*：

防毒面具是用來保護個人抵禦空中飄浮的有毒氣體的一種裝置。任何跟空氣有關的事物，都是代表我們的智力和思維。有毒氣體是象徵那些漂浮於半空中的思想、意念、意識，而且對你有害。因此，防毒面具就是代表一種保護作用，讓這些思想意念無法來毒害你。你是不是發現自己現在生活在有毒思想的環境中呢？

束腹／塑身衣 *Girdle*：

束腹是內衣的一種，目的是為了改變身體本來的輪廓，讓它看起來更苗條。束腹穿起來很不舒服，因此它代表的是我們重視一件事情的表面，勝過它的真實樣貌。你是不是沒有用你的真面目在面對這個世界？如果是這樣的話，夢到束腹可能就是代表，你為了展現不真實的你，而讓自己處在一種不舒服的狀態，你感到很痛苦。

谷歌 *Google*：

谷歌這個搜尋引擎，象徵的是你有能力立刻進入知識和資訊的領域；因為它能夠讓你在希望得到某件事情的資訊，以及成功得到結果這兩者之間，做出最即時的連結。夢到谷歌，可單純指在網路上進行知識搜尋的能力，也可以象徵你內心想要追求任何東西的渴望，而且會立即得到好的結果。

走廊 *Hallway*：

走廊是建築物室內結構的一部分，是通往其他主要房間的通道。以人類的意識領域來說，走廊這個符號就是象徵我們內在的轉化或改變。假如你的夢境場景是發生在走廊，或者以走廊為主要畫面，那表示你正在經歷這個轉換的過程，但尚未抵達最終目標。

走鋼絲 *Tightrope*：

走鋼絲最早是出現在馬戲團表演中，是讓一個人走在半空中一條非常細的繩索上，為人們帶來刺激感。如果你夢見自己正在走鋼絲，那表示你可能感覺生活中有某件事情讓你處在一種非常危險的處境。你可能必須把腳步放得非常非常慢，而且要隨時讓自己保持平衡。

夾克 *Jacket*：

夾克的功能在於禦寒。任何一種衣物都是代表個人的自我表現方式。夢裡面出現夾克，也有各種深淺不同的涵義。套裝型的夾克外套代表財富和責任，皮衣夾克則代表抵禦生命的嚴苛考驗。當你找出你夢中這件夾克代表的涵義之後，必須再把這個夢本身的前後內容加入到解析當中。夢見被撕破或是破損的夾克，代表你感覺自己很脆弱、沒有受到保護，隨時可能受到傷害。不合身的夾克，代表你的外在行為和內心意圖並沒有一致。夢見夾克不見了，表示這件夾克所代表的那些需求，被你暫時擱置在一邊。

抓癢 *Itch*：

在你意識表面下，有些東西正在困擾你，要你去注意它。在解釋抓癢的夢時會遇到的困難是，這個搔癢本身不會告訴你到底該不該去抓它。那個癢可能是代表潛藏已久的想法，如果再往下深入一點去看，你可能會覺得很痛苦，就像一些成癮的症頭或慣性焦慮症狀。同時，那個癢的感覺也可能是要你更深入一點去思考，仔細去看看為什麼有些事情在困擾你，而這個困擾的解方就在表面意識之下。癢的根源或原因才是你要認真去思考的。傷口癒合的時候，那個部位也會發癢。這代表了你對於之前不久剛發生的情緒不滿事件，內心還藏著怨恨或是沒有說出來的想法，所以留下了潛在的傷疤。有一種癢是帶有毒性的，比如毒藤，當你認為某些東西是無害的，而對它敞開大門，盡情追求滿足感時，最終就會變成一種不斷重複的、有害的強迫行為，也就是所謂的成癮症狀。如果這個癢是發生在我們社會認為的敏感禁忌地帶，比如生殖，那麼它代表的就是非常私人、私密、本質上跟性有關的想法和慾望。

更衣室 *Locker Room*：

更衣室的根本涵義是指你正準備去從事什麼事情，或是完成了某件事情之後返回此處，通常是指要去運動，或是從事其他體能訓練活動等等。由於在更衣室裡面通常是裸體的，因此也帶有易受傷害、沒有防備的意思。要解析更衣室的夢，還要考慮夢境前後內容，包括你是要前往哪裡，或是從哪裡返回。如果是準備前去從事某項活動，那代表你正在為某項生活中的挑戰預作準備。如果是完成活動之後返回更衣室，那代表你已經完成某種程度的努力，現在正處於恢復狀態。如果你在求學階段，曾經在更衣室發生過特殊經驗，在解夢時也應該一併考慮進來。

技工／機械工 *Mechanic*：

夢中出現的人物，都是代表你自身性格的一部分。技工的主要工作是負責汽車維修，讓你的車子保持在最佳狀態。車子是代表你的人生旅程是否順暢。因此，你夢到的這位技工，就是你能夠信賴你內在那部分的自己，相信他可以處理你在人生旅途上可能發生的一切艱難挑戰。

巫醫 *Medicine Man/Woman*：

巫醫（包括男巫和女巫）是一個原型人格面向；他們是你內在人格的一部分，但是屬於更高層次、精神靈性更強的部分。巫醫有兩種功能。最重要的第一個功能是，他們是智慧和療癒力量的守護者（持守者）。當你需要面對重大改變，或是進行某種深層療癒時，這個原型就會現身。其次，他們也是你內在的先知，能夠預知事情即將發生變化，他們就像薩滿，擁有高超的直覺力和敏銳度。夢中出現巫醫這樣的人物，代表你正在接受高層次的精神啟發。如果是男巫醫，那你連結的就是代表行動力的陽性能量。如果是女巫醫，你連結的就是代表寂靜和接納的陰性能量。

巫毒教 *Voodoo*：

巫毒教是一種相當容易被誤解的宗教，本質上它是屬於異教（指非基督宗教），因此通常被認為帶有邪惡的意圖。一般人對巫毒教的看法是，修練巫毒教的人，有能力用魔法來控制和操縱其他人。夢見跟巫毒教有關的影像，可能代表你對於神祕事物感到恐懼，同時也是生命奧祕之陰影面的呈現。

巫婆／女巫 *Witch*：

這是一個代表內在個性面向的原型人物，是指你內在跟魔法、神祕學，以及生命奧祕有關的那些面向。女巫其實是相對近代才出現的產物，在西方文

化的古老神話中幾乎沒有出現過。現今，女巫在當代童話民間傳說中占有相當重要的地位，而且還成了萬聖節的主要角色。在當今這個時代，女巫已經不再幫人治病和主持聖事——現代的女巫只會施展邪惡的咒語，而且還會吃掉小孩子。由於女巫是一個原型人物，因此，女巫在你夢中是以什麼樣的方式出現，對於你了解個人的成長發展非常重要。這個原型主掌的是生命中與神祕主義、療癒，以及魔法相關的領域，也跟陰性能量法則的創造力、接受能力、養育和照顧有關。仔細看一下你夢中這位女巫的性格、技能以及動機是什麼。從她的性格你會知道，你心靈中善與惡的程度。她所擁有的技能力量會告訴你，你個人從宇宙獲得了什麼樣的魔法能力。了解她內心的動機，你會知道如何擺脫操縱的欲望，讓自己走向完整和諧。如果你夢裡出現一些看起來像是醜陋老太婆的女性角色，也都可以將她們視為女巫原型。事實上，其中有一些可能是邪惡的巫婆，還有一些可能是被剝奪某些權利的巫醫。由於女巫最早起源於神祕主義，經歷過幾個世紀以來的歷史誤解，在解釋女巫這個象徵符號時，也必須考慮到這個符號所代表的雙重性格。雖然她可能會讓人感到害怕和恐懼，但女巫擁有強大的法力，如果能夠深入理解，並正確使用，對人類來說可能是非常寶貴的經驗。

巫師 *Wizard*：

由於巫師在電影、電視和電子遊戲中的頻繁出現，這個擁有強大力量的原型，在過去幾十年裡有了新的涵義。巫師是魔法界的權威者，在人類發展中，魔法就是代表能夠瞬間創造劇烈變化的能力。在榮格心理學中，這種原型被稱為魔術師或魔法師，而且他擁有強大的能力，可以用一種非常神奇的方式提升你的智慧力量，改變你對生命的看法。夢裡面出現的巫師，就是代表預言者和帶來重要訊息的人，因此你要非常注意。巫師和女巫有很多共同的地方。

卵巢 *Ovaries*：

　　卵巢是女性生殖器官的一部分，象徵創造生命的那股力量。夢中出現卵巢的特寫，就是代表這股力量。如果你本身是女性，這樣的夢可能就是指表面上的意思，代表你跟你自己的生殖週期是處於一種什麼樣的關係。

妓女 *Prostitute*：

　　你可能覺得自己跟親密對象的親密行為像是一種交易，或是為了獲得物質上的利益。人們總是說「金錢不能買到愛情」，但卻可以買到性，而性往往被很多人視為愛情或親密關係的一種替代品。賣淫這件事情的挑戰在於，我們對於出賣像是身體這種極為私密的東西，以及為了金錢而從事性交易這件事，存在著價值判斷。這使得賣淫這件事變成了一種無關乎個人隱私的事情。如果你夢見自己是一名妓女，或許是代表在你現實生活中，你覺得有出賣自己的感覺，或是用一種相對輕鬆容易的方式來處理某件困難的事情。如果你夢見自己召妓，那你可能需要檢視一下，你內在是不是把自己看輕了。如果在夢中你看見有人召妓，那你需要注意一下你對於召妓這個概念的感受。如果你對這件事有所批判或是感到害怕，那你可能要去思考，是否你正用不正當的方式在操控某一個人或是某一件事情。如果你對買春這件事情的態度是比較開放的，那可能代表你需要小心評估一下你對自己的評價，你是不是對自己太嚴厲了，或者你可以讓自己有更多的選擇，這樣對你可能會比較好。無論你的信仰是什麼，賣淫這件事情多少都會讓人產生羞恥感，這其實也是妓女這個夢境符號的根本涵義所在。你為了你的自由付出的代價是值得的嗎？

戒指 *Ring*：

　　戒指的圓環形狀本身就是一種象徵，代表生命中一切事物都是一種無盡的循環。訂婚或結婚戒指象徵圓滿和長久，代表你願意跟你所選擇的伴侶這樣度過一生。因此，戒指就是一種代表長久承諾的符號。在夢的解析上，戒指不一

定是反映你跟另一個人的情感關係，它可能也代表你對一種主張、一項計畫、一種信仰，或是其他組織的一種堅定承諾。如果夢見戒指遺失、被偷，或是任何形式的破損，那可能要去思考，你對某件事情是否內心不夠堅定。

判刑 *Sentencing*：

判刑是一場訴訟的最終結果。夢到跟判刑有關的場景，可能代表你最近剛剛發生一些事情，需要你為之前所做的選擇負起一些責任。

吸菸 *Smoking*：

吸菸在當今社會引發很多爭議，因此吸菸本身代表的象徵意義相當複雜。影視媒體往往將吸菸描繪成一種迷人而且感性的舉動，不過近來這種情況已經有所改變。吸菸者對於菸的態度存在著極大差異，有些人因為戒不了菸癮而感到挫折，有些則對吸菸可能產生的負面後果毫不在意。基於健康概念而選擇不吸菸的人，對於吸菸這件事大加反對，很多國家或城市都已經禁止在公共場所吸菸。由於每個人對吸菸的看法差異極大，因此，如果夢裡出現吸菸的畫面，那你可能必須根據自己對吸菸的看法，才能做出正確解釋。無論你個人關注的焦點是什麼，吸菸這個符號在象徵意義上都跟健康風險有關，它是代表你基於對這個行為的常識與後果的判斷，所做出的選擇。在解夢上，上癮也是一個重點。吸菸可以代表你明知道生活中某些事情並不健康，但你還是難以避免地選擇那樣做。

吸塵器 *Vacuum*：

「真空」(vacuum) 是指空氣和大氣全都不存在的一種狀態，因此這個符號的核心就是「空」(emptiness)。真空吸塵器的技術，就是藉由這個「空」，幫忙將不要的灰塵和碎片廢物吸走、除去。因此，真空吸塵器象徵的就是這種渴望、願望。不過，當吸塵器出現在你夢裡，也可能帶有負面意義，因為這種虛空的感覺可能會把你的生命力全都吸走，如果你不小心注意的話。

吸血鬼 *Vampire*：

夢裡面出現吸血鬼，代表有某個人或某件事情正在吸乾你的生命力。吸血鬼其實是死人轉生的物種，他們必須靠著吸食活人的血才能維持生命。血液代表熱情與生命力。夢到吸血鬼，代表你人格中的某些面向或你的某種生活方式，已經暗中在榨乾你的精力和能量。吸血鬼只能在夜間出沒，因此他們是活在陰影的象徵界域之中。這也意謂著，無論是什麼事情正在奪走你的精力，那些問題其實就隱藏在你自己的覺知意識之內，你必須用這個觀點來檢視它。被我們藏在陰影裡的東西，也都是屬於我們自己的一部分，只是我們無法接受它的存在，很難承認它、將它納入我們人格的一部分。如果我們不願意這樣做，最後它就會吸乾我們的生命力，直到我們願意真正去面對自己的抗拒。有時，吸血鬼也會被描繪成帶有性誘惑的角色，解夢時不妨思考，這個吸血鬼可能是代表我們生活中的哪一件事情或哪一個人，他們一開始對你充滿吸引力，但現在卻讓你心神耗盡。比如某些習慣、行為模式或是情緒表現，讓你感到精疲力盡。吸血鬼還有一個特點，他們在鏡子裡不會反射倒影，這可能是代表你沒辦法或不願意去看清楚自己內在的某些部分。我們經常會為某些責任，或是覺得自己應該要做什麼事，而搞到心力交瘁。或許可以想想，你是不是堅持用一種負面的方式來處理那些事情；是因為我們執著於那些舊有的心態和信念，才把自己搞得非常疲累。反過來說，也有可能是因為逃避某些應該承擔的責任，而讓自己疲累不堪。有時是因為愚昧無知，傻傻將窗戶打開，不知不覺將吸血鬼邀進屋子裡來。還有很多藏在我們心裡的吸血鬼，比如需索無度、自我懷疑、不願寬恕原諒以及批判。這些東西都會殺死我們對於生命的熱情。好好療癒自己的情緒，你心裡的吸血鬼就會甘心回到墳墓，那裡才是他們真正的歸屬。

尾巴 *Tail*：

動物的尾巴有很多功能，包括表達情緒、移動、保持身體平衡等等。我們對於這個身體部位的了解，通常是透過我們飼養的寵物，從跟牠們相處，我們知道尾巴可以表達憤怒和喜悅，因此，夢裡面如果出現動物尾巴，也可能是代

表這些意思。如果你夢見自己身上有尾巴，那可能代表兩種涵義，一個是回到原始的直覺本能，其次，它是在洩露你的真實感受。

投票 *Voting*：

投票是民主法則的具體實踐，代表將集體意識化為行動的這股力量。如果你夢見自己在投票，表示你感受到，微小思想有能力集合起來成為一股帶來改變的力量。投票還有另一個層次的涵義跟界線有關，因為投票就是選邊站，你要麼就是贊成某件事或某一個人，要麼就是反對。這樣的夢也是在提醒你要站穩自己的立場，是或否，要態度分明。

禿鷹 *Vulture*：

禿鷹是一種食腐鳥類，因此是死亡的預兆。所有的鳥類都是代表某種類型的傳訊者（信差、信使），夢到禿鷹，代表你生活中發生了一些不好的事情。

◆ 八畫 ◆

姑姑／阿姨 *Aunt*：

你夢中出現的每一個人物，都代表你內在真我的某一個面向。姑姑／阿姨連結的是家族歷史，因為她是你的上一代，所以跟你父母親的生命觀會有些微關連。由於姑姑／阿姨是你父母親的姊妹，因此你可以從這個角度去檢視世代間的互動關係及影響，而不會直接挑戰到你跟父母的關係。夢到你的姑姑／阿姨，表示你必須去思考一些跟自己的家族歷史和家庭模式有關的問題。（參見家族／Family，第178頁）

芭蕾舞伶 *Ballerina*：

　　跳舞有時候是一種隱喻，象徵著我們如何駕馭生命的複雜多變，而芭蕾舞伶就是在這件事上擁有高超技巧的實際典範。如果是意指我們內在的人格面向，芭蕾舞伶就是代表我們內在受過嚴格紀律訓練的那部分，因此，夢到芭蕾舞伶可能是在提醒你，要更加努力鑽研、磨練自己的技巧，好讓自己可以在目前的複雜生活情境中表現得更加優雅出色。

臥室 *Bedroom*：

　　屋子代表你的真我／自性意識，臥室則代表隱私和親密，因為一般來說，臥室是一個屋子裡面最隱密的空間，是發生親密行為的地方。由於它和裸體、性行為以及睡眠時的無防備狀態相關聯，因此臥室也代表我們內在可以被自己察覺，但通常會隱藏起來不想公開的那些部分。從更根本的層次來說，臥室也是一個房子裡面帶有最濃烈個人氣味的空間。而我們人類是動物界當中唯一會把自己的氣味消除掉的一種動物。也因此，臥室也可說是一種代表個人深層本性的象徵。

乳房 *Breasts*：

　　表示你需要跟你內在的女性面向以及哺育滋養的能力有更深的連結。這可以指關照自己，也可以指關心照顧你外部周遭世界裡的某樣事物。乳房也是性敏感地帶，可以喚起我們的情慾，因此也代表了性行為和肉體上的歡愉。夢見乳房，通常跟這個作夢者對自己的關心照顧程度有關，無論這個人是男性或女性。甚至，如果是做了跟情色有關的夢，而夢中出現乳房，則更應該往這方面去解析。夢見假乳房可能表示，作為一個成人，你對於自己的關照滋養有可能是錯誤的，那不是真正對你有益的滋養。夢見衰老或下垂的乳房，表示你的內在資源已經不夠充足。夢見男人身上有乳房，可能表示你需要去培養自己更細膩敏感、更能關心照顧他人的這些內在特質。

乳房 X 光攝影 *Mammogram*：

乳房對應的是滋養和母性本能的陰性能量法則。對很多人來說，乳房也代表性和色情。乳房 X 光攝影這個符號代表的是乳房的健康，以及確認這個部位周圍區域是否一切安好，像是一種往內透視，看看這幾個陰性能量法則在你生活中是否運作良好。

乳房切除手術 *Mastectomy*：

乳房對應的是滋養和母性本能的陰性能量法則。對很多人來說，乳房也代表性和色情。乳房切除手術通常是因為乳房罹患癌症，而必須藉由外科手術的方式將單邊或雙邊乳房切除。作為一個象徵符號，這個切除手術是代表嚴重失去上述所提到的這些強大陰性力量。如果實際上你本身或是你認識的某個人因為罹患乳癌，而即將進行乳房切除手術，那這個夢代表的意義就只要從表面去解釋即可。（參見乳房／Breasts，第112頁）

乳頭 *Nipples*：

乳頭可以讓嬰兒吸食母乳來獲得養分，但同時乳頭也是身體的性感帶。在夢裡面，乳頭可以代表這兩種涵義的其中一種，或者兩種意思都包含。夢到乳頭，表示你正在經驗一種母性本能的照顧，也表示你需要得到更多母性的關愛。如果你夢見的是男性的乳頭，那表示你可能需要在生活中多發揮一點陰柔的能量。

岩石／巨石（*Rocks / Boulders*）：

過去的一些事情可能對你目前的生活形成了一些障礙。岩石代表的是我們這個星球的原始記憶，夢到岩石和巨石陣，表示你和遙遠過去所根植的原始圖像有某種程度的連結。在俗世層面上，這個代表過去歷史的岩石，可能就是你

個人生命史的象徵。假如在夢中石頭是跟險境一起出現，或是有石頭擋住你的去路，那麼岩石或巨石就是代表阻礙和挑戰。如果是這種情況，那表示你平常生活中某些東西因為深藏在潛意識裡面，而對你形成了阻礙。不妨檢視一下，你是不是緊緊抓住一些過去的想法不放，而事實上它們根本已經對你沒有幫助。痛苦的回憶往往就像大石頭那樣不可動搖，是一道難以跨越的阻礙。

呼吸困難／喘不過氣 Breathless / Out of Breath：

表示你在跟自己生命力的連繫上出現困難。焦慮或恐慌之下所隱藏的情緒，壓制了你的呼吸功能，讓你沒辦法順利呼吸。呼吸順暢與否，也代表了我們內心是否平靜。如果呼吸平緩、能夠帶給身體足夠氧氣，那表示我們心情很放鬆、很平靜。呼吸加快，表示我們可能處在恐懼、情緒高漲狀態，或是身體正在進行激烈運動。夢見自己喘不過氣，可能是一種極端恐懼的反應。

爬山／攀爬 Climbing：

你正在追求生命的成長與拓展，並為此目標付出極大的努力。爬山一定有一個特定目標。所有的目標都需要付出努力方能抵達，其中當然也會遇到痛苦和掙扎。當你明白到，這個爬山的夢可能是代表你生命中某一件讓你痛苦掙扎的事情，你夢中的感受和影像也會告訴你，該如何去面對目前生命中的這項挑戰。人生總會遇見戲劇般的轉折，如同展開一趟旅程，無論這項挑戰是跟感情、財務、靈性成長或是跟身體健康有關。當它以爬山這個意象出現在你夢中，那就是你的心想要告訴你，你已經具備攻頂的一切資源，不管你是否感到害怕，也不管需要付出多大的努力。夢到爬山還有另一個涵義，它可能是在告訴你，或許你一直把注意力放在生命中所遇到的困難，以致花了太多力氣在這件事上，但實際上你並不需要那麼費力。如果你的情況是如此，那麼可能要想想，你所付出的努力以及你原本的期望之間是否已經失去平衡。這時你該做的是，確認你這趟旅程的目標，然後在理想和努力之間找到平衡。這樣，你就可以帶著喜悅和熱情繼續往上爬，最終抵達你的目的地。

爬樓梯 *Climbing Stairs*：

樓梯可以讓你從一個地方去到另一處比你現在還要高或是還要低的地方。樓梯象徵的是你將覺知意識提升到更高層次，或是往下挖掘深層意識的能力。夢中出現任何一種類型的樓梯或階梯，都是代表一種對於你的心靈層次的檢驗，是往上或是往下，則取決於你的移動方向。如果這座樓梯是在一間房子裡面，那就是代表你的自我意識正在受到檢驗。如果是在一棟大建築物裡面或是公共場所的樓梯，那就是代表社會議題，以及你如何面對世間之事。往上走的樓梯可能代表覺知意識的擴大，以及你已經準備好要提升自己的思維方法。往下走的樓梯則是代表你正在重新檢視你的過去，或者思考一些更深層的東西。

爬蟲類動物 *Reptile*：

爬蟲動物的腦，是地球上所有動物共有的（也就是俗稱的爬蟲腦）；牠負責我們身體的大部分基礎功能，比如呼吸和生存本能。如果你夢裡面出現爬蟲類的特寫畫面，表示你正在跟生命的這個基礎要素連結。根據夢中出現的不同爬蟲類動物，這個夢的涵義也會有所不同，不過，可以確定的是，不管是夢到哪一種爬蟲動物，主要涵義都是跟基礎本能有關。

長吻鱷 *Crocodile*：

參見鱷魚／短吻鱷（Alligator），第376頁。

長頸鹿 *Giraffe*：

長頸鹿的脖子是自然界中最古怪，也最優雅的東西之一。長頸鹿因為很高，所以可以吃到其他動物吃不到的葉子。這正是牠的療癒力量之所在：當你夢到長頸鹿，表示你正提升到一個更高的地方，在那裡找到了你的食物和滋養。而且你也來到了一處對你非常有利的制高地位。

杯子 *Cup*：

杯子是用來裝東西的，而且通常是裝液體。因此，杯子這個象徵符號對應的，就是你希望你有能力接受某樣你所渴望的東西。由於杯子最常讓人聯想到飲料，這也代表你想要接受的那樣東西跟「自我照顧」有關。夢中那個杯子的狀況，也反映出你在實際生活上對這件事情的投入程度。跟別人共用一個杯子，很明顯就是代表你跟對方連結的親密度，在夢裡也是一樣的意思。

杯子蛋糕 *Cupcake*：

任何一種甜點食物，給人最直接的聯想就是生命中的快樂時光。杯子蛋糕代表你想要跟其他人分享這種喜悅時刻。此外，杯子蛋糕也常讓人想到孩提時代，因此也表示你目前遇到開心的事。（參見蛋糕／Cake，第206頁）

狗 *Dog*：

你正在連結無條件之愛的能量法則，但是藉由陽性能量法則來展現。狗狗代表的是無拘無束的歡樂、恆久的情意，以及熱烈的忠誠之心。夢中的那隻狗，就是代表你維持恆久的慈愛與情意的這種能力。另外也要考慮到，你夢中那隻狗狗正在做什麼，把牠的行為跟無條件的愛連結在一起，你就會了解這個夢境的涵義。夢中出現狗，也代表你內心有一種需要，想要把這種特質體現在你生命中，當這個意象出現在夢中，也暗示了這種特質已經準備好隨時任你取用。任何會對此特質造成壓制的事情，比如狗狗受傷、生病、走失，或是任何一方面遭遇挑戰，都意謂著你可能在壓制自己內心的愛。夢中的狗狗就是代表忠誠與愛，因此如果你夢見狗，那可能意謂著因為某些事情或者環境因素，使得你們彼此間的承諾和親密關係出現問題。如果在夢中覺得很愉快，可能表示你生命中某些方面正在散發熱情，或是要求你要更熱情、更開心一些。如果是一些恐怖的畫面裡面有狗狗，那可能是在提醒你去探究，你潛意識當中是不是對愛和情感交往有所恐懼。夢到一隻狗狂吠不停，代表你害怕萬一跟人太

親密，恐怕會有危險降臨在你身上。夢到真的被狗咬到，代表你誤用了你的善良或體貼。夢到一隻狗很聽話，可能表示你在友誼和人際信賴方面感覺受到控制。不同種類的狗也擁有不同的人格特質，有的狗可以救人脫離險境，有的狗則會對人發動攻擊。狗的外型也差異極大，有的迷你犬小到可以放進口袋，有的大型犬則跟小熊一樣大。從夢中那隻狗的體型大小和種類屬性，你也可以得知牠所代表的潛意識概念範圍有多大。

狗仔隊 *Paparazzi*：

狗仔隊是在沒有經過同意之下，暗中跟蹤名人，拍攝他們的個人生活，而且通常是捕捉一些非理想狀態的畫面。因此，狗仔隊就是代表缺乏隱私以及審查的概念。如果你的夢中出現狗仔隊，那表示你感覺自己在某種情境下似乎完全被剝奪隱私、暴露在大眾面前，而你想要躲避這種追逐，保有自己的隱私權。

門 *Door*：

你可能正面臨一個機會或抉擇，不知是否要冒險踏入未知。門是一道區隔障礙，防止一個人輕易靠近房間裡面的東西。它既是代表機會，也代表選擇。門的另一邊，是機會。願意把門打開、跨過門檻，是選擇。此外，如果一道門關上，另一道門打開，那表示你的生命正在經歷轉換期。即使你認為你知道門的另一邊有什麼東西，一道關閉的門還是帶有一種神祕和不確定感，而且通常代表某些未知的東西。如果一道門是半開或是完全敞開的狀態，那代表一種潛意識的邀請，要你去看看門內有什麼。夢裡面出現愈多扇門，表示你現在面臨的選擇也愈複雜。門的大小和重量則意謂著這個問題的重要程度。猛力把一扇門關上，代表你想要結束某件事情或是某種能力，來為自己清楚劃出邊界、確立你的界限。如果夢中有人對著你把門甩上，那表示你跟對方之間存在著某種障礙，或是你在實際生活環境中遇到某種困難阻礙。而製造出這道障礙的人，事實上可能正是你自己。如果你無法自己控制一道門的開或關，那表示你可能被迫做出一些決定，或是在某些事情上缺少選擇權。

門鈴 *Doorbell*：

門本身是象徵選擇或生命的轉換過程。因此，門鈴代表的就是你得到提醒，告訴你有新的事情要發生了。

門墊／腳墊 *Doormat*：

這是新事物即將展開的象徵。你暫時停下腳步，清理一下你的鞋底，這樣過去那些你不想要的老舊東西就不會再被帶到未來。此外，門口的腳踏墊有時候也會被用來比喻一個人，他允許別人把他當作踩腳墊一樣來擦他們的鞋子，如果一個人有這種感受，可能就會做這樣的夢。

門廊 *Porch*：

房子作為一種象徵符號，反映的是你在作夢這段時間的自我認同感。門廊是在房子的外部，但依然屬於這棟房子的一部分。因此，它代表的就是你的一部分意識，它能夠協助你保有你的自我意識，但同時以一種社會化的方式與他人分享你所認同的這個身分。這種相互依存的感覺，反映在一個夢境裡面，它就會以房屋門廊的意象出現，因此，門廊的狀態與它本身的狀況，也代表了你如何保有你的自我認同，同時又能與外部世界保持互動。

藥物 *Drugs*：

你可能正在追求一種立即但暫時性的意識轉換。所有的藥物都會讓服用者的現實經驗產生劇烈改變。因此，藥物也代表意識狀態的轉換，但這種轉換是由服藥者自行控制的，而且是在很短的時間內發生。此外，這個符號在本質上也意指事情的後果。如果濫用各種藥物，特別是一些娛樂性藥物（毒品），你可能會忽視它們所帶來的潛在風險、以及使用後的負面後遺症。如果夢見自己在服用藥物（毒品），可能表示你目前生活中出現一些狀況，而你想要追求一種快速解決的方法，而不想選擇較為困難的道路、正面去解決它。

藥丸 *Pills*：

　　夢裡面出現藥丸或是任何一種藥物的特寫，都是代表你瞬間改變自己的意識或心情的能力。藥物是一種化學合成物，能夠讓我們的大腦產生或抑制某種化學成分，改變我們的身體經驗。如果你夢見自己在服用一顆藥丸，可能代表你希望生活中某件事情可以輕輕鬆鬆立即改變或消失。服用過量藥物，可能代表你非常想用毫不費力的方式來解決一件困難的事情，或擺脫自我放縱的問題。如果實際生活上你真的有健康上的問題，那可能就是夢境表面的涵義，你希望能夠藉由服藥讓自己早日康復。你不知道自己吞的是哪一種藥丸，或者不知道這顆藥丸會對你產生什麼作用，可能代表你對於自己即將面對的狀況有點無知或天真，需要多加注意。此外，解夢時也要考慮這顆藥物的特殊用途。舉例來說，治療疼痛的藥物，可能代表你想要逃避某件困難的事情。抗生素代表你對於陰暗、不想要出現的想法的一種反應。抗憂鬱藥物表示你想要躲開不愉快的情緒。抗精神病藥物可能代表你感覺無法控制自己的情緒或是思緒混亂。

垃圾 *Garbage*：

　　垃圾是我們平常生活的廢棄物，對我們已經沒有任何利用價值。假如我們不即時處理它，它就會產生惡臭，開始腐爛。因此，垃圾就是象徵那些對我們已經沒有用，必須被丟棄或是回收再利用的東西。夢裡面出現堆積的垃圾，代表你生活中可能堆積了一些東西，必須加以清除和丟棄。

垃圾桶 *Dumpster*：

　　從宣告某樣東西你已經不想要或不需要，一直到實際上把這樣東西丟棄，中間的媒介就是垃圾桶。垃圾桶通常會被放在你房子的最後面，因此也代表你意識當中被隱藏起來的那些部分。它們通常聞起來很臭，代表那些已經被宣告已經沒有用處，但是仍然要求一點關注的陳舊意識思維。你生命中是不是有什麼樣的改變還沒圓滿完成呢？

放屁 *Fart*：

你無意間洩露了自己內心隱藏的微細羞恥感受和侷促不安。如果夢中這個屁放得很響，表示你很想要放下你內心執著已久的一個東西，但你一直都不敢表達出來。假如你夢見自己在忍著不放屁，那可能代表你需要釋放掉某些東西，而那個東西是你不想對外人公開的。

放大鏡 *Magnifying Glass*：

放大鏡可以把微小的東西放大，讓你看得更清楚。因此它也代表你內心想要進入更深的層次去探究某件事情的渴望。

肥胖／脂肪 *Fat*：

美國人的文化與肥胖有非常緊密的關聯，但這個符號的核心涵義，其實是象徵提升你的保護層級，以及儲備足夠糧食來滿足你的所需。從最基礎的層次來說，脂肪是哺乳動物儲存能量以備不足之時的一種方式。對大多數人來說，肥胖則讓人聯想到懶惰、指責以及羞恥。大眾媒體也一直在強化這個觀點。因此，你個人對肥胖／脂肪這個象徵符號的看法，一定會跟你個人的體型和胖瘦有關。夢見自己變胖了，可能代表我們潛意識裡覺得需要去保護自己免於受到情緒的壓力。也可能代表，你需要在你自己和外部世界之間架起一道保護的圍籬。夢見自己變瘦了，可能代表你卸除了一些過去設下的防衛，或是資源已經耗盡。檢視一下你的生活，是不是有哪些部分你覺得有匱乏，或是害怕將來會受到限制。

肥胖症 *Obesity*：

如果你夢見自己變胖，那表示你生活中有某些地方已經過度放縱。如果你在實際生活中確實有肥胖的問題，那這個夢就是對你的一種提醒。身體多餘的脂肪可能是代表一種自我保護，以及在逃避某些內在深層的問題。

肥皂 *Soap*：

你可能需要清理某些帶給你麻煩困擾的想法、模式、習慣、感情關係，或是生活經驗。如果你夢見自己在使用肥皂，那你可以看看夢中你是用肥皂在清洗身體的哪個部位，藉此來找出線索，是什麼事情在困擾你。你現在用肥皂清洗東西，但你想要清洗的是過去留下來的髒汙。因此，夢到肥皂可能是反映出，你現在想要去處理過去留下的羞恥或悔恨之事。

空服員 *Flight Attendant*：

夢見飛機，代表你的人生突然發生變化，因為你在一個地方搭上飛機，然後下機時是在另一個完全不同的地方。空服員的角色就是，讓機上旅客在這段航程中能夠較為舒適和安全一些。作為一個夢境符號，空服員代表的是你意識的一部分，他們的任務是讓你在這個人生轉換期當中，過得比較順利一點。

空中飛索／高空纜索 *Zip Line*：

夢到空中飛索，表示你渴望某種程度的自由和冒險，但是在安全和受控的範圍之內。

狐狸 *Fox*：

狐狸很聰明，又有點狡猾。夢見狐狸，表示你正在與策略計謀以及順應變化的療癒能量連結。目前你的生活中是不是有哪件事情需要你施展一點小詭計呢？這隻狐狸會幫助你頭腦變得更敏捷，反應變得更靈活。

青蛙 *Frog*：

講到青蛙，就一定會想到青蛙被漂亮公主親吻之後變回王子的童話故事。這個故事的核心意旨就是「潛力／可能性」。潛能是一股可以帶來改變的強大力

量，假如它能夠被完全接受的話；但是，潛能如果不被看見，它也毫無價值、沒有用武之地。由於青蛙是一種兩棲動物，因此青蛙的象徵涵義是多重的。牠們代表了我們內在可以在陸地和水中生存的那部分的自我。青蛙躲在池塘裡面的時候可以像是完全無影無蹤，但牠隨時都會從水裡面跳出來，就像我們的一個強烈情緒反應，隨時都會毫無預警地從潛意識爆出。

毒氣室 *Gas Chamber*：

毒氣室是一種制度化的謀殺裝置，它的象徵意義就由這兩個元素所組成。第一個元素是謀殺，這個部分象徵的是我們內心有一種需要或渴望，想要去改變我們意識當中的某些部分，因為這種改變的欲望太過強烈，因此只能用死亡這個意象來代表渴望的程度。另一個元素是制度化，指的是這種犧牲或改變背後的推動力，乃是為了整體的利益，而非為了個人。夢到毒氣室，這個意象或許是代表一種強烈的罪惡感。

毒藥 *Poison*：

任何一種進入你身體裡面的東西，如果它會帶來危險或是引起不良反應，不管是會造成你生病，或是最後導致死亡，都可稱為毒藥。作為一個象徵符號，毒藥代表的就是所有可能招致上述相同效果的念頭、思想、語言或是行為。在夢的解析上，這個意象的出現代表最近有某樣東西進入到你的意識中，如果你繼續讓它留在你的意識裡面，對你來說可能並不安全。這個東西不一定是外來的，因為你自己的內在意識也很容易就會出現有毒的想法。夢見毒藥，可能是在提醒你，為了你自己的利益著想，你應該要幫這些有毒的思想找到解藥。

金魚 *Goldfish*：

金魚代表的是你意識表面之下那些浮動的意念想法。而金魚代表的就是有一個想法可以讓你盯著它不放。是什麼有趣的想法，讓你想要一直不斷惦記著

它、思索著它呢？夢到金魚，或許是你在提醒自己，那些五顏六色的豐富想法，就浮動在你的想像力之中。

金錢 *Money*：

只要夢中出現金錢，都是跟豐盛、力量、自由等這些能量法則有關。在夢的解析上，金錢經常是代表你的內在資源。包括你的自我價值感、力量，或是實現願望的能力，在夢境裡面都會以金錢這個符號來表現。以符號意義來說，數量龐大的金錢可以代表任何一種類型的成就，或是成就感，也就是內在潛意識欲望得到滿足的一種表現。無論你實際生活上的財務狀況如何，你還是可能夢到自己非常有錢，或是夢見自己缺錢。因為現實生活中的錢，本質上就是一種象徵，在夢的世界裡面，它可以代表任何一種形式的豐盛和財富。因此，夢中出現金錢，可能是代表欲望得到滿足，從內在的富足感，到外在任何一種擴展，比如談戀愛、工作，或是其他你想要實現的願望等等。從完全相反的角度來看，夢到金錢也可能代表你在生活中感覺匱乏。這種夢可能是內心願望無法實現的補償作用，藉由夢到金錢來平衡這種匱乏或受限的感覺。夢到偽鈔，可能代表你所擁有的一段情感關係或是財富狀態是假的、不真實的。儘管它看起來像是真的，但它是被可疑的動機製造出來的。以夢的解析來說，這種夢可能代表現實中的你（或是你認識的某人）試圖想要吹噓自己，而實際上的你並不是那樣的人。這樣的夢同時也是在提醒你，要去檢視你目前生活中各個層面的狀態是不是有些事情要付出的代價已經超出你所能承受的範圍？包括物質方面和情緒方面。你是夢到自己擁有很多錢還是缺錢，也代表你在實際生活中的物質是充足還是匱乏。當然它也可能意指精神層面上、情緒上，或是身體上的狀態。你覺得自己很富有嗎？

金庫 *Vault*：

金庫具有極高的保護力，因此象徵你對於保護自己資產的一種誇張需求。從正面來說，代表你想要好好保護某樣東西，免於遺失，但同時也顯示出，你

因為害怕有人會把你的東西拿走，因而要把東西囤積起來。把資源藏起來、鎖在金庫裡，對你並沒有任何好處，除非你能讓它們流通出去，在世間自由流動。

金字塔 *Pyramids*：

金字塔是古代文明中出現的建築形狀，在當今世界中，它帶有非常多的精神面意涵。在象徵意義上，金字塔代表的是與來自遠古的啟發性思想及概念建立一種連結。夢見金字塔，可能是在提醒你，要去思考更為深奧的靈性探索形式。

直升機 *Helicopter*：

跟所有的交通工具一樣，直升機也代表你在人生道路上的移動方式。不過，直升機主要是代表在保持與地面接近的狀態下，能夠垂直上下移動、來回盤旋，以及迅速行動的這種能力。因此，它經常是在需要短時間內做短程的觀測或運輸之用。在夢的解析上，直升機也代表相同的概念，它們代表的是一種意識狀態：你有能力以更有效率的方式去觀察一片地景樣貌，而且能夠輕鬆又迅速地從一個地點跳升到另一個地點。

河馬 *Hippo*：

河馬是地球上體型最大的哺乳動物之一，雖然牠外表看起來既像豬又像大象，但在生活習性上牠卻跟鯨魚最相像。河馬是一種水陸兩棲的動物，因此這個動物圖騰的療癒力量，就來自牠們白天大部分時間都需要浸在水中。待在水裡這個姿勢，連結的是我們意識中的陰影面，是屬於情緒的領域。河馬雖然體型笨重、看似個性溫馴，但也具有極高的攻擊性，甚至超過人類。因此，河馬代表的就是我們內在潛藏的那些強烈情緒感受，它們隨時可能會冒上來，令你無法招架。

河流 *River*：

　　任何夢境裡面出現水，都是跟情緒感受有關聯。如果是夢到河流，那主要就是跟情感的表達以及情緒的流動有關。所有的河流最後都會匯入海洋，而海洋就是象徵我們的潛意識。因此，河流就是象徵我們的情緒自由流過我們的覺知意識層面，四處遊歷之後，最終仍匯聚回到神祕源頭。在夢裡面，這條河流的湍急力道大小，就是直接代表你生活中情緒狀態的好壞。它可以是潺潺流動的小溪，也可能力量滂沱、大到可以作為發電之用。水量的多寡，在解釋上也有差別。幾乎要乾涸的河床，代表缺乏情感表達力，需要多點感情。水量大到有如洪水，代表情緒過於高漲，可能有點危險，而且威脅到生活的穩定度。河水流動遇到障礙物，比如攔砂壩，那表示你的情緒受到某種程度的壓制。

房屋 *House*：

　　夢中只要是出現家屋，都是代表你的真我意識。夢到房子，很清楚就是反映你在作夢當時對於自我認同的看法，它會直接表現在你所看到的這棟房子的性質上。夢中出現你以前住過，或是童年住過的房子，代表的是你居住在那棟房子的那段時間，你對自己的看法。如果夢見的是想像的房屋，那也是跟你的自我意識有關，你必須根據這個夢境的前後內容來得知這棟房子的涵義。夢見別墅豪宅，代表你的自我意識感很強大，如果房子很小又破舊，那是在提醒你要去注意自我價值方面的問題。夢到正在建造的房子，代表你正在建立自己的自我認同感，夢見房子正在拆除或整修，代表你的自我認同遭到破壞。相同的概念也可以運用在任何一種居住空間，從公寓到飯店房間，從大豪宅到小茅舍，全部適用。

昆蟲 *Insects*：

　　你的夢反映出你內在潛藏著恐懼和不安。大多數人都對昆蟲和蟲子很排斥。對某些人來說，昆蟲和蟲子甚至會引起他們極大恐懼，而這種恐懼感通常

是非常不理性的。在夢的解析上，任何一種動物，都是象徵我們內在的某種思維想法。因此，夢到昆蟲，代表的就是你內在某個微小但令人害怕的潛意識想法。若要正確解析這個夢，你可能需要多研究一點關於這種昆蟲的知識，了解了之後，你就能去解析牠在夢中所代表的涵義。舉例來說，蜜蜂擁有複雜精密的溝通形式，而且會共同協力製造出蜂蜜，這代表了勤奮努力工作和匯聚集體思想來完成一個共同目標。蟑螂擁有無比充沛的精力，甚至連核爆的威力都殺不死牠們；因此蟑螂這種昆蟲就是代表秉持可怕怪異的思維力量讓自己活在陰暗之中。某些甲蟲會製造出一種類似紙張或紙板的物質，因此這種甲蟲子就是象徵專注於微小的細節就能帶來強大的改變。有的昆蟲會吐絲，代表的就是驚人的創造力和那股來自陰影面的原始力量。會飛的昆蟲代表我們的陰暗思想具備強大的動能。棲居在泥濘地面的蟲子代表我們心靈之中最薄弱的部分。假如你的夢中出現昆蟲，請花點時間仔細去了解牠的習性。你所得到的知識，可能就是你的潛意識想要告訴你的重要訊息。

岳父母或公婆 *In-Laws*：

很多關於岳父岳母或公婆的夢，都是在反映你平常生活中和他們之間的相處關係。不過，你也可以將他們視為你內在人格的一部分，從更深的角度去解析。在夢裡面，岳父母或公婆的角色跟我們的父母親類似，但他們跟你所選擇的配偶，以及你在這場婚姻當中遇到的困難比較有關。

性交 *Intercourse*：

這個夢代表的是你內在各個人格面向的統整與融合。性交的本質是：兩個不同個體一起進行一項活動，讓雙方的身體盡可能達到一種緊密結合的狀態。因此，性作為一種概念，它象徵的意義就是融合。此外，這個行為還隱含了一個潛在結果，它會創造出第三方實體，因而更加強化了這個融合的定義。如果將所有的情色、尷尬、羞恥、刺激感全都去除，純然去看待這個符號，它的涵義其實是非常深遠的。在夢裡面，參與到這個性交過程的任何一個角色人物，

其實都是代表你內在不同人格層面所擁有的一種潛意識欲望。假如在夢中是你與人性交,那麼你要探究的焦點應該要放在夢中的那位性交對象。這個人代表的就是你內在性格的一部分,是你的潛意識在向你表達一種需要,要你去正視它、將它融入到你目前的生活中。如果這位性交對象是你平常現實生活中認識的人,那你很容易可以知道這部分的潛意識性格是代表什麼;不過,這很可能也是這個夢讓你感到不舒服的原因,因為那是你認識的人。夢見自己跟一個你從來沒想過會跟他做愛的人發生性行為,比如你的同事、家人,或是熟人朋友,其實是很常見的。當你用人格角色面向的技巧來探索跟性交有關的夢,在解釋這個夢時,你必須轉換你的身分,把那個轉換後的人格特質加到你的解釋裡面。這個過程不是表面或具體可見的。

性高潮 *Orgasm*:

性高潮是藉由神經傳導物質的釋放與特定肌肉的收縮,使神經系統受到大量愉悅感的刺激,加上大腦的複雜活動,最後爆發出一種身體的快感。值得注意的是,我們的大腦中有一處負責控制我們身體行為的中心,在性高潮時會完全關閉起來,這也使得性高潮這個符號多了一層象徵涵義,那就是:它代表我們對於生命之至樂與喜悅的全然臣服。性高潮所代表的就是這種極致的幸福感;不過,大多數與性高潮有關的夢,通常都跟我們在睡眠狀態中達到性高潮,或是在夢中無法達到性高潮的生理經驗有關。如果是前者,睡眠中的性高潮可能是我們的身體利用自然機制來紓解壓力和性慾,可能正是這種生理需求引發春夢,而導致性高潮。根據很多男性的描述,他們從來不曾在春夢當中達到過他們想要的性高潮,而這可能同樣存在著某些生理因素,但可能也代表他們無法在生活中去從事一些跟性無關的活動或興趣,來培養自己內在的喜樂感之故。雖然神經科學已經提供大量知識,讓我們了解到性、興奮感、性高潮的功能就在我們自己的大腦之中,但這個現象發生的確切原因,包括為什麼夢境中可以達到性高潮,也依然是個謎。

性愛狂歡會 *Orgy*：

很多春夢其實都是因為生理動力的原因造成的，但是夢境的內容還是具有它的象徵意義。所有的性活動，都是代表你內在想要將各種不同特質加以融合與同化，成為你個人能力的需求或渴望。性愛狂歡就是這樣一種慾望，想要將各種不同的表現形式融合起來，成為你的一個意識經驗，就像你試圖將各種不同的概念和想法整合起來，使它更為明確、有條理一樣。因此，性這個元素在這裡就變得無關緊要了；你該去檢視的是你的生活，看看是什麼事情需要更多的資源和技能，好讓你可以更盡情地將它表現出來。如果這是你個人的性經驗，那麼夢到性愛狂歡可能反映出你想要去冒險，或嘗試一些新鮮的事情。

性行為 *Sex*：

性行為可能是最容易被誤解的一個夢境符號，事實上，性代表的是連結與統合。夢中出現性行為，在解夢時你必須先將你個人對性和性慾的反應暫時放在一邊，這樣才能對這個夢做出正確解釋。先將你自己跟夢中性行為的對象所帶給你的想法和感受區分開來，對解夢非常重要。很多人可能很難做到這件事。大多數人都會很在意這種跟性有關的夢。雖然某些春夢確實會讓作夢者感覺愉快和興奮，但更多時候，人們對於自己在夢中出現性行為，以及跟他們做愛的對象是感到相當不安的。不過，一旦我們透過符號的語言來檢視這些夢境，性行為本身就失去了它的情色力量，但反而會揭露更多事情。當兩個人在一起進行性愛行為，至少在某種程度上，他們必須盡可能相互靠近。因此，從象徵意義上來說，性行為就是代表兩股獨立能量試圖合而為一。因此，性行為象徵的就是這個融合的過程。如果能夠先拿掉你個人對性的投射，以及它在你夢中的表現形式，那麼當你在解釋這個夢的涵義時，就比較不會有任何的尷尬或羞恥感受。雖然有時候我們真的很難接受，尤其當你的性行為對象是碰觸到一些社會禁忌，比如亂倫或是違法的性活動等等。在夢裡面，任何一個跟你發生性行為的人，其實就是代表你內在潛意識當中的一個性格面向，它是在告

訴你，你需要將這個性格面向跟你整個人格統合起來。如果在夢裡面你是旁觀者，目睹別人發生性行為，那麼你需要思考的是，這兩個人是代表你內在的哪些性格面向。他們依然是代表你人格中需要去整合的部分，但比較多的成分是象徵你內在需要去結合的兩股力量。也許在實際生活中，你需要將不同領域的技能結合起來，讓你的真正力量徹底得到發揮。

性病 *Venereal Disease*：

對於性行為以及不當選擇所產生的負面後果感到羞恥，就是這個符號的核心涵義。如果性病是你夢境的一部分，不妨檢視一下，你對於性是不是抱有負面感受。夢中罹患性病的這個人，是解夢的重要關鍵。如果這個人是你，那代表你可能對性這件事感到羞恥。如果是別人而不是你，你可以使用角色面向的概念，來了解那是你內在人格的哪一部分，或是因為感到羞恥而做出了某種決定。

法官 *Judge*：

法官這個原型連結的是戰士的能量，他們的主要特徵都是將所有事物分成「對或錯」這兩個陣營。差別在於，法官這個原型涉及的是有罪和無罪的概念，以及代表你過去所做的選擇導致現在的結果。夢中出現法官，可能表示你覺得，你目前的生活本身就像一場審判，你覺得自己可能會受到嚴厲的懲罰或是被判緩刑。

虎鯨 *Killer Whale*：

虎鯨讓人聯想到的是陰暗和膨脹誇大的意識狀態。假如你在夢中很明顯看出那是一隻虎鯨（殺手鯨），那表示你察覺到的是存在於你意識深處的恐懼，但那些恐懼依然是可以被你探訪和探究的。（參見鯨魚／Whale，第361頁）

牧師 *Minister*：

　　牧師是一位宗教領袖，而夢中出現的人物，無論是男性或女性，都是代表你內在的一個人格面向。純粹從原型人物的角度來看，牧師代表的是你已經進入到某種靈修實踐的結構之中。不過，在解析牧師的夢時，也要把你個人以及你的生命經驗跟這個宗教的關係考慮進去。

夜晚 *Nighttime*：

　　夜晚是一天當中的陰性面時刻。因為夜晚黑暗無光，任何發生在夜晚的夢，都是根源於我們的潛意識陰影，以及我們本性當中隱藏的性格面向。

孤兒 *Orphan*：

　　我們對於自己的身分認同以及自我意識的建立，幾乎都是來自從小照顧我們的人。無法跟自己的雙親連結，在自我認同上就會產生斷裂。這件事對一個人來說可能是毀滅，也可能是解放，這個夢讓你產生什麼樣的感受，是解夢的關鍵。夢中的這個孤兒，可能是代表一種想法、一種抉擇、行為或是模式，而這些行為模式或想法，並不是從你自己的父母親那裡接收到的榜樣。一個人在父母雙亡之後，他（或她）就變成了孤兒，因此，夢中出現孤兒這個意象，代表我們內心害怕這件事情會發生，或實際上已經發生，而我們正在面對這個悲傷。

油漆／粉刷 *Painting*：

　　粉刷油漆的動作是一種創造力的展現，代表更新以及（或是）重獲活力。粉刷一片牆面，可以同時達到好幾個功能。首先，也是最重要的一點，它可以覆蓋掉牆面原有的東西。它可以使一片空白牆面重獲生命力。新的畫面可以把舊的畫面覆蓋過去。一棟建築或一個房間會因為刷上新的顏色而被重新改造，原

本老舊或髒汙的地方也會因為穿上新的油漆外衣而變得光鮮亮麗。從這個角度來看，油漆就是代表新事物的出現，以及取代老舊或缺乏活力的東西。夢見家裡的房間粉刷新油漆，首先應該去探索那個房間所代表的象徵涵義。房子的外觀代表你的外在角色，也就是你對外所展現的那個自己。

拉比 *Rabbi*：

拉比是猶太教的精神領袖，夢到拉比，代表你正在與宗教、信念、信仰有關的這些概念進行連結。你夢中出現的所有人物，都是你內在人格的一部分；因此，夢中的這位拉比，也代表你內在人格中與靈性修行有關的部分。如果你本身就是猶太教徒，那麼夢中這個人格面向可能跟你的個人信仰比較有關。如果你本身不是猶太教徒，那表示你生活中可能出現一種超越信仰與上帝這些典型概念有關的特殊經驗。

拉鍊 *Zipper*：

代表某些東西需要被約束或被釋放。夢到拉鍊壞掉，代表沒有能力控制你要讓什麼東西露出或不露出。拉鍊拉不開，代表你感覺自己受到限制或控制，讓你感到很挫折。

兔子 *Rabbit*：

兔子本身就是代表幸運和財富的象徵，夢到兔子，代表運勢大好、財運亨通。在傳統上，兔子總是跟旺盛的繁殖力相關聯，因此在象徵意義上，很自然就是代表源源不絕的財富。人們也經常把兔腳當作可以隨身攜帶的幸運符，因此兔子也可以代表幸運。在中國的十二生肖概念中，兔子是代表吉祥和人緣的動物原型。如果你夢到兔子，可能跟以上這些象徵意義都有關。

雨 *Rain*：

　　在夢的解析上，雨是代表情緒情感的展現，因為下雨就像是老天爺不斷落下淚水，而水就是情緒的象徵。因此，下雨就是代表允許我們的情緒感受自由流動的這個過程。雨水是一種洗滌，能洗去塵埃汙垢，讓空氣恢復乾淨清新，因此，雨水也是淨化的象徵。雨也代表具有療癒作用的情緒經驗。在解析跟雨有關的夢境時，也必須考慮到你個人對雨水的感受，以及雨水的大小。毛毛雨代表你生活中可能受到一些輕微的干擾，讓你情緒稍感不快。傾盆大雨，比如颱風，則代表你的情緒非常激烈。夢裡面，雨的密集度和強度也代表了你的潛意識情緒表露出來的程度有多強。在夢中，你對這場雨的感受，也代表你對這種潛意識情緒表露的抗拒程度。你愈是想要逃避傾盆大雨的來襲，就表示你愈不想要自然表露你的內在情緒。

雨林 *Rainforest*：

　　雨林是地球的肺與心臟，是氧氣誕生的地方，因為雨林，大氣層才能成為眾生萬物的家園。如果把整個地球本身作為一個象徵符號，它就是代表意識與潛意識的結合，因為陸地象徵我們的意識，而海洋代表潛意識。地球上的雨林就是這顆星球的肺。夢到雨林這個區域，本質上就是思想原型的呈現，是代表我們內在的一種志向，想要讓自己的人生充滿生命活力。如果在實際生活中，你和雨林有特別親近的關係，那這個夢可能就是直接代表你對環境充滿激進熱情。

雨傘 *Umbrella*：

　　夢中出現一把雨傘，表示你覺得自己需要防護，以免受到自己或他人情緒的干擾。水代表情緒，而本質上跟水有關的東西也都是，比如，雨水就像我們哭泣時的淚水。雨傘可以說是一種標準配備，主要是為了讓你可以保持乾燥、不要被雨水淋濕。因此，在夢的解析上，雨傘就是代表你希望盡可能保持不受情緒影響。包括實際生活中你自己的情緒感受，或是別人所表現出的情緒。

坡道 *Ramp*：

當你要進入某個建築結構體，卻發現有困難時，坡道就是讓你可以更輕鬆進入的輔助設施。因此，在符號的象徵意義上，坡道就是代表創造出一種輕鬆的方式和助力，來幫助你抵達某個特定地點或目標。夢中出現坡道，表示有一條較為輕鬆容易的道路已經為你創造出來。

玫瑰 *Roses*：

在所有的花卉當中，玫瑰最能直接讓人聯想到浪漫愛情。此外，花朵本身就是代表熱情、希望獲得對方的原諒，以及希望你的生活能夠擁有喜悅。不過，因為花朵不久就會枯萎、凋謝，因此也代表一切轉瞬即逝的東西。不同顏色的玫瑰，也各自擁有不同涵義：紅玫瑰代表愛情，白玫瑰代表更高層次的聖潔之愛，黃玫瑰代表柏拉圖式的友誼。在夢裡面，如果很明顯看到玫瑰的刺，那代表你覺得這份愛情或親密關係存在著一些挑戰。還有，花朵本身的狀態，也有其涵義：花蕾愈新鮮，代表它所象徵的承諾愈有希望；枯萎的玫瑰代表已經褪色的愛情。

非洲狩獵旅行 *Safari*：

非洲狩獵旅行來自西方文化，是將一個人放到非洲平原中去旅行冒險，感受那裡的能量脈動。因此，這個符號也代表，橫越闊蕩陌生國度，去感受那個國度帶來的一切經驗。這個領域對你目前的生活型態來說，可能全然新鮮，或是帶有異國風情。當你在非洲狩獵旅行，動物一定是其中的重點，因此，做這樣的夢也代表你想要發揮動物所代表的直覺本能和靈性力量。

刮鬍子／剃毛 *Shaving*：

去除多餘的毛髮，對男人和女人來說都是一種儀式，對某些人而言，則是修整個人儀容的主要部分。對男人來說，臉上的鬍子代表陽剛的男子氣概，因此，夢到自己在刮鬍子，意謂著想讓自己變得溫柔。對大多數男性來說，刮鬍子的動作是日常修整儀容的重要部分，因此夢到刮鬍子，也代表是在整備自己，表示已做好十足準備、備足一切本領技巧。對女人來說，剃除腿上和腋下的毛是想要為親密性行為做準備，因此這樣的夢也代表對於性愛的慾求。

姊妹 *Sister*：

參見兄弟姊妹／Siblings，第61頁。

拖鞋 *Slippers*：

任何與腳有關的東西，都是代表你是否能夠穩固落實，以及你想要用什麼方式去度過你的人生。拖鞋代表的是極致的輕鬆，以及暫時擺脫沉重責任和努力。在夢裡面穿著拖鞋，代表你想要感覺更自由、更自在。如果夢中是別人穿著拖鞋，那麼此人也是代表你內在想要突破的那個自己。夢見一雙沒有人穿的拖鞋，是在提醒你，要讓自己更輕鬆一些。

拖吊車 *Tow Truck*：

汽車代表你人生的前進方式。拖吊車就是代表這輛車子因為某些原因出了狀況，無法開動，因此拖吊車就是代表，你有辦法在遇到狀況時，讓車子得到適當的維修，然後繼續上路。如果現實生活中你感覺自己好像卡住了，夢見拖吊車就代表這個狀況馬上就會被解決，你很快就可以繼續往前進。

拖拉機／鐵牛 *Tractor*：

拖拉機（俗稱鐵牛）是一種農業用工具，由於可以增加田間耕作的工作量，因此生產力也會跟著得到提升。耕作就是象徵一切形式的創作，因此拖拉機代表的就是一種可以提升創作量、帶來豐盛結果的工具。鐵牛的一部分功能是用來翻土，把土壤挖得更深，因此，夢到拖拉機，也代表你想要讓自己更穩固扎根，更深入去挖掘你的內在意識。

拖掛式露營房車 *Trailer*：

拖掛式露營房車等於就是一個家，因此這個符號主要就是代表你在作夢時刻的自我意識。拖掛式房車的功能就是一個可以隨時到處移動的家。移動代表改變和轉換，而拖掛式房車一樣是代表自我意識，因此這個意象在夢裡可能就是代表，儘管外在環境不斷改變，你依然想要跟自己的本我保持緊密連結，不受外在改變的影響。

拖車式活動房屋集中地 *Trailer Park*：

如果你本身真的是拖車式活動房屋的住民，那麼這個集中地（或駐車場）就是代表字面上的意思，也就是你所生活的世界。如果你把每一個獨立的活動房屋都當成一個想法或一個概念，那麼活動房屋集中地就是代表許多想法聚在一起而且和平共處。但是，儘管在這個象徵性房屋集中地裡面的許多想法彼此可以達到一種協議，但它們依然保有某種可以隨時變化的彈性或意願。你生活中哪些事情看起來像是永久不變，但實際上並非如此呢？

股票市場 *Stock Market*：

作為一個象徵符號，股票市場代表的是一種概念：雖然可能有較高的投資報酬率，但同時也須承擔極大風險。投機行為這個概念的核心本質就是：認為人生

中沒有一樣東西是確定的，如果你夢到股票市場，代表你生活中某些事情雖然可以快速取得成果，但也存在著上下波動的挑戰。你願意冒著風險去做什麼事呢？

刺青 *Tattoo*：

會想要在自己身上刺青，可能是因為自我表達的強烈需要，也可能屬於部族認同感的象徵。因此，在夢的解析上，你必須先考慮你個人跟紋身這件事的關係，才能得到最適當的解釋。若從普世的層次來了解，這種裝飾身體的方法其實具有非常豐富的傳統意涵，在人類歷史發展上已有長久的淵源。

治療師 *Therapist*：

治療師是你的一個性格面向的象徵，代表你內在擁有智慧而且樂於助人的那個部分。如果你實際上有在進行心理治療，那夢見你的治療師是很正常的。如果夢裡面的那位治療師不是你認識的人，那代表你正在活化你的另一部分內在真我，它能夠以智慧和清明洞見來指引你人生方向。

陀螺 *Top*：

你一直卡在同樣的想法裡面，繞不出來。旋轉的陀螺代表某件事情一直重複發生，讓你困在一個地方出不來。

玩具 *Toys*：

夢到玩具，可能表示你心裡非常想要回到童年的純真和赤子之心。夢裡面這個玩具，究竟是代表正向積極的動機，是你對於純真童心的渴望，或是代表你想要逃避成人世界的責任，則必須由你自己來判斷。

叔／伯／舅父 *Uncle*：

　　你夢中出現的所有人物，都是你自己內在的一個性格面向。叔伯舅父連結的是家族歷史，因為他們是你的上一代，所以跟你父母親的生命觀會有些微關連。由於叔／伯／舅父是你父母親的兄弟，因此你可以從這個角度去檢視世代間的互動關係及影響，而不會直接挑戰到你跟父母親之間的關係。夢到你的叔／伯／舅父，表示你必須去思考一些跟自己的家族歷史和家庭模式有關的問題。（參見家族／Family，第177頁）

制服 *Uniform*：

　　制服本身就是一個象徵符號；服裝的本質就是在界定穿著者的某種特定角色，因為從制服的設計就能立即辨識出他們所屬的專業領域。要解析關於制服的夢，首先，你必須先確認這是一件什麼樣的制服，以及這位穿著制服的人的特質。大多數情況下，跟制服有關的原型幾乎都落在「戰士」這個類別，這個原型代表的就是區別事物是非對錯的法則。夢到自己穿著制服，代表我們心裡渴望與這件制服代表的能量相連結。如果夢裡面是別人穿著制服，那代表你目前生活中遇到某件事情，需要用你內在性格中的這個部分去應對它。

迎賓員 *Usher*：

　　迎賓員的主要工作，是協助在活動中幫重要人士帶位領座。這個概念基本上是為了讓活動可以順利安心進行。如果你夢見迎賓接待員，這個人物就是代表你內在性格的一部分，這個部分可以去協助你做好準備，迎接某件重要的事情到來，比如收到新的資訊，或是生活中的一項重大改變。

服務生／侍者 *Waiter*：

　　夢中出現一個為你端來食物的人，他其實也是代表你內在人格的一部分。由於服務生是直接將食物端給你的人，因此這個人就是象徵你對自己的滋養培

育和照顧的能力。夢中這位服務生所表現的行為以及給你的感受，反映的就是你對於自己的需求照顧到什麼樣的程度。

疣 *Warts*：

疣是由病毒引起的增生物，外觀看起來很醜。長久以來，疣一直跟童話故事中的女巫連結在一起，用來顯示她們內心的邪惡或不良意圖。如果你夢見自己長了一個或多個疣，那可能是代表你之前有一些讓你怨恨或憤怒的事情被掩藏起來。

波浪 *Waves*：

夢境中出現波浪，以及任何一種波浪型的動作，都跟這些運動背後的基礎結構有關。水的波浪代表情緒波動。跟宇宙物理法則相關的波動也是一樣，但它們比較是屬於思想和理智思維的變化。如果你能輕鬆駕馭這道波浪，那很好，你可以讓自己輕鬆自在隨著它們上下起伏。不過，在夢裡這道波浪也可能瞬間變成大浪襲來，如果是這樣，那你可能需要檢視一下，是不是有些事情已經超出你所能掌控。

◇ 九畫 ◇

飛機 *Airplane*：

夢見飛機代表你的人生正在經歷某種轉變，而且這個轉變發生得非常快。夢中出現任何一種交通工具，都是代表我們的生命正在經歷改變。由於飛機是瞬間離開地面，然後朝你的目的地快速前進，表示你生命中有事情突然發生變

化。若不是你生活中此刻有什麼事情正在發生，就是有什麼事情你需要改變或希望改變。這架飛機發生什麼事，也有助於你對這個夢做出更準確的解析。比如：錯過班機可能代表你覺得自己錯過了某些東西，同時你可能需要盤點一下，你對自己當前所擁有的機會是不是不夠清楚。被困在飛機上無法下機，可能代表你心裡覺得不耐煩，而且必須接受外部的局限。飛機失事代表某件事情進行得並不順利，可能必須從頭開始。檢視一下你生活中是不是有些事情停滯不前，或者有些事突然暴衝得太快——你可能需要在飛機起飛前先繫好安全帶。

飛翔 *Flying*：

你的生命正在往上提升、超凡脫俗。或是，你可能正在逃避面對實際生活中（地上人間）的某些東西。夢到自己在飛，幾乎是人們最常做的夢之一。這個跨文化的夢，具有很多象徵意義，正面來說就是代表你正在超越目前現實中的一切。因為這種飛翔的感覺很棒，因此常常會讓人聯想到超脫塵世這個正向的本質。夢到自己在飛，也代表內心有一種對於自由和幸福的強烈想望，代表你在精神層次上想要與更高的意識狀態連結。它也把你帶到一個制高點，從更寬廣的角度來看待你的人生。不過，我們也不能忽略，飛翔的經驗本身也有可能是一種潛意識的防衛。如果你夢到自己在飛，不妨問問自己這幾個問題：我是不是在逃避某些事情？或是不想去面對實際的衝突？或者單純只是現實生活並不穩固？所以做了這個夢。

食蟻獸 *Anteater*：

食蟻獸的概念是吞食體積非常小的食物，並以此維生。如果螞蟻代表焦慮，那麼食蟻獸就是代表利用焦慮來得到力量。夢見食蟻獸，表示你希望這樣的狀態可以持續下去。

食物 *Food*：

　　夢中出現食物，不管是哪一種，都是代表養育、自我照顧以及滋養培育這樣的概念。如果在實際生活中，你是一個對自己的飲食非常嚴格控管的人，那麼在解夢時，你就要從「控制、掌控」這個概念去理解食物這個意象。假如你在飲食上完全沒有任何節制或規定，那麼你就要從「放縱」的角度來思考食物這個夢境意象。由於這並不是非黑即白的劃分，因此你可以把自己放在這兩個極端當中，去思考自己在這個量表上的位置。如果夢見自己正在吃東西，那就要把你平常清醒時對這樣食物的經驗感受再加上去。從控制的角度來看，吃東西可能代表著你在生活中某些方面需要更多的養分；從放縱的角度來看，這個夢可能是在警告你，你需要自律，或是代表你內心可能隱藏了很多感受想要表達。如果你夢見自己肚子很餓，那麼從控制的角度來看，可能代表你在現實生活中因為過度自我控制，導致某些東西受到局限或是匱乏。在哪些方面，你覺得挨餓飢渴呢？

美術館／畫廊 *Art Gallery*：

　　夢中出現美術館或藝廊的場景，代表你意識當中存在著這樣一個地方，你可以向世人展現你的創造力。夢到美術館，表示你不是處在創作的過程，而是作品已經完成。

美金 *Dollar*：

　　美金是美國人主要使用的貨幣。夢裡面只要出現錢，都是代表豐盛、力量以及自由。夢中的錢，通常就是代表你所擁有的內在資源。做這樣的夢，是在提醒你去思考，你目前跟金錢和資源的關係是如何。（參見金錢／Money，第123頁）

美髮／理髮 *Haircut*：

　　頭髮是魅力和力量的象徵，因此，美髮／理髮這個動作就是代表，你想要讓自己的魅力和力量保持在最佳狀態。但如果理得太超過（幾乎剪光），你的個人魅力或個人力量可能也會急遽下降。這個意象也透露出你內心可能有一種渴望，想要用一種戲劇化的方式改變別人眼中看到的你，不想再依靠那些不真實的東西來操弄別人。

美洲獅 *Cougar*：

　　所有的貓科動物都是對應陰性法則的力量。貓的體型愈大，所擁有的圖騰力量也愈大。美洲獅是夜行動物，因此也象徵事物被隱藏起來、不為人所知的暗影部分。美洲獅也是善於埋伏、行動無聲無息的狩獵高手，這個特質對應的就是，你是否有能力隱藏自己的存在，然後在必要時刻採取最有力的行動。美洲獅也可以代表一位年長的女性，雖然年紀很大，但依然能夠和比她年輕的男性一起享受性的歡愉，這也可能是你會夢到美洲獅的原因。

美洲豹 *Jaguar*：

　　所有的貓科動物都是代表我們內在女性法則的力量。這隻貓科動物的體型愈大，牠的圖騰力量就愈大。美洲豹是體型排行第三大的貓科動物，僅次於獅子和老虎，因此在象徵符號的世界中具有一定的分量。美洲豹擅長攀爬勝過奔跑，因此牠的圖騰力量代表的就是隱身以及機動穿越艱難險惡地形的能力，這裡的險惡地形代表的就是生命的種種艱難挑戰。

美人魚 *Mermaid*：

　　美人魚是神話創造出來的生物，她的上半身是女人的身體，下半身是魚的尾部。美人魚也是一種原型人物，代表陰性能量法則再加上與潛意識心靈和情

緒領域連結的能力。在現代大眾媒體中，美人魚已經變成一個非常可愛迷人的角色；不過，她的原始面貌其實相當黑暗，而且和危險、死亡、誘惑相關聯。夢中出現美人魚，應該可視為志向和抱負，而且當你在解析這個夢時，一定要把美人魚的所有特質都考慮進去，包括光明面和黑暗面。不管是出現在什麼場景，夢見美人魚都是代表你正在與你本性中的靈性面連結。

背包 *Backpack*：

任何一種能夠讓你把物品打包起來帶著走的東西，都是象徵你維持生存的各種工具。你把所有可能需要用到的東西都放在背包裡，方便你隨時取用，表示這是一趟徒步的旅行。而徒步旅行象徵著你長途跋涉進入意識的更深之處，因此背包也代表一種助力，因它可以在一路上提供你所需的物品。

背心 *Vest*：

背心這種衣物，主要用來遮蓋身體最脆弱的部位，因為這些部位裡面都是人體最重要的維生器官。因此，在夢裡面出現任何跟背心有關的東西，都是代表你的生命力核心以及它所隱藏的風險。你是不是覺得你現在非常需要保護自己？英語有句話叫做「close to the vest」，就是說，如果你把東西「貼緊背心」拿著，那表示你不想讓人知道你內心的盤算和計畫（也就是保守祕密、守口如瓶的意思）。夢中出現背心，可能是在提醒你，在你說出你的目標計畫之前，要多考慮一下。

香蕉 *Banana*：

不管是哪一種食物，在象徵意義上都是代表自我照顧和養分。香蕉是營養價值極高的食物，夢見自己在吃香蕉，可能表示你內在有一種需要或渴望，想要增強自己的精神能量和體力力量。不過，香蕉也有一種傳統上的意義，它的形狀近似男性陽具，因此也帶有性慾的暗示在其中。

炸彈 *Bomb*：

　　夢到炸彈，表示某些事情正在急遽、激烈地變化。炸彈可以瞬間產生巨大能量，爆炸威力象徵的就是劇烈的改變。而這個變化很可能會帶來極大混亂和挑戰。如果是夢到未爆彈，則代表這些變化可能會發生，也可能不會發生。炸彈爆破釀成的結果，則是象徵變化發生之後所帶來的巨大破壞。

炸藥 *Dynamite*：

　　炸藥的引爆，是由人所控制的。炸藥爆炸，代表的是一種突如其來的變化。炸藥引爆後造成的破壞，通常也隱含了重新建構的意味在。炸藥本身的目的，通常是為了移除一些障礙，讓事物可以得到成長和擴展。你的意識當中，是不是有一些老舊的想法、習慣或是結構，需要用炸藥來幫忙移除，好讓你可以建立新東西呢？

相機 *Camera*：

　　相機能夠幫你記錄人生當中的重要時刻。因此，相機代表的意義就是你的記憶的延伸。隨著時代進步，數位媒體愈來愈普及，相機也日漸成為人們用來收集資訊和表現自我的一種工具。夢到相機，表示你內心有一種渴望，想要將自己的生活經驗公諸於世，讓大家知道你的生命旅程。

相框 *Picture Frame*：

　　這個符號意象代表的是過去的記憶，也意謂著我們想要將我們的感情做出一種劃分 (compartmentalize)。藉由在相片四周加上框架，我們可以完成這件事。我們將一張照片展示出來，它真正要反映的是，我們與照片中的人過去曾經共度的快樂時光。照片本身並不是它真正要呈現的東西，它只是一種反射，上面填滿的是我們的想像與情感投射。我們將這些時光圈住，讓我們可以用它來詮

釋我們對他們的感情，這很重要。因為這代表我們已經將這些人放在我們心中的一個獨立區域。如果相框在你夢裡面是主要畫面，代表你可能正在處理跟這個相框中的照片有關的問題。相框代表的就是對於照片中出現的人或情境給予某種詮釋、理由或是限制。

約會 *Date*：

約會是給自己一個機會去找到可能的戀愛對象。過程當中必然需要冒一點險，而且必須表露自己的真心。夢到約會，可能代表你有願意、或者不願意冒這樣的一個風險，完全坦露自己真實的一面，以及試著多表露自己、展現熱情來得到好的結果。

挖東西 *Digging*：

表示你內心有一種需要，你想要深入去探究某件事物。只要是埋在地底下的東西，都是代表隱藏的意識——它是可以被你察覺的，只要你深入去探索。夢見自己在挖東西，可能代表你因為探看表面之下的東西，而有所收穫。

洋娃娃 *Doll*：

洋娃娃就是代表小孩子，也就是代表夢到洋娃娃這個人（他或她）在現實生活中所擁有的母性照顧經驗，這種經驗感受會以洋娃娃的意象出現在夢中。從反面來說，夢見洋娃娃也可能代表作夢者內在有自我嬰兒化的衝動，想把自己變成小孩子。

洋裝 *Dress*：

洋裝是女性的基本服裝樣式，因此也成為女性特質的象徵，代表創造力、接受力、滋養能力以及耐心。如果你在夢中穿著洋裝，或是收到一件禮物是洋裝，那可能表示你正在思考，如果讓自己表現出這些特質，那會是什麼樣子。

你也可以從夢中這件洋裝的設計樣式看出，以上這些特質在你生活中被展現出來的情況是如何。

洋蔥 *Onions*：

洋蔥有兩個眾所周知的特點：它會讓人流淚，還有，它的結構有很多層。夢到洋蔥，可能代表這兩種意思的其中一種，或是兩者皆是。有時候，我們所表達出來的情緒，並不是我們真正的情緒感受。換句話說，洋蔥也可以象徵一個人必須不斷往內走，以緩慢、有條不紊的方式將外衣一層一層剝除，最後才能到達事物的核心。

穿衣間 *Dressing Room*：

穿衣間的基本功能就是讓你進行某種特殊著裝的準備空間。檢視一下，你生活中哪方面是你正在整裝待發，想要用特別的方式被別人看見的。此外，如果你在穿衣間裡面待的時間很長，那可能表示你還在猶豫，是否真的要把自己暴露在眾人面前。

穿洞 *Piercing*：

穿洞是用一種看起來痛苦的方式，在身體上做裝飾。這種裝飾本身其實就是一種宣示，藉由破壞肉體，在它上面進行創作，等於是用特殊烙印來表現自我的獨特性，因此穿洞對於年輕人以及社會次文化邊緣人特別具有吸引力。如果你自己身上就有穿洞，那麼做這樣的夢，可能純粹就是你自己個人的世界觀的一種反射。不過，假如實際上你身體外部並沒有穿洞，那可能是要提醒你去注意，你身體的某個部位可能有穿孔的現象。舌頭跟你的發聲有關，代表你想要說的事情。肚臍連結的是你的情緒感受和直覺。耳朵代表你需要更專心去傾聽來到你耳邊的訊息。

訂婚 *Engagement*：

訂婚儀式主要涉及的是「動機意圖」，而非「承諾」。它是一種宣告，讓大家知道不久的將來會有更重大的事情發生。作為一個象徵符號，訂婚可以代表我們生活中想要將自己奉獻出來的一種決定，但還不到需要付諸行動的階段。如果夢見訂婚儀式，那你要小心警覺；表示你準備在近期採取重大行動。

訂婚戒指 *Engagement Ring*：

訂婚戒指是一種提醒，代表你已經宣布要在未來做出承諾的行動。作為一種夢境意象，那個未來承諾可以代表我們生活中任何一件事情，而不只限於婚姻。訂婚戒指的力量在於，它是一種有形的象徵，讓別人知道你的意圖，而且代表一種責任心。訂婚戒指的高昂價格，也加深了它所象徵的責任感之力道。你內心是不是有這樣的意圖，正在考慮要在你自己身上做一個重大投資？

信封 *Envelope*：

信封的存在目的就是為了隱私，它可以讓信封內所裝的東西不被其他人看見，一直到收件者親手打開信件為止。另外一個跟信封相關的概念是身分認同，因為信封外面通常會寫上收件人的姓名，信封內的資訊只有這個人才能看見。信封也帶有一種神祕感，因此我們在拆信時會有興奮期待的感覺，夢到信封很可能就是代表這個意思。

信件 *Letter*：

寫信這種溝通方式幾乎快要過時了，在象徵意義上，它代表的是某些思想從你意識當中的一個區域轉移到另一個區域。夢到信件，可能是在提醒你，要用更緩慢、更克制的方式來表達你自己。

勃起 *Erection*：

陰莖是最基本的陽具符號，這個意象代表的就是陽性力量。而勃起反應就是這個力量所產生的結果，表示這股力量準備要被使用。勃起的夢與性別無關。假如你夢到自己勃起，那表示你已經準備好要對你生活中的某件事情採取實際行動。如果夢中是別人的陰莖勃起，那這個人就是代表你內在人格的某一面，你需要去喚醒自己內在的這個性格面向，來提供你需要的力量。

前任情人 *Exes*：

在夢境語彙裡面，這是一個最普遍被誤解的意象。根據原型心理學，我們每一個人內在都有一個愛人原型形象。當我們在外在世界找到符合這個內在形象的人，我們就會墜入愛河。如果雙方的內在愛人形象一致，這兩個人就會變成男女朋友。因此，當我們夢見前任情人，我們其實是夢見了我們自己內在的那個愛人原型，只是那個形象剛好是我們過去曾經交往的對象。夢到前任情人，這個夢該怎麼解？你可以試著從以下幾件事情去思考，然後找出最適合你的解釋。可以問問自己，從上一段關係裡面你學到了什麼，以及你是否將你學到的知識應用在目前的生活情境中。此外，你也可以思考，你的前任情人實際上的人格特質是什麼，然後問自己，你目前生命中是不是缺少了這個人格特質，你該如何將自己內在的這一面激發出來。夢見前任情人，其實跟你生活中真實的前任情人一點關係都沒有。

風 *Wind*：

事情可能正在迅速變化。你的想法可能會愈來愈強烈。這兩個概念可能有關聯，也可能不相關，因為風的象徵涵義有很多面。任何與空氣或天空相關的事物，都代表跟我們的思想領域和智性層面相關連。風是思想意識層面的運作量加大，所以也代表你如何看待你的世界。「變遷之風」這句流行語也相當能夠代表風在夢中出現的重要涵義，因為風吹得愈強烈，就愈有辦法為事情帶來劇烈改變。

風扇 *Fan*：

風扇是藉由讓周遭的空氣可以加速流動、形成一陣風，來使空氣溫度下降，變得涼爽一些。因此，不管任何造型的風扇，它的主要象徵意義都是代表想要降低熱度。這裡的熱度，可以單純照字面意思指空氣的溫度，也可以代表一個人的熱情或憤怒程度。從反面來說，風扇可以加速空氣流動，增加氧氣的含量，因此也可以使火焰燃燒得更旺，比如我們常說的「煽風點火」，就是這個意思。同樣的道理，拿在手上的扇子也可以用來象徵情色慾望，因為手拿扇子搧風的動作，不管是為了煽風點火還是納涼，其實都是一種充滿誘惑性的肢體語言。

風帽 *Hood*：

風帽是戴在頭上的，因此在解釋這個符號時，第一個要考慮的涵義就是代表思想和心理狀態，看夢裡面誰穿的衣服上面連著風帽，如果是你自己，那就是代表你的想法和心態，如果是別人，那這個人就是代表你內在的另一部分人格。風帽的目的是為了遮蓋某樣東西，因此也可以解釋成你試圖想要隱藏自己的想法或主張，不想對外表露。風帽也代表有某種威脅存在，過去歷史上，有人要從事一些祕密行動或暴力行為時，都會戴著風帽，而在現代，風帽則讓人聯想到犯罪行為。你想要掩藏的東西是什麼呢？

風箏 *Kite*：

唯有放風箏的人本身非常穩固站在地面上，風箏才能在空中順利飛翔。在向上飛升抵達新高度的同時，一方面又穩固接地，風箏這個符號代表的涵義就是，向下扎根與向上延伸同等重要性。任何跟天空有關的意象符號，都是代表思想的更高領域，以及智性和／或精神靈性的啟發。風箏本身就是代表你意識的一部分，只要務實穩固扎根，它就可以順利向上飛升。

胎兒 *Fetus*：

　　胎兒是指動物正在母體中孕育成形的那個生命階段。在這個階段，每一種動物看起來都長得很像，所以胎兒的最重要象徵意義，就是他的未來擁有無限可能性。因此，胎兒就是代表一個新的點子想法、一個新方向、一條新的途徑，甚至是一個尚未誕生的概念。而流產的胎兒就是代表，一個想法在尚未發展成形之前就已經遭到終止。（參見墮胎／Abortion，第303頁）

指甲 *Fingernails*：

　　人們經常會在指甲上做裝飾，以吸引人們的目光，但指甲也是洩露我們內心焦慮感的地方，因為我們會咬指甲。不管是哪一種情況，當指甲成為你夢中的主要焦點，解夢的重點就是要看指甲上做了什麼裝飾，因為很有可能那個裝飾本身就是咬指甲的證據。

指紋 *Fingerprints*：

　　當我們指頭上的獨特紋路與皮膚分泌的油脂相混合，它就會在我們碰觸過的物體上留下痕跡，根據這個痕跡，就能回頭追蹤我們曾經到過的場所。夢到指紋，可能表示你把記號留在你不希望它出現的地方，或是你可能沒有察覺到自己的影響力已經被別人注意到。反過來說，夢中出現指紋，也可能代表你正在探究自己的內在意識，而那個探究的內容正在慢慢浮現。

指頭 *Fingers*：

　　雙手可說是我們身上最具創造力的部位，而手指則是代表，當我們運用那個創造力、將它變現成各種有形之物時，我們對這樣東西的細節進行精密微調的能力。你覺得自己的這個能力有多強，或許你就會因此夢到自己的手指。在夢的解析上，每一根手指都各自有其不同涵義：大拇指代表你的靈巧度以及把事

情完全搞定的能力；食指代表指責和做選擇；中指代表不屑和憤怒；無名指代表承諾與合作；小指代表你的表達能力和紳士風度。

指示 *Pointing*：

當某人對你做出指示的動作，代表他（或她）所指的物體或方向需要得到你的特別關注。這個動作的最終目的，就是要告訴你下一步該往哪裡去。如果你夢中出現一個人對你指著某樣東西，那解夢時你需要思考兩件事：一個是這個人指著什麼東西，還有，這個人是代表你內在人格的哪一部分。你可以根據這個夢的前後內容，深入去了解，對方希望你特別注意哪些事情。

玻璃杯 *Glass*：

參見杯子／Cup，第116頁。

祖父母 *Grandparents*：

如果夢中出現你的一位或多位祖父母，那這個夢呈現的就是你家族不同世代間的互動狀況。你可以把他們當成你內在人格的不同面向，同時去檢視它們所呈現的家族互動狀況。（參見家族成員／Family Members，第179頁）

洞 *Hole*：

洞，代表有某樣東西不見了。無論它是指一件物品破了一個洞、地面被挖了一個洞，還是屬於隱喻性質的，比如人們常會說他們心裡有一個洞，基本上，洞的象徵涵義就是：有某一塊東西從它原本所在的地方被拿走了，而且引發一種強烈的感覺，覺得有什麼東西不見了、失去了。從夢境的前後情境，你可以檢視一下，你的生活中哪些事情讓你有這種感覺，那個創傷是否很嚴重。

看守所 *Jail* :

看守所是犯罪者在等待審判和被判刑發監服刑之前所待的地方。你相當有可能是無罪的，但仍然會被關進看守所。因此，看守所象徵的就是讓你無法擁有自由的強大束縛感和限制感。如果你的夢中場景是在監牢看守所，不妨檢視一下，你的生活中是否有一些事情或是限制性信念在束縛著你。

耶穌或佛陀 *Jesus, Buddha* :

你現在夢到的，是代表人類所能達到的最高意識境界之原型人物。這個符號所體現的，就是將思想意念化為真實的這種能力。耶穌和佛陀都是歷史上非常傑出的教導者，祂們為我們活生生示現什麼叫做純粹之愛，並體現了人類本性中的神聖面。這裡只舉出兩個人名，並不代表沒有其他先知聖人和教導者體現過這樣的精神。只是，這兩位都是以人類的肉身成道，因此以祂們來作為原型人物。夢見耶穌或佛陀，代表你正在經歷高層次的自我探索與整合。耶穌和佛陀也是代表陽性能量法則所能體現的最高進化境界。陽性能量法則代表的就是思想的力量。透過完全不同的教理內容，這兩位神祕主義大師教導了我們一個相同的概念：你所想、所信的一切，都會成為你的真實。祂們具體告訴我們，這件事是可能的，透過愛，你也可以在艱難的生命中體會歡喜幸福的狀態。夢中出現其中一位大師，都是在提醒你，你目前的意識狀態已經來到自我提升與整合的時刻。在夢中，原型人物沉默不語也是極為平常的狀況，因為光是這位人物的出現，本身就意義重大。如果夢中祂們有開口對你說話或是傳達什麼訊息，請務必牢記在心，並確實遵行。如果祂們沒有說話，那你最好的做法就是，在心中默默感謝這份難得的禮物，感謝祂們讓你經驗到意識提升的強大力量。

拼圖 *Jigsaw Puzzle*：

拼圖遊戲的根本精神在於，將一塊一塊小碎片拼湊起來，慢慢組合出一整幅大圖像。這也象徵著我們的心理思慮，當我們一點一滴去檢視一個意念，最後這個意念就會逐漸變得清晰清明。如果你正在經歷這個過程，很可能就會在睡夢中夢到拼圖。

科莫多大蜥蜴 *Komodo Dragon*：

這種稀有生物最大的本領就是擁有強大的生存本能。夢中出現任何一種爬蟲類動物，都是代表生命的最原始反應與基本功能，比如呼吸和體溫調節等。夢中出現科莫多大蜥蜴，可能是在提醒你，你的直覺本能是值得信賴的。

洗澡 *Washing*：

夢到你在洗澡，代表你正在清理或清除一些已經對你不再有益的東西。跟沐浴有關的動作，主要是象徵我們想要讓自己保持潔淨，這樣才能跟別人進行社交互動。這個動作其實跟我們潛意識裡的骯髒感有關，不管是字面上的還是比喻上的骯髒。或許你覺得自己在某些方面好像不是很乾淨，所以需要把它清乾淨。夢裡面出現任何跟水有關的東西，某方面都跟情緒問題有關聯。用水來清洗身體，可能代表你需要或希望讓自己沉浸在自己的感覺當中，來清除掉生活偶爾帶來的痛苦。

洗衣 *Laundry*：

洗衣這個概念跟清洗和淨化有關。由於大多數需要清洗的是我們穿過的衣服，而衣服代表的就是保護和自我的表達，以及需要定期清理近期產生的舊能量和舊事物。

洗衣機 *Washing Machine*：

作為一種例行機能，衣服可以藉由這個機制來保持清潔。洗衣機就是象徵這種內在驅力，讓你生活中的各個部分都能保持在一定水準。夢到洗衣機，代表你可能覺得需要去清除你不想要的思想或感覺。

律師 *Lawyer*：

律師處理的是細節、結構，以及跟左腦組織有關的事情。作為我們內在人格的一個角色面向，夢裡面的那個律師代表的，就是當你需要對生活中某些混亂情況進行辨識，確認它們的具體差異時，你便可以從內在將他呼召出來。

客廳 *Living Room*：

家代表真我，家裡面的每一個房間都有其特定涵義。客廳是與人共同分享經驗的地方，因此它代表的是你內在較不私密，而且能夠對別人公開的部分。

砍刀 *Machete*：

砍刀是一種超大型刀具，通常是用來砍伐茂密的灌木叢。需要用到砍刀的植物，通常都已經生長過度，而這些生長過度的植物，就是象徵我們混亂的思想和念頭，砍刀就是代表你砍除這些阻礙你前進的老舊思想模式之能力。夢裡面經常會出現的畫面是，代表我們內在某個人格面向的人物，他揮舞著砍刀，看起來非常嚇人。請記得，所有的夢都是對你有益的，儘管這樣的夢會出現一個恐怖的人拿著這種大砍刀，那其實是在幫助你去面對內心的恐懼，為你清理出一條新的道路。

面具 *Mask*：

面具可以遮住真實面容，讓我們用另外一種面貌來面對世界。這個符號也代表了人類向來不會把全部的真實自己對外揭露，而是會以面具呈現在外人面

前。這牽涉到我們每一個人的真誠程度，夢裡面出現面具，代表我們對外展現的自己以及隱藏起來的真實自我之間，存在著很大程度的分隔。此外，解夢時也要考慮到那個面具本身；如果你知道夢中那個面具看起來像什麼，你就比較能夠了解作夢當時你是想要對外展現什麼形象。如果夢見自己把面具拿掉，那表示你想要用更真實的自己來面對世界。

面紗 Veil：

面紗能遮住它所覆蓋的物體，在夢的解析上，它代表的就是被部分隱藏起來的東西。面紗也常讓人聯想到婚禮，而結婚是代表兩件原本獨立的東西結合在一起，當新郎揭起新娘的面紗，這個合而為一就發生了。「揭開面紗」，這句話也經常被新時代學派用來代表提升意識覺知的狀態。你生活中是不是有什麼困惑之事需要被釐清，或是有什麼混亂狀況即將被清除？

按摩 Massage：

按摩可以紓解壓力，同時也是治療肌肉傷害的一種方法。這個意象的核心涵義主要是跟「放鬆」有關，而作為一個夢境符號，它是代表你需要更深入向內去挖掘，好讓壓力得到真正的紓解。從感官的層次來說，讓另一個人來碰觸你赤裸的身體，可能代表你的感官覺受需要外來刺激。

軍隊／軍事武力 Military：

任何與軍隊、軍事武力相關的東西，都是跟戰士原型相關聯。戰士的任務就是將世界區分為善惡兩方、黑白兩道。然後去捍衛他生命中的這種二元分別。這是人類意識當中代表力量的面向，夢到任何跟軍隊有關的東西，都是直接跟這股深層力量有關。這個符號也帶有單調、缺乏想像力的成分在內，包括嚴密管制、死板僵化以及缺乏彈性。

軍人 / 士兵 *Soldier*：

作為一種原型的角色面向，軍人跟戰士擁有相同頻率的能量。這個特別的人格原型，他的職責在於守護和作戰，但這個任務主要是透過將事物區分為是與非這兩個類別來達成的。夢裡面出現軍人，可能是在提醒你，要以這種黑白分明的智慧去面對你的人生處境。由於我們是生活在戰爭無所不在的時代，軍人和士兵也代表了一種群體的犧牲，因為他們是願意為了崇高理想而冒險奮戰的一群人。如果你現實生活中有認識的人在部隊服役，那這個夢可能是跟這個人有關。

流產 *Miscarriage*：

懷孕象徵的是，一個新的想法、計畫、目標方向或是抉擇仍然在醞釀中。而流產就是代表這個目標方向改變了，你需要從頭再來一次。雖然這個夢也隱含著某種情緒意涵，但它真正的意義在於騰出空間，讓新的事物可以被創造出來。

流沙 *Quicksand*：

流沙是代表阻礙的一種象徵，帶有負面意涵，表示你因為情緒情感過度負荷而覺得像是踩不到地面，感覺不扎實。流沙是由沙土和水結合而成的危險組合，因為水的含量過高，致使沙土無法完全將水分吸收，而變成一種流質的沙。在象徵意義上，只要出現水，就是跟情緒問題有關。流沙裡面的水分，你幾乎是感覺不到的，直到你身陷其中無法自拔，因此，在解析這個夢境時，應該要能反映出這種訝異感：最初無法察覺危險，但當你猛然發現，已經深陷險境之中。

流汗 *Sweating*：

當我們感到壓力、恐懼或是有罪惡感時，我們會用流汗來讓自己恢復平衡。流汗同時包含了情緒上和肉體上的涵義。不過，它的主要核心涵義在於：流汗是一種最基本而且最原始的身體功能，因為它可以調解我們身體的體溫。如果人無法正常排汗，嚴重的話很可能會導致死亡。如果你在夢中出汗，那表示你的潛意

識在向你透露一個訊息：你在實際生活中面臨到某種威脅，因而身體失去平衡，心情也無法平靜。發熱是我們身體的一種本能反應，是因為感知到來自外部的憤怒或攻擊可能會帶來危險。出汗就是代表你想要讓自己從這種威脅感中恢復平靜與平衡。出汗也可以幫助我們排除身體毒素，因此，夢中出汗可能表示我們內在有某些想法、意念或是行為是有毒的，威脅到我們的身心健康。

紀念碑／塔 *Monuments*：

紀念碑／塔這個符號代表的是集體文化成就的展現。自由女神像、艾菲爾鐵塔、泰姬瑪哈陵、埃及金字塔，都是一個文化族群以興建紀念建築之方式，來彰顯自身文化重要價值的實例。自人類文明開展之初即是如此。這些結合了力量與技術的偉大建築，是為了表彰一個社會的重大成就，提供人們一個集體投射的目標，讓大眾可以感到安心和被保護，同時為他們自己的成就感到驕傲，跟自己的文化歷史建立起一種連結感。夢見紀念碑／塔建築，可能是在提醒你，你也可以用這種方式在世界留下你的印記。

音樂 *Music*：

音樂是人類擁有的最崇高的一種表達形式，也是全人類溝通交流的共通語言。夢境裡面出現以音樂為主的畫面，都是代表深沉熱情與生命基礎架構的展現。音樂本質上是屬於數學的。這也是它之所以具有共通性的原因。音樂或許可說是人類所能達到之創造力表現的最高境界。從我們社會中很多音樂演出場所、很多音樂家，以及音樂對人們的強烈影響力這些方面就可證明，音樂對我們確實非常重要。無論人類歷史上的哪一種文化，音樂的出現都已經使得人類不同族群之間的喜悅連結變得可能。音樂不僅有辦法將人類連繫在一起、共享音樂帶來的喜悅，根據研究顯示，音樂也對動物和植物的生命成長具有強大影響力。如果你夢中出現音樂，解夢時你首先應該要想到的是，檢視你平常生活中在哪些方面可以允許（或不允許）自己自由表達。如果你夢見自己正在聽音樂，那表示你可能正在接收來自你潛意識的訊息，要你更敞開自己，去感受生命更深刻的喜悅。在夢裡面，音樂帶給你的愉悅程度，也代表你目前跟你的直

覺以及情緒感受（超越理性思維的那部分）之間是處於何種關係。如果你是夢見自己在創作音樂，那你或許可以檢視一下，目前生活中是不是有哪些跟創作力有關的事業已經來到成功的階段。如果在夢裡面背景音樂占了重要角色，那可能是在提醒你注意一些深沉微細的情緒問題，可能即將浮現到你的意識表層來。電影裡面的配樂是為了加深人們看電影時的情緒感受，夢裡面出現的音樂也具有這樣的功能。如果夢中出現背景音樂，請記得，這種音樂本身就具有一種操縱性。你可以檢視一下，你目前對生活中某些事情的看法，是否受到情緒的強烈影響，而無法看見事情的真實樣貌。如果是這樣，那你可能要更務實一點，少用情緒化的方式來處理生活中的一些狀況。

姪子 *Nephew*：

姪子就像是你的小孩，但是你並不需要為他們負責任，隨時都可以離開。如果現實生活中你真的有個姪子，那他的性格特質代表的就是你自己內在人格的一部分。這樣的夢可能是在提醒你，去思考這些特質在你生活中所扮演的角色。

姪女 *Niece*：

姪女就像是你的小孩，但是你並不需要為她們負責任，隨時都可以離開。如果現實生活中你真的有個姪女，那她的性格特質代表的就是你自己內在人格的一部分。這樣的夢可能是在提醒你，去思考這些特質在你生活中所扮演的角色。

降落傘 *Parachute*：

降落傘是一種利用空氣阻力來減緩物體掉落地面之速度的構造。掉落象徵「控制」，或者更精確的說法是「失去控制」。而降落傘就是在這個掉落過程加入一個安全的要素，讓你可以順服於這個你無法控制的狀況。

珍珠 *Pearl*：

珍珠是牡蠣用一層保護物質將外來物包裹起來，所形成的一種鈣化產物，數千年來一直被人類視為珍貴寶物。作為一個象徵符號，珍珠這種美麗之物的核心就是沙粒，必須要有沙子，才能創造出這樣美麗的東西。因此，珍珠代表的就是：艱難處境最後將會帶來美好結果。

姿勢 *Posture*：

你的體態姿勢是你人生所有行動的基礎，它會真實反映出你的心情和潛意識。如果你在夢中呈現出體態姿勢良好、脊椎正直，那表示你內在有一種非常深層的幸福感。這種夢同時也帶有補償作用，如果你平常不太注意自己的整體身心狀況的話。姿勢不良也可能透露出，有某件你沒有意識到的事情，已經對你帶來極大影響；該要好好檢視一下，你的基本生活方式是不是出了什麼問題。

南瓜 *Pumpkin*：

南瓜是一種節令果物，代表我們生命中即將有所收成。南瓜最容易讓人聯想到的就是萬聖節，這種連結經常會反映在我們的夢境中。童話故事《灰姑娘》裡面的南瓜馬車，就是代表我們內心的願望。夢裡面出現南瓜，也可能跟這個概念有關。

皇后 *Queen*：

在塔羅牌中，皇后牌是代表地位、直覺、創造力以及權勢力量。如果這個意象出現在夢境中，表示你可能正在連結這個皇室符號帶來的原型力量。皇后也可以代表一種層次較高的母性本能之展現。夢中若出現這位皇室人物，代表與慈愛有關的力量正在發揮作用，因為這股皇室力量如果運用得當，表示你個人的權勢力量已經得到提升。不過，夢裡面出現一個像皇后一樣形象的人物，

也可能意謂著這股力量失去平衡，因而遭到誤用。這個夢或許是在提醒你，要仔細思考，你在生活中是否有善用你的權力。

急流 *Rapids*：

當一條河流受到地形的某種限制，河水被迫流進較小的空間，水流量突然增加，急流就產生了。在夢的解析上，水就是代表你的情緒感受，河流就是代表情緒的流動。因此，急流意謂著你生活中某個情緒經驗的強度增加，不僅情緒升高，甚至可能超出你所能負荷，因此潛藏著某種危險。

剃刀片 *Razor Blades*：

剃刀刀片是一種尺寸極小但邊緣非常銳利的金屬工具。尺寸小，再加上有辦法切割得非常深，因此象徵在你毫無防備的情況下也能帶來無預警的傷害，就像突然出現尖銳的聲音，或是突然一個動作，都會對某些人造成傷害。夢到這種剃刀刀片，很可能你在現實生活中有受到這樣的傷害，或者你可能正在傷害別人但是你自己不知道。

後視鏡 *Rearview Mirror*：

當你車子往前開，偶爾你會需要透過後視鏡看一下車子後方的情況。因此，後視鏡這個符號就是代表你有能力藉由回顧你的來處，思考你要往哪裡去。當你把太多心思放在你的過去，導致你分心，無法從容自在邁向未來，那麼你可能就會夢到後視鏡的特寫。夢到後視鏡破損，可能暗示著這時候你因為無法從過去學到功課，所以沒辦法評估自己現在該往哪裡去。

紅色 *Red*：

紅色是色彩光譜上的第一個顏色，代表安全感、穩定、進取以及熱情。這個能量連結的是我們身體脊椎底部。紅色經常被認為是代表熱情活力的顏色，因此也對應陽性能量法則的積極進取和性慾表現。在路上看到紅燈，我們會停下來，以這個動作來保護自己的人身安全，免於被前方通過的車子撞到。血是生命力的根本，因此紅色也對應我們身體上的穩定健康狀態。（參見色彩／Colors，第77頁）

紅地毯 *Red Carpet*：

紅地毯本身就是一種象徵符號，代表一個擁有特殊地位的人才能走的通道。紅地毯的出現代表兩種涵義。第一，有特別的事情正在發生。第二，因為這條通道非常特別，只能讓特定少數人通過。在夢的解析上，這個符號是代表志向和抱負。如果你在夢中看見另一個人走在紅地毯上，這個人就是代表你內在人格的一部分，他有能力幫助你設定遠大的目標。夢中出現紅地毯這個意象，也可能代表你希望自己現實生活中的某項特殊能力或特殊成就可以被人認可。

紅綠燈 *Traffic Light*：

紅綠燈主要是負責控制路上的車流量。從符號的象徵意義來說，塞車代表有很多想法不斷湧入你腦袋。而紅綠燈這個符號就是代表控管和限制，也代表想要盡量減少你生活中的混亂情況。如果夢到號誌出現紅燈，表示你需要讓自己停下來，把目前手上正在進行的事情暫時放下。綠燈代表你現在可以採取行動。黃燈則是對於你目前情況的一種提醒和警示。紅綠燈號誌故障，代表你控制自己想法的能力無法正常運作，因此可能引發焦慮、壓力以及憂鬱。

度假 *Vacation*：

假期的本質就是改變日常例行事務。夢到自己去度假，可能代表一種提醒，你需要改變一下你的生活，因為它讓你覺得乏味且不斷重複。

度假勝地 *Resort*：

度假勝地是讓你放鬆心情、擺脫日常生活繁瑣事務的地方。夢中的場景發生在度假勝地，代表你需要離開平常生活瑣事，暫時讓自己休息一下。可能你最近有點壓力太大，所以夢到度假勝地，表示你需要好好紓解一下那個壓力。

革命 *Revolution*：

改變發生得非常突然迅速，這就是革命的根本概念。請記得，反叛起義的種子，都是基於長期對舊政權的不滿和不平而種下的，最後才會以起義的形式來要求變革。我們內在心靈的轉化以及舊有模式與習慣的劇烈改變也是如此，它們都是早就準備要改變，最後才以劇烈的形式在關鍵時刻出現。夢見發生革命，代表你生活中正在發生這樣的改變。

屋頂 *Roof*：

屋頂是一棟建築的最頂端，而建築物代表我們的意識，因此屋頂就是象徵我們的心智和思想。如果屋頂的狀況不佳，那麼外部的東西就會進入，對建築物造成損害。如果你夢到的是這種情況，那表示你可能覺得你無法保護你的主張，因為別人會影響到你對某些事情的想法。如果你夢見自己站在屋頂上，那表示你希望從更高的視野、更高的思想層次去看待事情。你希望自己身在一個強而有力的制高點，但你也可能隨時會從這個位置墜落，夢見從屋頂掉下來，可能表示你對事情的觀點存在著一些風險。如果夢見屋頂年久失修、破破落落，那代表你的思想矛盾混亂，沒有一致性。

保險箱 *Safe*：

保險箱是一種堅不可摧的構造，目的是為了收藏有價值的東西，免於被盜走。作為一種象徵符號，它代表你想要去保護某樣你覺得珍貴的東西，想要提高你的防禦意識。你會鎖在保險箱裡的東西，代表你覺得別人可能會想要把它

偷走，從象徵的角度來說，它可以代表愛情，也可以代表你的意見和構想。是哪一樣東西，你覺得如果你不小心翼翼看守，就會被別人偷走呢？

疤痕 *Scars*：

疤痕是一種證據，代表你先前經歷的某些改變或轉換，有某些痛苦尚未完全治癒或遺忘。夢中出現疤痕，通常代表跟先前發生的事件有關，可能那件事曾帶給你傷害或改變。有時候，最初的傷痕有其目的，通常是為了治療，比如外科手術留下的痕跡。除此之外，傷痕幾乎都是因為受到某種外部攻擊而留下的。有時我們會用「情緒傷疤」來代表過去的痛苦記憶，並希望自己現在不要再受傷。無論這些疤痕背後有些什麼故事，今天看得到疤痕，代表昨天曾經有強大的外力侵入。

研討會 *Seminar*：

研討會的目的在於傳播特定訊息和知識。在夢的解析上，研討會的場景可能是代表你生活中想要擴展自己的知識和經驗。如果你知道夢裡面這場研討會是在討論什麼內容，解夢時也可一併考慮進去。

亮片 *Sequins*：

亮片是一種可以增加人魅力的東西，因為它亮晶晶而且會反光，可以製造出閃亮動人的效果，雖然有時稍顯粗俗。穿著貼有亮片的衣服，代表你想要用一種膚淺的表現方式來吸引人，也代表你需要被人注意。

架子 *Shelf*：

架子的目的是用來放置東西。一個人會把東西放在架子上，有很多原因。東西放在架子上，大部分是為了展示，或是為了方便取用。因此，夢裡出現架子，可能代表你對於自己所完成的事情感到非常有成就感、很自豪，而且希望

能夠經常記得它，或是與別人分享。「束之高閣」(暫時放在架上)這句話則是代表你想先把一些東西擱置，改天再來處理，因此夢到架子也可能代表逃避。

星星 *Stars*：

　　星星其實是非常巨大的星體，但因為距離我們非常遙遠，因而看起來非常小。星星的存在對我們是一種永不間斷的提醒，我們身處的宇宙乃是廣大浩瀚無垠。在夢的解析上，星星可以代表你最高的思想、最大的抱負。星星也經常在提醒人們關於命運的概念，有些事情是冥冥之中早已注定。如果你夢中出現的情境跟這個概念相吻合，那表示你正在經歷這股命運的強大力量，有些事情不可避免一定會發生。

陌生人 *Stranger*：

　　夢裡出現一個你不認識的人，他仍然是代表你內在性格的一部分，即使他(或她)的身分被隱藏，或是單純就是一個陌生人。如何解釋一個你不認識的人，重點必須放在你確定已知的事情上。在你夢裡面，這個人正在做什麼事以及這個人給你什麼感覺，就是整個解夢的重點。無論你的夢向你呈現了什麼訊息，只要是來自陌生人或任何隱藏身分的人，都是代表你的潛意識尚未完全準備好要向你透露，以你目前的情況該採取什麼行動。會有更多事情被揭露出來；我們的學習常常是分階段、循序漸進的，而且還經常抗拒改變，因此，要有心理準備，剛開始對於這類畫面我們一定會感到害怕。那些在我們身後緊緊追著我們跑的陌生人，有時候可能只是想要找給我們午餐的錢，或是把我們忘了拿的傘還給我們，因為外面正在下雨。如果那人有很明顯的性格特徵，但此人你並不認識，那麼很可能是代表你自己內在需要成長的部分。一個滿臉怒氣或具有攻擊性的陌生人，可能是代表你需要把那股能量統合到你的意識當中。看起來很好心又溫柔的陌生人，可能要凸顯的是「更柔和一些」這個內在特質。無論你夢中的陌生人是屬於何種情緒狀態，他(或她)在夢中所展現的能量，都是你必須要去思考的重點。故意隱瞞身分，也可能代表你的潛意識在哄騙你，因為要讓你知道的是比

較負面、難以接受的訊息；就像實際生活中，有時候衝擊性太大的消息，如果由一個陌生人來說，會比從我們親愛的人口中說出，來得較為容易接受。

計程車 *Taxi*：

你可能需要臨時興起做某些行動，才能讓你的想法付諸實現。計程車可以把我們從一個地方載到另一個你想去的地點，因此這個符號象徵的，就是概略性或小範圍的改變。通常你只要輕鬆招招手，或是打個電話叫車，就能搭到計程車，這也代表了，若要讓這個改變實現，本質上需要臨時興起的行動。

幽浮 *UFO*：

這是一個跟探索我們的超高層次意識有關的夢。自從幽浮熱潮席捲我們的意識以來，已經過了很長一段時間。從那個時候開始，「不明飛行物／幽浮」(unidentified flying object／UFO) 就成為一個永久性的國際共通詞彙。如果要為這個術語下定義，幽浮就是指任何外太空來的飛行器（出現在夢中的幽浮也是代表這個意思），無論它看起來有多麼荒誕不可思議，或是根本不可能存在。就跟任何一種交通工具一樣，它們的主要涵義一定是跟你的人生道路有關。很明顯，假如你夢到自己在外太空旅行，或是被來自外太空的生物造訪，它都跟你的地球塵世生活非常不同，你在解析這個夢時，應該要把「異乎尋常、廣大遼闊的探索」的這種感受包含進去。通常，在夢中看到這個景象，大部分人不是感到害怕就是深深被吸引，或者兩種感受兼有。從你對於這個幽浮夢的反應，你會清楚知道你個人跟靈性神祕事物有些什麼樣的情感連結。如果你夢見自己被外星人綁架，那在解夢上就多了一層涵義，代表你思想的擴展過程可能正在你的潛意識中發生，無論你個人想不想要這樣。如果你的夢是屬於這種情況，不妨檢視一下，你目前生活中有哪些事情，你可能覺得自己被迫要用平常思考模式之外的方式去應對。假如你不是被綁架，而且實際上是你自己主動想要跟外星人進入幽浮，這可能表示你已經準備好要去探索你生活中某個嶄新的知識領域。夢見自己從地面上看到幽

浮，這可能是一個前兆，表示你預先知道你的意識將會開展到一個更高的新層次。對於夢中看到的這一切，你有什麼樣的情緒反應，也代表當你開始踏上自我探索之路，對於不可避免的意識擴張與成長，你是抱持著開放還是抗拒的心態。

疫苗 *Vaccine*：

疫苗可以對某些疾病帶來防護效果，其原理是：先將少量且可控的感染源引入你的身體，引發免疫反應，來讓你的身體得到終極的保護。因此，疫苗這個符號要表達的感性涵義是，為了建立起對一件事情的承受力，你一定要先去面對它接受它。從解夢的角度來說，夢見疫苗，代表你內心恐懼的事一定可以完全克服，只要你去面對它。

重訓器材 *Weights*：

重訓器材是用來與我們的身體肌肉抗衡，以幫助身體肌肉生長和擴張。重訓的原理是藉由努力與控制來達成某種改變。如果你夢中出現重訓器材，表示你希望增加和擴展你內在的某些性格層面，並且願意花心力去創造這種改變。這樣的夢也可能代表你在抗拒某種改變。你可以仔細檢視夢境的前後內容，來了解它真正想要表達的事情。

十畫

針 *Needle*：

針的主要用途是以一種幾乎看不見的方式來穿過事物，無論這根針是用來縫衣服，還是用來作醫療注射。因此，針這個符號的象徵意義，就是以非常精

準的方式穿透事物的表層，且事後不留下痕跡。夢到針，就是代表這種需要或渴望。針的種類也是解夢的重點。夢到用來注射毒品的針，代表過去已經發生的某些事情具有破壞力，但卻沒有留下痕跡證據。

針灸 *Acupuncture*：

這種古老的治病方法是根據人體的能量管道，也就是所謂的經絡，而發明出來的。夢到針灸，表示有某種療癒正在發生，或者需要進行某種治療。

針筒／注射筒 *Injection*：

針筒可以用來將某種物質注入你身體裡面，以改變你體內的化學狀態。針筒／注射筒這個符號的其中一個象徵意義是，只要一點點微小的劑量，就可以帶來相當大的改變。我們常說「將 A 挹注到 B」，意思就是，為某個主張增添某種程度的熱情或意向，來增加它的力量。

酒／飲酒 *Drinks/Drinking*：

酒這個符號可涵蓋的象徵意義範圍非常寬廣，從純粹代表娛樂、放鬆，到意指過度逃避現實，涵義非常兩極。在夢裡面，喝酒的行為可能是代表你內心有一種需要，想要藉著放鬆來平衡一下，或是藉由逃避一些生活上的責任，來達到一點平衡。因此解夢時必須考慮夢境的前後脈絡，以及你平常實際生活中跟酒的關係，來得到最佳解釋結果。

酒精 *Alcohol*：

參見酒／飲酒（Drinks／Drinking，第166頁）。

酒吧 *Bar*：

如果你夢中出現酒吧的場景，可能表示你很想要從現實的壓力情境當中逃開。到酒吧去主要就是為了喝酒，因此酒吧的主要象徵就是逃避現實。由於酒吧是公共場所，而且它的根本精神也是為了社交，因此在第二層意義上也代表著，我們在自己的社交圈裡如何用一種熱情不羈的方式與人互動。在現實生活中你跟酒吧和酒精存在著什麼樣的關係，是你如何解這個酒吧的夢的關鍵所在。

酒保／調酒師 *Bartender*：

調酒師也是代表你自身人格的其中一個面向。酒保是管理酒的人，因此夢到酒保也代表你想要設法對峙負面情緒和壓力。在夢中你跟這個人是什麼樣的關係，是在提醒你要去檢視自己是否在逃避現實。

酒醉 *Drunk*：

夢到自己喝醉酒，表示你內心想要躲避或逃離你生活中的某些事情。如果你的夢中出現一個酒醉的人，那麼這個人也可能就是你內在人格的其中一面。仔細想一下，這個人是代表你內在的哪個面向呢？你生命中的這個部分是不是想要去逃避某些事情，或是具有破壞傾向？假如夢中喝醉酒的那個人，你並不認識，那麼你可能要再深入探究，你是不是不想面對你內在某一部分的自己。

浴衣 *Bathing Suit*：

從核心意義來說，浴衣其實跟羞怯心態有關。游水這種行為，是把自己沉入水中享受純粹的樂趣，就像小時候裸體的自在無拘一樣。但是，因為社會文化之故，我們不得不把自己的身體遮起來。因此，浴衣可以說是羞怯的象徵，以及渴望受到某種程度的保護。浴衣還有另一種跟水有關的涵義，但在夢中不一定會出現水。如果你夢見自己穿著浴衣，那表示你之前或是未來可能會跟水有所關聯，而水就是情緒表達的象徵。

浴室 *Bathroom*：

　　浴室代表的是個體意識和隱私。在這個空間裡面，只要關上門，我們就進入跟自己完全沒有距離的親密狀態。它也象徵著我們擺脫自己身上的廢物和毒素。很多人都會夢到自己在找浴室，這樣的夢代表我們想要擁有自由、成為真實的自我，這種夢也是在提醒我們，不要再緊抱那些對我們無益或是對我們有害的東西（比如怨恨或其他有毒思想），這樣我們才能做真正的自己。浴室如果是在屋子裡面，代表那個問題跟我們個人有關，如果是在戶外場所，則是代表你跟外界的互動關係。通常浴室裡面都會有廁所，因此，夢到浴室也可以代表擺脫你生命中那些已經不需要的「屎物」。

浴缸 *Bathtub*：

　　浴缸可以用來放鬆身心，也可以用來清潔身體。因此，浴缸的象徵意義，跟你個人如何使用浴缸有關。從浴缸的結構來說，由於浴缸可以盛少量的水，因此它可以象徵你的情緒感受，而且水量的多寡，也代表有多少的情緒被表現出來，究竟那個水量是讓你放鬆，還是可能把你淹沒，端視這個夢的前後情境而定。

海洋 *Ocean*：

　　海洋就是代表潛意識。地球絕大部分區域都是海洋，陸地僅占地球面積的四分之一，海洋則占了四分之三。總之，解夢時你要考慮的是這個海洋的深度，以及在這個潛意識心靈國度當中隱藏著什麼神祕之物。每次你夢到海洋，就表示你已進入到潛意識的領域。此外，水也是代表你的感受和情緒。夢到一片像海洋那麼廣大的水域，表示你的情緒可能已經超過負荷。

海狸 *Beaver*：

海狸是一種相當勤奮而且技術高超的動物，牠們非常擅長利用土質結構來建造一個能夠裝滿水的家。基於這個特性，海狸也成了情緒管理的象徵。許多跟水有關的動物，同時也跟我們作夢時的狀態有關，特別是當一隻陸上動物能夠在一個充滿水的環境裡優游行動時。因此，夢到海狸也代表你能夠藉由你的夢境來獲得智慧。當我們需要釐清自己的情緒，以及改變我們對某些事情的感受時，夢中那隻海狸也許能給我們一些幫助。

海豚 *Dolphin*：

海豚是所有動物當中最受人喜愛的其中一種，在新時代的許多信仰系統當中，海豚具有非常崇高的地位。海豚的智力與牠們美妙的歌聲，在許多文化當中都受到極高的推崇；我們幾乎找不到一種神話是沒有描繪到這種美麗動物的。作為一個圖騰符號，海豚代表的主要特質就是優雅、美麗、慈悲，還有淘氣玩心。海豚是群聚動物，而且擁有非常複雜的社交關係，因此也可以代表群體的相互照顧與提攜。當你在解析跟海豚有關的夢時，要記得兩件事情。第一，牠是在提醒你，當你面對生活一切，要記得保持玩心，因為生命本該充滿歡樂。第二，時時刻刻都要記得呼吸，當你選擇呼吸，你就是選擇生命。夢裡面出現愈多隻海豚，表示牠們要傳達給你的訊息愈強烈。海豚是非常聰明的哺乳動物，因此也可象徵人類的智慧經驗。海豚居住在廣大遼闊的海洋中，因此也同時代表人類的集體潛意識。如果你夢見海豚，或許也代表你拜訪了人類集體意識的其中一面喔。

海牛 *Manatee*：

海牛是一種哺乳類動物，因此是與我們人類有更直接關係的意識存在體。不過，海牛也是百分之百的水生動物，海洋就是牠們的家，很自然海牛這個象徵符號也跟我們的潛意識領域較有關聯。因此，這個圖騰的第一層，也是最重

要的涵義就是，能夠在意識的領域去探索那些本質上是屬於潛意識的東西。海牛雖然體型龐大，但性格卻相當溫馴、行動非常優雅，因此也代表和平與順服的能量。夢中出現海牛，表示你正在體驗這種寧靜的療癒之藥。

海獅 *Sea Lion*：

海獅是一種非常頑皮而且喜歡表演的動物，牠們可以輕鬆潛入海中又躍出海面，而海水象徵的就是我們的潛意識心靈。海獅這種水生哺乳類動物提醒了我們，不要太嚴肅看待生命，你可以在你需要的時候深深潛入海底，但務必記得，你有選擇權，你可以用輕鬆的心情去走入這趟旅程。海獅就象徵我們生命中的情緒感受面，不需要太過沉重，你可以用輕鬆優雅的心態，靈巧地在這個世界進出。

海洛因 *Heroin*：

海洛因是屬於鴉片類藥物的一種，它能帶來立即且強烈的欣快感，最後導致使用者產生嚴重的戒斷症狀，而且往往帶來可怕的後果。作為一個符號，海洛因代表的是我們人生中的某一段時刻，儘管我們明明知道會出現負面後果，但是為了追求短暫的快樂，還是會選擇這樣做。另一個象徵涵義是：陷入逃避現實的無止盡循環中，無論是以何種形式呈現；任何事物都會讓他上癮。若你夢見海洛因，請檢視一下，你目前生活中什麼東西是你的海洛因。

海怪 *Sea Monster*：

海怪基本上是一種神話生物，是在古代航海員間流傳的故事傳說。所有住在深海中的生物，都是我們潛意識心靈創造的產物。而這種屬於神話傳說的海怪，代表的就是對於你自己潛意識創造出來的東西感到過分恐懼。

海鷗 *Seagulls*：

海鷗是守護海岸線的信使，而海岸線象徵的就是意識與潛意識的相會之處。因此，海鷗的出現，代表有非常重要的訊息即將對你揭露。

海綿 *Sponge*：

海綿的最主要特性在於它強大的吸收力。我們經常會用這種植物的生命特性來比喻精進學習的速度，像海綿一樣能夠將知識大量吸收進來。在夢的解析上，海綿可能代表你心裡渴望，或是目前的環境中有很多東西可以吸收。這個夢的前後內容應該可以提供你一些線索，看看目前是哪一方面的意識正在擴展。

海嘯 *Tsunami*：

海洋象徵我們的潛意識心靈，以及從潛意識深處爆發出來的、令人難以承受的情緒。海嘯是由地震所導致，而地震則是象徵在承受大量累積的壓力之後，產生大規模的瓦解破壞。因此，海嘯代表的就是，因為你目前的情勢突然發生改變，導致無可避免的情緒動亂。當我們生命的正常情緒起伏受到挑戰，而且程度大到難以承受時，就經常會夢到海嘯。

桌遊 *Board Game*：

代表你現在想要透過結構和控制來解決衝突。夢中的這盤桌遊，就是代表你生命中的一場「競賽遊戲」。很多高人氣的桌遊，都是為了讓玩家實際去體驗人生的某些主題而設計出來的。假如你在夢中是這場桌遊的贏家，那麼可能代表你最近在一些實際的人生經歷有成功的經驗。如果你夢見自己輸了，那可能表示你生活中遇到了一些困難阻礙或挑戰。

書 *Book*：

代表你要尋找的答案就在你的頭腦智慧中。書籍代表的是已經被記錄下來的知識，因此夢到書並不是表示你要去尋找對你而言完全陌生的新資訊，而是在告訴你，你所尋找的知識早就已經存在於你的覺知意識中。夢中出現的書本數量愈多，也代表你想要在覺知意識上有所學習與成長的渴望程度。

骨頭 *Bones*：

夢到骨頭，表示你正在嘗試連結你生命的底層結構，以及把你支撐起來的那些事物。位於我們身體最中心部位的骨骼，是整個身體系統的建立基礎。由於人的身體大部分組織都很柔軟而且含水量很高，因此我們必須仰賴一個堅固、耐用、含有鈣質的骨頭組織，來讓自己感覺穩固扎實一點。我們身上沒有一樣東西會比這個支撐的基礎更強壯。正常情況下，我們是看不到這個基礎結構的，因此，如果你在夢中看到骨頭，那表示有一些平常被隱藏起來的東西現在可以被看見了。老化的骨頭可能是代表你過去的一些問題。

骨折 *Broken Bones*：

夢見骨折，表示你生活中有某些層面失去了基礎的完整性。作為解夢的基礎元素，骨頭代表的是承受壓力，表示某些事物是否能夠維持完好的結構，或者能否得到完整支撐。如果夢見一根骨頭斷掉，那就是在告訴你，你生活中某個部分已經失去穩固基礎、開始搖搖欲墜。骨頭的強度或堅硬度，也代表一個人接受妥協的程度。如果夢境中有出現受傷的場景，那解夢時就還要考慮，你的骨頭是被什麼東西弄斷的，包括：是不是有其他人要對這個骨折負責。對於這些象徵符號的涵義，你的解釋愈有創意，解夢就會愈成功。（參見骨頭／Bones、身體部位／Body Parts，第172頁、97頁）

骨骼 *Skeleton*：

你想要看透事物表面，去發掘一個概念的隱藏結構。骨骼支撐著我們的身體，但不容易從外部看到。骨架是建構其他一切事物的基礎。在夢境的世界中，它們同樣是代表我們肉體和生命底下的支撐結構。在現實生活中，骨架是支持我們肉體、概念、情緒或精神結構的無形基礎。我們個人的生命骨架，就是由思想意念、信仰、迷思等層層疊加起來的自我意識架構。如果你能看見某樣東西的骨架，你就能夠更清楚知道是什麼在支撐著那樣東西，或是使它保持直立不屈。夢到骨骼，表示你得到一個訊息，要你去檢視某樣東西的結構。

臭蟲 *Bugs*：

參見昆蟲／Insects，第125頁。

臭鼬 *Skunk*：

講到臭鼬，很難讓人不聯想到臭味。當臭鼬面對危險情境，牠會釋放出令大多數捕食者難以忍受的強烈氣味，作為一種保護來逃避危險。因此，臭鼬這個符號代表的就是逃避危險的能力。夢裡面出現臭鼬，表示你的自我保護機制受到激發，正在發揮作用。這種防禦姿勢對你來說，到底是有好處還是一種過度反應，必須由你自己來判斷。

脈輪／查克拉 *Chakras*：

在近代興起的新時代思潮中，有一種了解人類身體能量的途徑，那就是透過能量中心，也就是所謂的「脈輪／查克拉」。存在於人類身體內部的這些能量漩渦，在象徵意義上，就是代表該脈輪所在位置區域的身體功能。人體一共有七個能量中心，對應著人體的七個部位。第一個能量中心是海底輪，位置在脊椎最底部。這個脈輪對應的是安全感、穩定感，以及人類各種基本需求的滿足。第二個脈輪是生殖輪，恥骨和生殖器的位置，主掌創造力的表現。第三

個脈輪位置在腹部，主掌本能和直覺感受。第四個脈輪在整個人體結構的正中央，也是心的家園所在。第五個脈輪位於喉嚨部位，主掌溝通。第六個脈輪位於前額，也就是俗稱的第三眼，主掌直觀直覺。第七個脈輪稱為頂輪，在頭頂的位置，也是我們與高我和靈性覺知意識連結的地方。如果夢中明顯出現身體上任何一個脈輪，那麼你就可以從這個脈輪所對應的涵義來解析這個夢。要特別注意的是，每一個脈輪都有其對應的顏色。從第一到第七個脈輪的顏色，也跟白光折射後產生的光譜顏色相對應，依序是：紅、橙、黃、綠、藍、靛、紫。你也可以進一步參考每一個顏色所代表的意義，來解釋這個夢。（參見色彩／Colors，第77頁）

追逐 *Chased*：

參見被人追／Being Chased，第201頁。

烏鴉 *Crows*：

在夢的解析上，所有的鳥類都是代表訊息的傳遞者。沒有一種鳥類比烏鴉更能說明這件事了。在北歐神話中，奧丁飼養的兩隻烏鴉——福金（Hugin）和霧尼（Munin）就是代表思維和記憶；牠們每天早上都會飛去人間，然後晚上飛回來跟奧丁報告世界發生的事情，牠們代表的就是我們為事物命名、並將它們放入記憶中的能力。烏鴉也會聚集在人們聚居之處，所以烏鴉的數量也直接反映出該地的人口數。當烏鴉出現在我們夢中，就表示牠們要帶來的是很重要的訊息。如果有一群烏鴉出現在社區裡面，通常人們都會認為那裡可能有凶殺案發生，這種扭曲的解釋，也為烏鴉帶來的醫治特性增添了一層陰影。

烏龜 *Turtle*：

「沉著穩健者將贏得勝利」，這是烏龜的信條。烏龜這個動物圖騰帶給我們的療癒之藥就是耐心和毅力。如果你夢到烏龜，那表示你正在接受耐心這項禮

物，不管你正在為什麼事情而努力，耐性是你現在最需要的。烏龜也象徵自我保護，因為牠們一直都把自己的家揹在背上，隨時可以躲進這個硬殼當中避開危險，因此，夢裡出現烏龜，可能是在提醒你，不管環境如何變化，你永遠都是安全的。

烏克麗麗 *Ukulele*：

任何跟樂器有關的夢都可能是一種召喚，希望你能展現更多的原創力。不過，烏克麗麗並不是很多人熟悉的樂器，因此這裡也許是特別意指某種非一般尋常、真正獨特的東西。烏克麗麗也是非常便於攜帶的樂器，因此這個夢可能是在提醒你，要能夠隨時隨地展現你的獨特創意。

哭泣 *Crying*：

表示你對現在的生活有非常強烈的感受，那個情緒力量大到你必須在夢中宣洩出來。水代表情緒，而眼淚就是把我們最深層的情緒從身體裡面擠出來的一種表現。如果是夢見自己在哭，那你可能是在表達某種哀悼之情，或是有什麼事讓你感到很悲傷。如果是夢見別人在哭，那表示這個人所代表的個性，也就是你內在的那個人格面向，有很強烈的情緒要表達。你可以看一下夢中是誰在哭，然後用這個人的人格特質去深入了解，你內在是哪個部分正在發生變化。因傷心而流淚，代表失去。因開心而流淚，代表獲得，而且可能表示你通過了某項成長挑戰。如果你醒來的時候愈清楚感覺到自己剛剛在夢裡哭，表示你愈清楚是哪件事情讓你傷心流淚。你感覺悲傷的程度，也代表你正在宣洩的那件事情帶給你的傷害程度。請記得，在夢裡面哭，就跟平常你在實際生活中的哭泣一樣，都是一種健康而且很有力的方式，可以讓你去處理自己內心的悲傷，帶來轉化和改變。

鬼魂 *Ghost*：

　　你夢到的是對於先前的一個想法、概念、人物的記憶或印記。所謂的「鬼魂」就是：一個人死後殘餘的能量依然留戀在有形的世間，無法散去。某些形上學的理論認為，一個人如果死前有未完的心願或是過早離世，他（或她）的靈魂就會卡在世間無法離開。也有科學家在研究，在某種能量磁場當中，活著的人遇到鬼的可能性。無論是哪一種情況，鬼魂象徵的就是跟過去一件事或是一個人有關的某樣東西，在事件或人消失之後，依然留存在你的意識之中，直到現在。它包括記憶、習慣模式，甚至那些你所執著的東西。假如你夢中那個鬼魂是你認識的人，但他實際上並沒有死，那麼你可以運用「三個形容詞技巧」來探索，是不是你內在有某些性格部分你明明已經戒除，但它們依然偶爾會出現在你的行為或思維模式中。如果夢到的那個鬼魂，確實是一個已經過世的人，也可以同樣用這個方法去探究，但這個鬼魂可能是代表此人生前在你生命中留下的影響，無論是正面還是負面的。夢到鬼魂，也可能表示你需要去面對過去曾經做過的抉擇或行為，因為你還在為這些事情懊悔，所以它們像鬼一樣纏著你不放。

鬼附身 *Demonic Possession*：

　　我們的這具人身被外部的某樣東西占有、附身，這樣的概念其實是跟我們不想為某些情緒負起責任有關，因為那些情緒是無法被接受的。很多人都會夢到自己被鬼附身，那可能表示我們內在各種被壓抑的負面黑暗情緒（比如罪惡感或憤怒），突然爆發出來。不過，這個意象最核心的概念是，對於那些受到他人質疑的行為，或是我們表現出來的激烈情緒，我們覺得那不是自己的責任。就像有句俗話說：「那是魔鬼逼我做的。」如果你做了這樣的夢，那可能是在提醒你要好好檢視一下，在哪些事情上，你可能把自己的失控情緒歸咎於他人，或是你不願意為自己的情緒反應負起責任。

鬼屋 *Haunted House*：

房子就是代表我們自己。鬼屋則是代表你對過去存著懊悔，而且一直被這種感覺困擾著、糾纏不放。你是不是曾經做錯過什麼事，而到現在你都無法原諒自己呢？

唐氏症 *Down Syndrome*：

這種基因遺傳疾病表現出來的症狀是，患者在身體和心理兩方面發展都會受到限制。因此，在夢的解析上，這個符碼意象可能代表你生命中的某一部分沒有完全發揮出你的潛能。你可以根據這個夢的前後情境，來判斷到底是哪一方面的潛能需要完全發揮。假如你真實生活中有唐氏症患者，那這個夢可能就是直接跟這個人有關。

烘乾機 *Dryer*：

烘乾機可以將洗完的濕衣服的水氣完全脫去。因此，這個象徵符號的其中一個涵義，就是將先前那些強而有力的情緒經驗加以蒸發。事實上，那些經驗可能使你覺得很骯髒、不乾淨，因此烘乾機這個符號也暗指，有某樣東西剛剛被淨化或是清潔過了。

射精 *Ejaculation*：

男性高潮結束前會瞬間射出精液，這是性行為與生殖功能直接連結的關鍵要素。從符號的象徵意義來看，射精代表的，就是能量累積到極大之後突然間得到釋放。因此，夢見射精，代表你有很多緊張壓力需要紓解。

逃生出口標示 *Exit Sign*：

在很多地方我們都可以看到逃生出口標示，從象徵意義上來說，這個標示意謂著你該如何離開你目前所處的環境。逃生出口標示通常帶有緊急感，因為這個標示的設立就是為了應付緊急疏散之用。在夢中看到逃生口標示，表示你目前所處的環境風險等級還在可接受範圍，若你覺得有需要，你也會知道該往哪裡移動以降低風險。你是不是對生活中的某件事情感到些微不安，所以很想知道最近的逃生出口在哪裡？

展覽會 *Fair*：

展覽會是源自農業社會，農夫為了要慶祝豐收，便將鄰近村落的人聚集起來，公開展示他們的農耕收穫，因此，展覽會也可以說是分享歡樂心情、讓人感到輕鬆愉快的地方。在夢的解析上，展覽會作為一個夢境意象，代表的就是一種極為樸實、務實、接地氣的感覺。夢見展覽會場或市集，可能表示你該放慢腳步，好好享受單純事物所帶來的喜悅。

家族 *Family*：

你夢中出現的每一個人，都是代表你自己（作夢者）內在人格的其中一面。如果他們是你認識的人，那這個夢也可能是在反映你真實生活中跟這些人的關係。不過，這樣的夢最珍貴的地方還是在於，把夢中這些人物都當作你自己內在人格的不同面向來解釋，對你最有幫助。以這樣的角度來解夢，最困難的一點是，如果夢中出現的這些人就是你的家人，而你自己實際上就是這個家庭互動中的一分子。隨著你的生命日漸成長、成熟，你會發現你的自我認同也在改變。總之，如果你夢境裡面的人物是由你的原生家庭成員所組成，那麼你除了可以將這些人物角色跟你的內在人格和認同相對照，也可以試著去回想你在這個原生家庭中的童年生活經驗，用這兩種方式來解這樣的夢。

家族成員 *Family Members*：

夢中出現的每一個人，都是代表你自己內在人格的不同面向。你的家人當然也是，雖然這樣的夢，也可能是在反映你真實生活中跟這些家人間的關係。我們生命中最初的人際關係，就是跟我們的原生家庭成員所建立的，而且你人生此後所有的人際關係，也都是你跟原生家庭成員互動關係的映射。要解析一個包含了家人在內的夢，首先要思考的，就是那個人的人格特質，其次是你跟那個人之間的關係。你的每一個家人，都住在你這個人裡面，他們的人格特質也都是你內在人格的一部分。你的父母親代表的就是你人格中的權威者形象。兄弟姊妹則代表你清醒時日常生活中所做的各種不同選擇或行為。當你的家人出現在你夢中，或許你可以問自己，這個人擁有什麼特質，而在你做這個夢的那段時間，你真實生活中是不是出現一些狀況，需要你把自己內在的這一面表現出來。

家具 *Furniture*：

每一個房間都有其意識，這個意識是跟該空間存在的功能目的有關。同樣的，家具也是這樣。一件家具本身的功能，就是它所代表的意義。一般而言，夢見家具，是代表你可以去表現某個欲望、某種創造力衝動，或是結構功能的那份能力。把家具收在儲藏室裡，代表你展現自己的方式正在發生改變。老舊、破舊的家具是代表，你用來展現自我的方式需要更新。新家具則是象徵，你實際生活中的某件事情有了新的方向。

消防車 *Fire Engine*：

火象徵巨大改變和轉換。消防車就是代表你意識的一部分，當事情變化得太快，讓你感覺不舒服，你希望把腳步放慢、多點迴旋空間時，消防車就出現了。

消防員 *Firefighter*：

消防員是一個原型角色，當有巨大改變發生，而且那個改變已經超過你的負荷，或是已經失控，消防員就會出現。他是你意識的一部分，會想辦法去控制混亂的程度，評估事情是否已經超出你的掌控範圍。

拳頭 *Fist*：

代表即將採取攻擊、準備跟人打架。拳頭意謂著用一個力量來作為對某件事情的回應，以及準備採取行動或報復行為。

高爾夫 *Golf*：

高爾夫是代表金錢和時間都很充裕的一種活動。這個活動會讓人聯想到的是：輕鬆、悠閒、移動速度非常緩慢。夢到高爾夫，可能是在提醒你要放慢速度，以更悠閒的心情去享受生活。如果在現實生活中你有在打高爾夫，那麼這樣的夢可能是在提醒你，要更深刻去感受打高爾夫所帶給你的好處。

高地 *Heights*：

你需要取得一個較高的位置，好讓自己可以在看待人生某些事情時更加客觀。這個更高超的位置也可以為你的意識層次帶來提升。你站得愈高，你的視野就愈寬廣，看到的世界就愈大。因此高地的象徵涵義就是意識的擴展。你的思維層次愈高，得到的領悟就愈多。這就是為什麼意識的擴展會跟正向思維、正向積極的人生選擇緊密關聯。用一個更簡單的說法，你能看到的東西愈多，你知道的也愈多。你知道的愈多，你的選項就愈多。不過，這個意識的擴展也會跟著帶來一些限制。當你選擇生活在較高的意識層次，你所要承擔的責任也愈大。你所在的位置愈高，萬一不小心失足，也會跌得愈深。因此，在這件事

情上你要面對的最重要問題是：你害怕從高處落下。但這樣的恐懼究竟是真實的還是想像來的？就算是最危險的懸崖也會是安全的，只要你學會靜止不動。然而，靜止不動對人類來說可能是最大的挑戰。要理解「高地」這個符號的關鍵在於「相對性」。站在一棟小房子的屋頂上，你就能把周遭所有東西都看得一清二楚。但如果你去到更高的外太空，你卻能縱覽全世界。高度愈高，你所展現的意識層次也愈高。在夢中，你對於自己所在的那片高地感覺如何、有什麼樣的感受，才是你解這個夢的關鍵。

高中 *High School*：

這個夢的意思是，現在你要對自己更加負起責任；它也象徵著你即將從青少年過渡到成年。夢裡出現高中這個意象，通常跟你個人在高中時期的經歷非常有關。從整體來說，高中是我們人生當中開始學習為自己負責，以及確立性別認同的重要時期，也是在這個地方，我們開始建立自己日後人生方向的根基。不過，在這段動盪不安的時期當中，每個人的感受差異都很大，有的過得非常快樂、開心，有的過得非常痛苦。如果你夢到高中時期的學校，表示你的潛意識裡可能還潛藏著當年的一些情緒問題。這種夢非常普遍，通常跟內在的焦慮感有關。

草 *Grass*：

西方國家，特別是美國，很喜歡用這種栽培得井然有序的庭院草皮來代表他們跟大地的關係。因此，草就是人與大自然緊密連結的象徵。夢到草，代表你正在培養可以在任何處境下都讓自己感到穩固和安全的能力。「別人家的草總是比較綠」，這句俗語正好可以說明，夢中出現草皮所代表的另一種涵義，就是指你內心渴望擁有，但卻得不到的東西，或是你在覬覦別人擁有的東西。

草坪 *Lawn*：

房子代表我們的真我，草坪就是在房子四周圍的土地，代表我們顯露於外的性格，也代表一個人的健康、成長、豐盛以及財富狀態。夢中的草坪呈現什麼情況，反映的就是你做這個夢的這段時間，以上這些東西所呈現出來的狀態。

祕密房間 *Hidden Room*：

這是一種關於先前未知之事或是隱密資源的夢，很多人都會做這種夢。任何一種類型的房子或家屋，都是代表作夢者本身的自我意識。假如你夢到在這棟房子裡有一個你先前不知道的房間，那很可能代表你發現了自我內在的一個新面向，是你先前未知的。這也可以解釋成，有某些東西現在已顯露出來，可被你取用，比如一些新的想法、資源或是力量，它們原本就存在於你的內在，只不過你先前並不知道，也未曾察覺。你在這個祕密房間發現了什麼東西，是解開這個夢的重要關鍵。你在這個房間尋找的或是發現到的任何東西，就是象徵某種資源，是你原本就擁有的，只是到目前為止都尚未去利用它。並不是所有關於祕密房間的夢都很愉快；有些可能會讓人感到非常不安。如果是這樣，請記得，假如你在自己心靈中發現了什麼令你不安的東西，請接受你人格中的這些陰影部分，這對你的人格統整會有很大的幫助。假如那個房間突然消失，那表示你現在發現的這個內在資源可能還沒有完全成形。無論這個夢帶給你什麼感受，祕密房間這個意象都是代表你人生當中一個更大的可能性，尚待揭露。

馬 *Horse*：

馬是代表力量的根本符號。我們甚至還用「馬力」來作為測量引擎力量的單位。當你把韁繩套在馬上，這隻力大無比的野獸就能帶你去經歷速度和力量的極致境界。作為一種圖騰動物，當你需要跟這種內在的行動力量連繫時，馬匹就會到夢裡拜訪你。

馬戲團 Circus：

　　表示你想要逃離現實生活的責任。任何一種娛樂的形式，在象徵意義上都跟逃避現實有關。如果是夢見馬戲團，則代表這個傾向可能更為嚴重。馬戲團這個意象符號本身就包含著非現實的元素，比如它裡面有一些奇怪的小丑，還有怪異的雜耍等等。此外，馬戲團也被認為是為社會邊緣人存在的，他們是世界的化外之民，是很封閉的一群人。只要提到馬戲團，人們印象中就是認為那是一群性格孤僻的怪胎、社會邊緣人的家。因此，這裡所謂的逃避現實，也包含了幻想的成分在內，也就是，某人可能藉由加入馬戲團，來逃離現實世界。如果在夢中你是一個現場觀眾，那麼逃避現實就是你在解夢時要深入的主題。如果你是馬戲團裡的表演者，那可能代表你內在有一股拉力，想要以誇張的表現方式來展現你的個性和獨創性。如果夢中出現的是類似幕後場景以及那群表演者共同生活的景象，那你可能要去檢視一下，在現實生活中有哪個部分你感覺自己偏離常規，而你很想要尋求志同道合者的認同。

馬蹄鐵 Horseshoe：

　　根據古代傳說，聖鄧斯坦（St. Dunstan）因為在惡魔的腳上釘了一隻馬蹄鐵而制伏了惡魔，從此馬蹄鐵就成了一種具有神奇力量可以驅趕惡魔的護身符。以現代的觀點來說，馬蹄鐵這個符號的力量是來自於，它能夠讓馬更穩固踩在地上，讓馬的力氣可以被人駕馭，因此這個符號代表的意義，就是保護馬的行動力。無論你認為這個符號的來源是什麼，只要它出現在你夢中，你都可以把它解釋成幸運的象徵，是老天爺要把好運帶給你。

馬克杯 Mug：

　　任何一種用來裝飲料的容器，都是代表你迅速取得各種形式之養分的能力。馬克杯通常都是用來裝溫熱的飲品，因此帶有撫慰的意涵在內。夢到馬克杯，可能表示你內心渴望受到滋養安慰。馬克杯也常常讓人聯想到喝咖啡，因此，這個意象符號的出現，也代表你需要一些刺激。

馬車 *Wagon*：

　　這是一種速度非常緩慢的古老交通方式，最容易讓人聯想到的就是美國早期的西部拓荒史。因此，馬車在本質上就是代表承擔巨大風險、拒絕穩定舒適的環境，進入一個全新的領域。不妨檢視一下，你實際生活中是不是踏進了某個你未知的領域。

旅館 *Hotel*：

　　在夢裡面，只要是出現任何一種跟家屋類似的住所，都是代表自性、真我。旅館或飯店，都是屬於過渡性的臨時生活空間，因此它代表的就是我們個人自我的暫時狀態。這個夢境符號通常是在你面臨一些變化時才會出現，代表你的自我在這段轉換期當中尚未找到真正的「歸宿」。因為這個符號的本質就是短暫過渡，因此做這樣的夢可能是代表你需要暫時喘息一下，來認真思考你自己到底是誰、你對自己的自我認同是什麼。如果夢裡面那個旅館非常破舊，比如在便宜的汽車旅館裡面，那表示你可能感覺自己的生命正在往下走。如果那家旅館很高級、非常豪華，那表示你的生命處在高峰，愈來愈感到豐盛富足。旅館房間也可以代表性慾和死亡，因為它們經常被用來作為性活動和自殺的場所。如果是夢到在旅館裡做愛，可能代表你需要往自己內在去探索，包括檢視你在性的表現方面的問題。假如夢中出現的畫面是跟自殺有關的，那不妨問問自己，你是不是覺得需要把內在的某個自己殺掉（犧牲掉），這樣其餘部分的你才能在人生道路上繼續往前走。

旅行 *Traveling*：

　　旅行是一個常見的夢境主題，代表你如何度過你的人生。解夢時，最好將這個符號再進一步分解成幾個最基礎成分。你現在要離開的地方，是代表你的過去，以及你生命中現在要放下和遠離的部分。你的目的地（如果有的話），可能是代表你正在前往，或是渴望前去的地方。未知的目的地，代表你需要讓自

己的人生邁向新領域，即使你目前不清楚那會是什麼模樣。你對於這趟旅行的心情感受，就是代表你對於自己目前所選擇的人生道路以及所經歷的一切，你的潛意識給予什麼樣的回應。旅行的方式則是透露出你所選擇的人生方式是不是你真正想要的。你所搭乘的交通工具是否有效率，以及你是否能夠自己掌握你的前進方向，都會是你真實生活的反映。半路上出現阻礙，代表你實際生活中遇到的困難挑戰。卡在半路無法前進，或是無法掌控你要去的地方，表示你生命中有些事情停滯不前。旅行的前進速度也很關鍵，它代表你的人生某件事情的進展是否順利。火車代表事情進展的速度超出你的控制，郵輪代表速度非常慢。很多時候，夢裡面只會出現旅途的一小段。如果是這樣，你可以根據夢境的前後內容以及位置地點，來確認是你人生的哪一條道路需要停下來好好檢視。

旅行團觀光行程 *Tour*：

如果你想到一個異國景點，參加觀光旅遊團是一種比較安全又可控的旅行方式。如果夢中出現的異國景點是象徵你意識當中的未知地帶，那麼旅行觀光團就是代表，當你在探索自己內在較深層的未知領域時，你希望可以有人來協助你。仔細看一下你夢中出現的觀光地點，是否對你具有特別意義，在解夢時也可以將這個元素加進來。

哼歌 *Humming*：

大聲唱歌這個動作是代表熱情與激昂情緒的表現。而低聲哼歌就是這種情感表現的強度沒有那麼高，通常是當作一種背景音，不太容易被察覺，或是當你很想要表達但卻受到輕微的壓制時，就只能以這種方式來表現。低聲哼歌通常是代表心裡感覺輕鬆愉快。

島嶼 *Island*：

陸地代表表意識，大海代表潛意識。島嶼就是指你意識當中一個獨立存在的概念或結構，由於一些跟情緒有關的問題，它從原本的覺知意識當中被區隔出來。夢見島嶼，代表一種孤立感，很可能這段時間你在生活上面臨到一些困難。

珠寶 *Jewelry*：

任何一種裝飾品，在象徵意義上都是代表自我表達。珠寶除了象徵財富和豐盛，也代表你渴望向世人展現你吸引財富的能力。人們通常對珠寶都非常珍惜重視，因此珠寶也可以用來代表有價值的東西。如果夢見珠寶，你可以檢視一下這個夢境的前後內容，可能就能得知你珍惜重視的是什麼。

迷宮 *Labyrinth*：

迷宮原本的意思是指，在一棟建築物最脆弱的區域，所設置的一種讓人迷亂且錯綜複雜的構造。迷宮作為一個象徵符號，代表的是我們想要進入某事物最核心的旅程，在這旅程中，旅人很容易迷路、鬼打牆找不到出口。在很多靈修和宗教場域，我們經常可以看到迷宮這個符號，通常它會被鑲嵌在地板上，用來象徵一個人在信仰上追求英雄境界的旅程。在夢的解析上，迷宮也具有同樣的意涵，無論你在夢裡感覺它是一種隱藏式的黑暗迷宮，或是一個象徵內在旅程的美麗符號。夢到迷宮，表示你正在往自己內心進行深度的探究，雖然偶爾會感到迷惘困惑，而且隨時可能需要變換前進方向。

羔羊 *Lamb*：

羔羊就是小綿羊，綿羊是代表純真，小羊則代表純真的程度比羊更為純粹。（參見綿羊／Sheep，第299頁）

笑 *Laughter*：

　　喜悅是人類生命基礎法則到達最頂峰時的一種表現。笑是喜悅的表露，因此我們可以說，歡笑就是行動化的喜悅法則。夢中如果是你在笑，那就是代表你渴望能夠擁有更多喜悅。如果是別人在笑，你可以將這個人解釋為你內在人格的一個面向，代表這部分的你需要去挖掘更深刻的喜悅。這個符號也存在著陰影面，也就是尷尬難為情的感受，你覺得別人在取笑你。假如你在實際生活中對於某些事情存有這種羞恥、難為情的感覺，那這個夢的出現也許是要幫助你跨越這件事。

豹 *Leopard*：

　　所有的貓科動物都是對應陰性能量法則。貓的體型愈大，圖騰的力量也愈大。跟美洲豹和美洲獅一樣，豹身上的斑點代表的就是這個動物圖騰所展現的美麗與性感。豹非常擅長爬樹，在象徵意義上代表的就是意識向上提升到更高領域。如果你夢到豹，代表你內在的掠奪本性正在受到召喚。

閃電 *Lightning*：

　　代表你從分歧、對峙的想法中得到靈光一閃的啟發。閃電是怎麼發生的呢？厚重的雲層同時帶有正極和負極兩種電荷，正電匯聚在雲的上層，負電則聚集在下層。當正確氣候條件生成，正負兩極的電荷因為推力碰撞而釋放出電流，閃電就形成了。因此，閃電也代表了我們意識當中正負兩極相反觀點互相碰撞之後，閃現精采卓越的靈光。兩種相互矛盾的見解，原本應該會互相抵消，但事實上，它們卻因為相互碰撞而顯現出全新的觀點。你在夢裡面對閃電的感覺好壞，是解夢的關鍵。如果在夢中你覺得閃電很可怕、很危險，那麼這個夢反映的就是你內在意識的陰影部分。這種恐懼有可能是因為受到某些知識或資訊的影響而產生的；就像有句俗話說：「無知的人最幸福」。請檢視一下，你生活中有哪些事情是你抗拒不想去做的，即使你知道那是對你最有益的選

擇。如果在夢中你因為看到美麗的閃電而感到開心，那代表你在潛意識裡面對於突然閃現的全新覺知意識覺得充滿感謝。

郵件 *Mail*：

這是一個跟溝通有關的夢，可能是跟你很想知道某件事情有關。自從電子郵件問世後，我們跟實體信件的關係就起了很大的變化。現代人開始覺得，寫實體信、寄信速度太慢，像蝸牛走路一樣慢吞吞。儘管我們目前對郵件的想法已經改變，但這個符號的核心意義依然還是緊扣在郵件的誕生，以及它對世界帶來的影響。往來溝通的雙方，分別代表我們的頭腦知識以及內在推論與決策的過程。信件遞送緩慢和一來一往的特性，也增加了我們對信件的期待值。把自己的想法寫在信上，代表將一個想法實際執行出來。夢中出現信件，可能是代表這個溝通比你所期望的還要緩慢。垃圾信件則像我們腦中喋喋不休的焦慮想法，重要信件很容易就這樣被淹沒在一堆無用的廣告目錄中。夢到這樣的畫面，可能代表我們需要從一些不重要的事情當中去發現清晰智慧。很多信件其實都是帳單，因此，夢到信件也可能是在提醒你，必須為你生命中的選擇付出一些代價。

郵差 *Mail Carrier*：

這個夢代表你正在進行一個重要的溝通。郵差這個符號，可能很快就會從我們人類的集體意識當中消失。因為隨著電腦和現代科技的普及，人們已經不再像從前那樣需要藉由實體信件來跟外在世界聯繫。雖然，在目前我們還是會每天看到一個真人出現在我們家門口，為我們送來一些有趣的和重要的訊息。郵差這個人物，如果作為我們內在的一個角色面向，他代表的就是我們人格中與大生活圈保持連結，但卻與自身主要性格脫節的那個部分。「going postal」這個詞，字面意思是「開始郵遞」，源自一個郵差因為壓力過大而憤怒爆發，開始對人暴力相向。如果你覺得這個夢可能帶有陰暗的成分，那你可能需要將郵差視

為你內在的一個性格面向，代表你內心尚未爆發出來的憤怒感，很可能一觸即發。在夢裡面，這位郵差所遞送的東西也是另一層重要的解夢線索。你的潛意識想要傳送給你什麼樣的新資訊嗎？

郵遞區號 *Zip Code*：

郵遞區號系統的目的在於將大量資料加以分類和組織。如果夢中出現郵遞區號的特寫，那表示你可能需要將你的方向感加以編碼，或是讓你的混亂想法加以釐清。由於數位化通訊的普及，手寫郵件差不多已經快要過時，因此，夢到郵遞區號也可能代表你想要回過頭來用過去的方式來設立你的邊界。

修指甲 *Manicure*：

修指甲凸顯了手指的指尖部位。手指代表的是我們的創造力，以及你如何使用你的天賦才能。夢到你在修指甲，表示你希望自己的這些才能天賦能夠得到某種程度的認同，也希望別人能夠認同你是一個具有生產力的人。修指甲這個意象也跟豐盛和紓解壓力有關聯，如果夢到修指甲的特寫，那可能是在暗示你需要這種方式的放鬆。

修道院／寺院 *Monastery*：

修道院／寺院是極為隱蔽而且精神虔誠度極高的地方。夢裡面出現寺院場景，可能是在提醒你，要提升你在靈修上的虔誠度，多多自我反思觀照。

修女 *Nun*：

這是一個代表在精神上極致虔誠的人格原型，雖然這個概念經常是以犧牲奉獻的陰影形式出現，因為這個意象經常讓人聯想到某些人物。拜大眾媒體營造的形象所賜，修女這個符號的涵義光譜可說非常廣，從一個極為受人敬重的

角色，到一個詼諧逗趣的不正經人物，都有可能。此外，特別是對於受過教會學校教育的人來說，修女和嚴厲教育之間也存在著強大關聯，一講到修女，就讓人想到肉體處罰。先從嚴肅的角度來看，修女就是耶穌基督之新娘的象徵，代表我們現代社會中崇高的無私奉獻精神。在這種情況下，修女這個人格角色原型，就是代表你本性之中願意為信仰犧牲奉獻的那一面。對於那些曾經在天主教教會學校求學的人而言，修女也可能是一種嚴厲的象徵，因此可能表示你在追求靈性發展上受到阻礙，因為對於修女所代表的嚴厲權威感到厭惡。光譜的最後一端是，因為電影的緣故，修女似乎已經跟喜劇角色融合在一起，對很多人來說，這個意象就是代表滑稽和娛樂。

蚊子 *Mosquito*：

任何一種飛蟲，都跟思想和智性的世界有關聯。蚊子是一種害蟲，因此牠代表的就是我們意識當中那些令人惱火，而且根本上對我們有害的思想模式。在真實生活中，蚊子也會攜帶疾病，因此牠也象徵那些我們不喜歡的思想模式可能會對我們帶來極大傷害，如果你讓牠們停駐在你腦中，讓自己被那些負面東西影響的話。（參見昆蟲／Insects，第125頁）

釘子 *Nails*：

在家具製作和建築物建造中，釘子是不可缺少的工具，因為它可以將原本各自獨立的物件或結構接合在一起。意思就是，釘子是一種可以被引入到某個環境中，將完全不同的物件片段組合在一起的元素，而這也是它最主要的象徵意義。在夢中看到或使用釘子，代表你取得了一種工具方法，可以讓你正在建構的東西拼合起來，使之更有力、更堅固。你正在建構的那樣東西，代表你意識中一個新想法，而釘子就是確保它穩固成型的要素。

納粹 *Nazi*：

這是一個會讓人產生強烈感受的意象符號，在本質上它也是屬於一種原型，但我們經常很難去掌握它的涵義，因為總會牽涉到大量的情緒。納粹思想是跟種族清洗和種族滅絕有關的意識型態。如果你夢到一位納粹時代的人物，那代表你正在處理自己內在深層跟族群仇恨有關的一個陰影。當我們在處理內在陰影的課題時，很重要的一件事情是，要去承認我們自己內在的所有一切，甚至包括最卑鄙邪惡的部分。夢裡面出現納粹這個意象是在提醒你，要接納你的所有人性面，包括你無法寬恕諒解的自己。

烤箱 *Oven*：

烤箱是一種熱源，可以讓你烹煮和烘烤食物。熱度就是代表改變和轉換，食物代表養育和自我照顧。夢中這座烤箱的狀態，就是在反映你是否有能力從根本層次上去做改變和照顧自己。

宮殿 *Palace*：

宮殿是皇室成員或國家元首的住所。在夢的解析上，任何一種住所、家園都是代表你的真我，夢見宮殿就是夢見你的真我／自性所能達到的最高意識層次與理想抱負。檢視一下你的夢境內容，看看宮殿裡面有誰，以及宮殿裡發生什麼事，藉此來了解你目前跟財富的關係。

紙 *Paper*：

紙張這個符號是代表潛在的溝通、創意表現、計畫的制定，或是白紙黑字的永久約定。在紙上寫東西，代表你需要釐清你的想法。閱讀印有文字的紙張，代表你想要吸收新觀念，來作為你建立知識庫的基礎。把一張紙摺起來，表示你希望把某些東西藏起來不讓別人知道，或者可能想要把訊息分解成較容

易掌握的片段。利用紙張來進行非典型創作，比如摺紙或是剪紙，代表你想要用一種比較叛逆的方式來發揮你的創造力。空白紙張可能表示對於你尚不明白或是還不願承諾的事情，你需要再做進一步的澄清和溝通。大量成批成批的紙張，可能代表各種想法或感受壓境，你需要用某種方式將它們記錄下來。在商業界有一句話，所謂「紙上談兵」，意思就是只會做戰略規劃而沒有實際行動。這句話也是在強調「紙上文字」的短暫無常。

宴會／派對 *Party*：

宴會／派對是慶祝性質的聚會。在夢的解析上，夢中出現的每一個人都是代表你內在意識的一部分，因此，出現在這個宴會上的每一個人，也都是代表你心靈之中的一種想法，這些想法現在正在匯聚成一種概念，它在告訴你，現在這個時候你應該要好好慶祝一番，放鬆一下心情，給自己找些樂子。有的時候，宴會的目的是為了肯定某件事情達到一個里程碑，如果你的夢是這種情況，那可能是在提醒你，要重視你所達到的成就。

粉紅色 *Pink*：

將紅色與白色相混合，就會產生粉紅色。紅色是海底輪的顏色，也是我們肉眼可見的光譜的最低頻色彩。紅色的特性是安全感、根基穩固，以及希望最基本層次的需要能夠得到滿足。白色代表純潔和精神的揚升。當這兩種顏色特性結合在一起，結果就是愛的實現。粉紅色也常跟女孩子以及所有跟陰性能量有關的事物相連結；如果你夢中出現的畫面是以粉紅色為主，那麼可以朝這個方向去解釋這個夢。

浣熊 *Raccoon*：

浣熊的臉看起來像是戴著面具，因此在符號的象徵意義上也跟這個特質有關。作為一個動物圖騰，浣熊代表的是偽裝和保密的概念。牠會趁夜間出來活

動、搞破壞，這更加深了牠的神祕性。夢裡面出現浣熊，可能是在提醒你去思考，在現實生活中你戴著什麼樣的面具？是不是在哪些地方你可以顯露真實的自己呢？

疹子 *Rash*：

疹子實際上是一種外顯證據，表示內部有某些東西不太對勁。因此，它象徵的就是你可以看見某件事情正在發生，但實際上它是由潛在衝突所引起的。你可能正在為某件看得到的事情煩惱，但你無法了解它真正的原因是什麼。是不是有什麼事情讓你感到困擾呢？

記者 *Reporter*：

記者的職責就是去了解事件背後的真相，以及將那些真實情況盡可能公諸於世。作為你內在人格的一個角色面向，記者代表的是見證者，當你在思考你生活中發生的事情時，他會負責收集資料，試圖保持客觀來觀看這一切。

校車 *School Bus*：

接送人們上下學的交通工具，象徵的就是我們學習和擴展意識的可能性。如果你夢見自己搭校車上學，可能是你正在學習某樣新東西。

氣味 *Smells*：

有一些夢的情境，會讓你的嗅覺被喚醒，感覺特別明顯。嗅覺是人體的主要感官之一，而且跟我們的記憶有很強的連結，當某些氣味出現時，我們過去某些記憶也會跟著被喚醒。這種深層的記憶反應，會在某些跟氣味有關的夢境裡被啟動。如果你在夢裡聞到某種東西的氣味，你可以用那樣東西所代表的夢境符號涵義來解釋這個夢。

特異功能 *Special Powers*：

　　這個夢是象徵你希望透過提升你的能力來增強你的自信心。大多數的特異功能都跟四元素（火、風、水、土）其中一項有關。跟熱度或者火焰有關的力量，應該被視為一種燃燒的功能以及火帶來的轉變。跟水元素有關的能力則跟情緒感受有關；水的使用與操控則是代表一個人有能力去導引情緒本身的力量，無論它是屬於水的哪一種變化型態（比如水蒸氣或是冰），都有能力將它化為可供使用的能量。土是穩定接地的元素，具體就是指任何跟岩石有關的東西或是身體氣力取向的力量。風元素是代表思考的力量，當一股力量無法被肉眼所見，或是飛在空中，都是屬於這種能力的範圍。如果你夢中出現的特殊能力不屬於這四項元素的任何一項，解釋這個夢的關鍵，就要放在去發掘你夢中呈現的這份能力它的潛在本質是什麼，以及如何去使用它。可以問自己，你生活中有哪一方面、哪件事情，需要你擴大你現有的技能和能力，以提昇自己面對問題的力量？

時速表 *Speedometer*：

　　任何跟駕駛經驗有關的事情，都是象徵你用什麼方式在走過你的人生。時速表是用來顯示行車速率的機制，可以讓你在行車過程中控制好自己的時速。時速表壞掉，代表你失去了調節某些事情的能力。

時光旅行 *Time Travel*：

　　穿越時空的能力是非常令人著迷的夢境符號，因為在夢中，我們可以完全不受時間的限制。因此，如果你夢到時光旅行，它其實是代表你很想要去改變實際生活中你對於時間的觀點。夢見自己回到過去時光，代表想要去改變過去，或是為自己曾經做的選擇感到後悔。夢到進入未來時光，代表你想要逃開目前的環境。

脊椎／脊柱 *Spine*：

　　脊椎／脊柱是所有哺乳動物身體結構的中心線，因此，它就是象徵其他事物組織所環繞的那個核心點。如果脊椎正直，身體的一切功能就會正常運作，如果脊椎歪斜，身體就會開始發生故障。因此，在你的夢裡面，你或是其他人或其他動物的脊椎發生了什麼事，都是要你去思考，目前你對於某件事情的中心思想是什麼，以及這個中心思想是否能帶給你支撐力。請好好檢視你的信念。通常我們說一個人「沒脊椎」，就是代表那個人沒有骨氣、缺乏信念，因此，如果你的夢中出現這種情況，那你可能要去思考，你的信仰系統可能已經出現嚴重問題。

茶 *Tea*：

　　跟茶有關的儀式非常多，雖然某些茶葉含有咖啡因，但喝茶這個行為通常是跟放鬆、禮儀以及安定心神有關。夢到自己在泡茶，代表你希望自己的生命中可以多一點這類溫柔平和的特質。

恐怖分子 *Terrorist*：

　　恐怖分子會造成大量傷亡和破壞，因為他們深深相信自己是在做正確的事，而且通常是出於深層的精神信仰。如果你感覺某個權利被剝奪了，它會引發一種強烈衝動，驅使你做出極端的暴力反應。如果夢到恐怖分子，那你可能要仔細檢視一下，是不是有某些熱情被誤導了。

迴轉 *U-turn*：

　　這個一百八十度方向掉轉的動作，本質上就是反轉你的方向，選擇回到你原先走的那條路。迴轉的概念跟一般的轉向不同，因為它是代表你回到原本出發的地方。不妨檢視一下，生活中有哪件事情，你想要去改變你過去所做的選擇，你想要恢復原狀。

涉水 *Wading*：

夢中任何跟水有關的畫面，都跟你的情緒感受有關。涉水時，通常水的高度都會幾乎到腰，因此你的身體一定會弄濕，但你依然可以在水中繼續前進。要了解這個夢境符號，只要對應到你的情緒感受即可，它其實就是代表：你可以明顯感受到那個情緒，但這些情緒並不會影響你太多，到讓你無法負荷的地步。

倉庫 *Warehouse*：

你有一些事情尚未完成，或者你可能想要拖延某些事情。也有可能你準備近期對某件事情採取行動，但現在還不是時候。倉庫是我們收集和存放物品的地方，這些物品不久之後就會被分派到其他地方供人使用。倉庫這個符號的關鍵意義在於它是暫時存放——放在倉庫中的東西，最後一定會被轉送到其他地方。在夢的解析上，倉庫就是象徵變化。如果以物品的運輸過程來說，倉庫就是位於中間點——暫時將資源聚集在這裡，但尚未到達最終目的地。

狼 *Wolf*：

狼是最能代表陰性能量法則的強大圖騰之一，也是一種夜行性的群居動物。這種夜行行為也讓狼這種動物與陰影有象徵意義上的連結，代表我們本性當中在黑暗世界靈巧移動的能力。狼與月亮的強烈連結，也更加鞏固狼這個象徵符號與月亮的陰晴圓缺、無常變化，以及一切跟潛意識行為有關的事物之間的關聯。夢中出現狼，表示你受到非常強大力量的引導，而這些力量知道如何通往心靈的黑暗深處。

狼人 *Werewolf*：

每一個人心裡都住著一頭野獸，但如果你被狼人咬到，在月圓的時候這頭野獸就會被放出來，展現出牠的獸性。月亮代表一切來自潛意識的東西，月圓

時，我們會看到更多平常隱藏起來看不到的東西。狼人是代表人性黑暗部分的最有力象徵之一，是我們在探索未知事物之時，必然要去面對的部分。

悄悄話 *Whisper*：

你收到的這條訊息非常重要，你要仔細注意這個夢要告訴你什麼。即使你無法了解夢中那個悄悄話的內容，你也要相信，你會在最深的層次上接收這個訊息，這個層次就是那個悄悄話本身的層次。夢裡面聽見悄悄話，也可能代表那個訊息還沒有準備要被你完全聽到和理解，也可能是還沒準備要公開。代表有一個過程還沒走完。

翅膀 *Wings*：

能夠飛起來，代表你有能力對抗地心引力，因此飛行可以說是人類經驗當中最強大的象徵符號之一。有翅膀才能飛行，因此，翅膀就是你有能力從任何高度往上提升的證明。仔細看，夢中的這對翅膀是附著在什麼東西上面。先去了解那樣東西所代表的象徵意義，然後再把翅膀所代表的意思（揚升到更高的意識層次）加上去。

庭院 *Yard*：

房子代表你的自我意識，院子是房子的一部分，它是你真實自我和公眾形象之間的一座橋樑。院子與房子本身相連，因此它也是你真實自我的一部分展現。它是在房子外面，因此代表的是你願意讓其他人看到的公開部分。很多人都會花很多錢來裝飾他們的庭院，供大眾欣賞，因此，你夢中的院子，也是代表你會花很多心思去注意表面細節，營造出一種形象，但那些東西可能跟真實的你不一定相符。房子的前院代表公開於眾的部分，後院或側院則對一棟房子來說意義是相同的，同樣屬於比較深層的隱私，需要受到邀請才能入內看見你的真實本性。

庭院二手拍賣場 *Yard Sale*：

如果有人在自家庭院開起二手舊物拍賣場，那表示他想要藉由清掉一些對他來說已經不需要，但是可能別人會需要的東西，來換取金錢。因此，庭院二手拍賣場代表的，就是想要把過去加以轉型，變成當下的一種豐盛感。這個夢的另外一個涵義是，想要清除掉一些舊東西，為新事物騰出空間。

十一畫

深淵 *Abyss*：

當某個特定區域超出我們的掌控，而且無法立即估測它的邊界時，深淵就形成了。我們內心有時對深淵充滿恐懼，有時又渴望一探究竟。無底的深淵象徵著我們成長過程中無可避免的風險。夢中出現深淵場景，表示你已經來到現實已知之境的邊緣，而且被逼著要勇敢面對未知境界。深淵也象徵你的深層潛意識，經常讓你感到恐懼或是想要迴避。

救護車 *Ambulance*：

救護車是一種運輸工具，因此也代表你的生活是否過得順利。特別是在有人受傷或生病時，由救護車負責迅速把傷病者送去治療，因此它的主要象徵就是搶救。由於救護車通常配備警笛，夢到救護車也反映出你內在可能出現危險，或有某個東西故障出問題了，但是細節你自己可能還不是很清楚。

救生衣 *Life Jacket*：

　　救生衣可以讓你在水中漂浮起來，在危急時刻不致失去性命。水就是代表情緒，在水中需要穿救生衣，表示你的情緒已經大到超過你所能負荷，讓你充滿恐懼，並且／或是感到非常不舒服。因此救生衣代表的就是你駕馭情緒的能力，能夠在心情不好的時刻依然保持自在，不致因為不堪負荷而受到傷害。夢到自己穿著救生衣，表示你有能力在情緒低潮時冷靜駕馭，以確保自己安然無恙。如果夢裡面穿著救生衣的是別人，那這個人代表的就是你內在人格的一部分，而這個人所擁有的特質，就是當前能夠幫助你面對情緒低潮所需要的特質。

動物 *Animals*：

　　動物具有基本的本能智力，因此，夢見動物代表我們應該要好好運用我們自身擁有的本能。夢中出現動物，首先你要去探究的是，這隻動物有什麼特徵。這本書上對很多動物都有進行解析，如果你夢見的那種動物沒有被列在這本書中，你還是可以自己做一些研究，應該也會得到不錯的解析結果。從動物的行為和習性就可大致看出牠們具有什麼樣的本能。其次你可以探究的是，夢中的這隻動物正在做什麼。牠所從事的活動，與你清醒時的某些行動樣態（或是行動障礙）是相關聯的。或許這個夢是在告訴你，對某件事情不要用頭腦去思考，而要用你的本能直覺來找答案。

動物園 *Zoo*：

　　這個意象符號代表的是對於深層的原始衝動與本能的壓抑。無論動物園的條件多麼人道，動物都必須離開原本的自然環境，被展示在這裡，這是無可避免的事實。無論是為了娛樂目的還是教育價值，一隻動物被關在動物園裡，就是代表牠的原始本能受到約束。以夢的解析來說，動物園這個意象是跟我們的思維與理性頭腦之下隱藏的衝動有關。動物園裡那些被關在籠子裡的動物，就是我們內在所擁有的那些動物特質的投射，我們只能隔著柵欄遠遠去思索它

們的存在。你夢到的那隻動物愈危險，表示你內在被壓抑的衝動愈原始也愈狂野。如果是比較溫馴的動物，表示你可能失去了某種純真無邪之心。無論出現在你夢中、被關在籠子裡的動物是屬於什麼特質，都是表示你內在跟那隻動物對應的性格特質，被關在你的心靈深處，並透過你的夢境顯示出來。

袋子／包包 *Bag*：

袋子這個意象，讓人直接聯想到的是到底它裡面裝了什麼東西。從本質上來說，袋子／包包代表你扛載、運送某樣或某些物品的能力。如果你夢到袋子，而且知道袋子裡裝了什麼物品，你就可以直接用那樣物品來解這個夢；這時，袋子就代表你具備了那些物品所擁有的功能和潛力。如果你不知道袋子裡裝了什麼物品，那麼這個袋子可能代表你當時需要某樣神祕美好的東西。另外，這個袋子是用什麼材料做成的，也代表你就近取得資源的能力有多強。紙袋當然無法比得上皮革袋子耐用。（參見行李箱／Luggage，第87頁）

袋鼠 *Kangaroo*：

跟袋鼠最明顯相關的一個特徵，就是牠是一種有袋動物，小袋鼠出生之後，有很長一段時間必須待在母袋鼠的育兒袋中發育成長。因此，袋鼠這個動物圖騰最重要的象徵意義就是母性本能。此外，袋鼠有很強的跳躍和踢踹能力，代表牠們有能力隨時面對突如其來的變化，轉進到一個新的方向上，特別是跟自我照顧有關的事情方面。夢到袋鼠，表示你正面臨到與自我照顧有關的議題，正在接收與力量和攻擊本能有關的療癒之藥。

球 *Ball*：

圓球體是最單純的基本幾何形狀，很容易被人類大腦理解。任何圓形的東西，都不免令人聯想到我們稱之為家的這個地球，因此圓球體也象徵圓滿與統合。如果是夢到一顆球，可能是代表你本性當中調皮愛玩的部分。球也讓人聯

想到一種比賽遊戲，象徵你在生命這場競賽當中應該要更主動、更投入。球也會讓人想到睪丸，象徵男性的陽剛力量，因此，夢到球很可能是代表採取實際作為與行動的陽性能量法則。

野獸 *Beast*：

在夢的解析當中，野獸是代表人類內在屬於動物性的那一面。由於地球上的每一種動物都有對應於牠本性的代表意義，因此野獸作為一種原型，代表的就是我們人格當中的陰暗面，也就是非理性、帶有攻擊性以及直覺力的那部分，而且是我們想要捨棄、不想擁有的那些面向。記得《美女與野獸》這個童話故事嗎？只有當這兩個相反的原型被統合起來共同存在，我們才能找到平衡與真正的幸福快樂。尊重自己內在的野獸部分是非常重要的，唯有如此你才能發現自己的真實本性。

啤酒 *Beer*：

根本上來說，啤酒是象徵逃避現實，但也可以代表想要慶祝和徹底放鬆的心情渴望。啤酒是一種原始發酵飲料，因此可以代表事情發生的背後過程，以及事物經過緩慢變化之後得到令人驚奇的愉快結果。好事情需要時間去醞釀，夢到啤酒可能也帶有這個涵義，尤其是，如果還夢到啤酒的製造過程的話。

被人追 *Being Chased*：

表示你正在對生活中某樣會帶來威脅的事情做出恐懼反應。那項威脅可能是真實的，也可能是想像的。當一個人感覺自己暴露在一種原始的威脅中，這種內建的求生機制，也就是「戰或逃反應」，就會被啟動。你非常害怕、不停地逃跑，卻不知道你想要逃開的那個神祕敵人可能正是你自己。如果你不知道後面追你的那個人是誰，可能表示你很努力想要達到某樣你認為很重要的特質，

如果具備了那樣東西，你就會感覺自己更完滿。假如你知道後面追你的人是誰，那麼如果你讓這個人追上了，他／她可能會有更多東西要送給你。就算被追到之後的結果是你被殺掉，這個死亡也是轉換的象徵，表示這樣東西意義重大，它會是幫你實現內心願望的重要助力。當然，這需要你有足夠的勇氣可以停止奔跑，然後轉過身來面對它。有時候，害怕成功也是人性的一部分，夢到自己被人追，可能是在提醒你，不要再逃開那個優秀的自己。

被子 *Quilt*：

被子是一種手工製棉被，能夠帶來溫暖和撫慰的作用，而且通常會讓人跟家聯想在一起。如果夢裡面出現被子，可能是要讓你感受到這樣東西帶來的安全感和安心感。如果實際生活中你跟被子有特殊關連，解夢時就要再把這層涵義加上去。

帳單 *Bills*：

夢到帳單，可能表示你正在思索你享有的自由所帶來的代價。每一種選擇都得付出代價，帳單連結的就是享有自由隨之而來的責任。如果你生活中財務壓力很大，很可能就會夢到帳單。如果夢見自己有能力負擔帳單，那表示你正在為自己的選擇負起責任。如果夢見自己不想負擔帳款，表示你正在逃避承擔責任。如果夢中的那張帳單並不是你的，那表示你可能覺得自己對某件事情應該負責，而那件事情並不是你做的。

鳥 *Birds*：

鳥是傳遞訊息的使者，夢見鳥可能是要提醒你，你的意識當中有某些資訊正在四處紛飛，等待你去仔細察覺和認識。鳥也代表你所在的位置相當有利，因為沒有被其他東西擋住，因此能夠看得更遠。鳥類也有辦法不受地面物體的阻礙，直接飛到另一個地點。夢中出現一隻鳥或是一群鳥，可能是在提醒你，

如果你能超越你現在的視野，看得更遠一點，你就可以不受眼前的障礙物所阻擋，去到你想去的地方。當然，不同種類的鳥，對每一個人的意義也不一樣，解夢時也可考慮進去。

眼睛 *Eyes*：

俗話說，眼睛是靈魂之窗。眼睛也是主導人類存在方向的最重要感官。夢到眼睛，可以代表很多事情，但無論是什麼事情，在解夢時最重要的是去思考，在你做這個夢的這段期間，你是如何看待你的人生。如果你夢到的是自己的眼睛，那這個夢可能就是跟你眼睛直接看到的東西有關，如果這隻眼睛是別人的，那麼你可以去檢視看看，這個人是代表你內在人格的哪一面，如果你用這個人的眼睛來看事情，那世界會不會不一樣？如果夢中那雙眼睛是閉起來的，那可能表示有些事情你需要注意，但你卻不想去看見它。

眼盲 *Blind / Blindness*：

夢見自己眼睛瞎了，可能代表你沒辦法或是不願意去看清楚你生命中發生的一些事情。夢到自己看不見，表示生活中有些事情是你不想看到的。有時候，我們會用「眼力」這個詞來代表我們有能力看見自己的人生目標和理想。如果在夢中你失去眼力，可能代表你潛意識在害怕你看不見自己人生的下一步光景。一個眼盲的人，雖然視力受到限制，但很可能其他的感官覺受力會提升，尤其是直覺力。無法清楚看見事物的模樣，往往就是他們能夠具備這種能力的原因。盲目的信仰也是世界上最強大的能量之一。（參見殘疾／Disability，第231頁）

眼鏡 *Glasses*：

眼鏡象徵的是你用一種不同的方式在看世界，或是增進你對生活某些事情的感知力。假如你夢到自己的眼鏡不見了，那表示你需要找到一個更好的觀點。眼鏡破掉，代表你先前用來看事情的方式已經不再可行。假如你平常生活

中確實有戴眼鏡，那麼這個夢可能也代表你個人觀看事情的方式。假如你平常沒戴眼鏡，那這個夢或許是在提醒你，需要修正你目前的觀點。

眼鏡蛇 *Cobra*：

蛇會脫皮，因此，不管夢見哪一種蛇類，都跟轉變和轉換有關。眼鏡蛇是一種毒蛇，牠最明顯的特徵就是頸部肋骨可擴張成兜帽狀。而頸部位置對應的是喉輪，因此如果夢到眼鏡蛇，表示你該注意一下溝通方面的問題。（參見蛇／Snake，第223頁）

船／小船 *Boat*：

你可能正在淺淺划過你內在深層的一些情緒問題。在夢的解析上，任何一種交通工具都是代表我們的人生道路。船行駛在水面上，水代表的就是情緒。夢中那艘船的大小和類型，也代表你掌握自己情緒的能力（包括你所擁有的資源和處理的技巧）。那片水域本身就是代表你目前內在的情緒感受。這艘船要航行到哪裡，可以看出是什麼原因造成你的情緒起伏，以及你最終希望獲得什麼樣的結果。

船／大船 *Ship*：

船隻是海上航行的工具。海洋代表潛意識心靈，船隻則航行於這個神祕地帶的最上端。在夢的解析上，船代表對於本質上屬於情緒感受的事物進行探查。夢裡面這艘船的狀態，就是解夢的關鍵。正在下沉的船，代表你的情緒感受已經讓你無法負荷。一艘馬力十足的船，比如靠蒸汽或動力馬達驅動的船，代表你有十足的力量可以去進行你想要做的探索。帆船代表比較單純或是個人的追尋，但也意謂著你必須依賴那些你能力無法掌控的事物。你所乘坐的這艘船是否能在海面上安然行駛，也代表你能否處理好你生活中的一些情緒困境。

船難 *Shipwreck*：

　　船隻在海上發生海難，代表某些困難的事情已經發生。這件事可能在本質上跟情緒有關，而且每天都讓你非常困擾。因為情緒上的動盪不安，你發現自己必須去探索一個新的領域。

瓶子 *Bottle*：

　　瓶子代表的是承裝少量物品（通常是流質飲料）的能力。如果瓶子裡所裝的東西背後的象徵意義是代表滋養你或是取悅你的味蕾，那麼這個瓶子就是代表你是否有能力坦然接受自己的欲望並真正去享受它。空瓶子則是代表過去你曾經擁有，但是現在已經不再擁有的某樣東西。破掉的瓶子代表沒有能力容受讓你感到愉快的東西。假如你在夢中清楚看到瓶子裡面裝了什麼東西，你可以把那樣東西所代表的意義加進來，幫助你解開這個夢。

盒子 *Box*：

　　盒子代表容受接納，或是將你生活中的一些事物加以分隔分類。夢中出現盒子這樣東西，表示你要去檢視一下，你生活中是否有哪些部分是你想要跟它們保持距離、將它們隱藏起來的。當你處在混亂當中，或是遇到一些困難挑戰，需要讓自己保持在井井有條的狀態下，以面對這些重大轉變，這種做法可能對你有幫助。但是，這也可能代表你內在深層的一種行為模式，表示那些隱藏起來的東西可能需要被揭露出來，或是，你生命中一些始終被你排拒在外的東西，如果能夠被接納進來，對你可能會比較好。

掃帚 *Broom*：

　　掃帚是保持房屋整潔的基本工具之一，因此它也代表一種需要，生命中有某些垃圾需要被打掃乾淨。因為大眾媒體傳播的緣故，掃帚有時候也會讓人聯

想到女巫，因此，如果是從這個角度來解析夢境內容，那掃帚就是代表一種能力，表示你有辦法運用你的魔法思維，來執行一件需要眾人注目的事情。

蛋 *Egg*：

新的事物即將展開，你的生命充滿無限可能性。蛋就是象徵潛能，表示在這顆蛋中的生命蘊含著巨大潛力。從這個角度來看，蛋這個符號就是代表新的可能性和新生命。你夢見的蛋是屬於哪一類，以及它會孵化出什麼東西，是你在解夢時需要考慮的基本資訊。

蛋殼 *Eggshells*：

具有保護作用的蛋殼，其實是很脆弱的東西，一摔就破，所以有句俗話說「走在蛋殼上」，表示處境非常危險，需要小心翼翼、戰戰兢兢。夢裡面出現蛋殼，代表需要小心翼翼呵護的狀態。如果夢裡面的蛋殼完好無破損，表示需要非常慎重去呵護、小心拿捏。如果蛋殼已經破了，那表示先前的大意行為已經造成傷害、留下痕跡。

蛋糕 *Cake*：

代表你有理由慶祝和享受生命中發生的美好經驗。我們通常會在重要時刻、有一些值得開心的事情時才會吃蛋糕。夢到蛋糕，表示你生活中正處在這種喜悅和獎賞的時刻。（參見食物／Food，第140頁）

啦啦隊 *Cheerleader*：

啦啦隊是以一種有組織的方式在公開場所展現他們的熱情與熱力，以此來激勵人們的熱力和信心。在夢的解析中，啦啦隊員就是代表你表意識的某些部分，它們在你面對某些任務時會顯露出來，目的是為了激發你，讓你的表現達到最高的水準。

窒息 *Choking*：

　　你很努力想要說出自己的想法，但卻面臨到極大，或是極危險的阻礙，讓你無法順利表達出來。只要是跟我們頸部和喉嚨有關的經驗感受，都跟溝通有關。一個人喉嚨哽住、無法呼吸，代表他的說話能力受到限制，甚至是受到剝奪。夢到有人窒息，或是喉嚨被掐住，表示實際生活中存在著很大的溝通問題，這個問題大到攸關生死。試著去檢視看看，你在哪些地方、哪些事情、跟哪些人是不是溝通上出了問題。如果是夢到你正在掐著某人的喉嚨，那就要想一下，你可能試圖想要壓制別人的想法，不讓他們說話，因為那些事情可能對你不利，或是超出你的掌控範圍。

教堂 *Church*：

　　代表你想要用一種更接近傳統習俗的方式來與你的精神本心連結。教堂、寺廟、清真寺等這些建築，通常都是一個社區的精神生活中心。跟夢見房子一樣，在夢的解析上，建築物代表的就是一個人目前對自己的感受。因此，夢見任何跟宗教崇拜有關的地點，代表的都是你跟宗教和靈性之間的關係。由於在我們現實生活中，宗教議題很容易引起爭議，因此解夢時要特別注意，教堂在精神靈性方面所代表的普遍涵義，以及你個人對於宗教組織所懷抱的感情，這兩者之間的區別。

鹿 *Deer*：

　　這種羞怯的動物要帶給你的療癒訊息是：保持優雅和美麗。此外，夢到鹿，也表示你需要升起警覺意識並自我保護。鹿在森林裡面是認路高手，而且有能力指引我們穿越未知和隱密的領域。如果你夢見的鹿有鹿角，那表示牠擁有比其他鹿更強的本能直覺力，知道該往哪個方向行動。

甜點 *Dessert*：

代表你想要給自己一些獎勵，或是讓生活中多點甜美的感覺。甜點這個符號同時也是代表過度放縱和試圖控制自己。甜點通常被視為一種要去抗拒的東西，因此，在夢中你跟這個甜點關係如何，也是在反映你內在更深層陰影部分跟你的關係。

偵探 *Detective*：

夢中出現的任何一個人，都是你內在人格的其中一面，偵探也不例外。他的工作是負責釐清你生命中發生的一切經驗。夢到偵探，那表示你很想搞清楚的那些事情，目前對你來說依然是一團謎，尚未被解開。要接受這件事。

清潔劑 *Detergent*：

夢到清潔劑，表示你內心覺得需要去清理過去的一個問題，或是把某件已經發生之事的證據掩蓋起來，因為那件事讓你感覺羞恥或是不舒服。

清潔工 *Janitor*：

清潔工是比較低層級的受僱者，他的責任在於保持一個地方的清潔。當你在解釋這個夢的時候，所有這些因素都要被考慮進去。作為一個人物角色，清潔工代表的是你內在人格的一個角色面向，它主要是在一個單純和基礎的層次上運作，當你做出較高層次思維、概念和選擇之後，負責清理工作。當你採取某些行動之後，有多少清理工作要做呢？

清真寺 *Mosque*：

你正在以一種更為傳統的方式與你的精神本性連結。無論在哪一個社會文化中，教堂、寺廟、清真寺都是代表靈性生活的主要中心。在夢的解析裡，

不管是房子，或是任何一種建築，都可以代表我們自己這個人的自我意識。因此，任何跟宗教敬拜有關的場所，終極而言都是代表你個人跟靈性與宗教的關係。由於宗教這個部分經常容易有爭議，因此在解夢時你要特別去釐清，究竟清真寺這個夢境符號，是代表宗教信仰上一般普遍的意義，還是有你個人對這個宗教的情緒感受隱藏在其中。如果清真寺不是你個人進行宗教敬拜的場所，那這個夢可能是在提醒你去思考不同宗教之間的共同相似性，而非只看到它們的差異。

假陽具 *Dildo*：

陽具是陽性力量的象徵，而假陽具就是一種人造假陰莖。它是我們內在陽性力量的替代物，也可以代表我們內心有一種渴望，想要把內在的這股力量激發出來。在夢境裡面，這股力量被呈現出來，雖然在本質上帶有肉慾的成分，但並不一定跟性衝動有關。夢到假陽具，你不妨檢視一下，內心是不是有一種渴望或需要，希望自己變得更有力量。

假髮 *Wig*：

任何一種覆蓋在頭上的東西，都是跟你的思想和智力有關。假髮能把頭部蓋住，而且主要是代表你想要隱藏你的真實想法，呈現你想要讓世人看見的那一面。此外，夢到假髮，也帶有想要吸引人注意、得到其他人欣賞的那種意圖在裡面。

畢業 *Graduation*：

畢業典禮本身就是一個象徵，它意謂著你已經達到某種成就，可以準備大肆慶祝一番。這個符號會出現在你夢中，可能是因為你生活中確實達成了某樣重要成就。它也可能代表一種提醒，某項艱難的工作或計畫即將完成，你要保持向前的動力，繼續堅持下去。

畢業證書／文憑 *Diploma*：

當你完成一門重要學習課程時，你會收到一張畢業證書。因此，畢業證書本身象徵的就是你過去所做的工作和努力。而擁有畢業證書則是代表你的智慧和知識達到某個水準，並受到承認。

排水管 *Drain*：

在管路系統當中，排水管的功能是用來帶走那些已經無用或是不再需要的東西。會進入排水管的東西，通常是屬於垃圾類或是不衛生的東西。因此，作為一個夢境符號來說，排水管代表的是你擺脫舊事物、順利放下過去的能力。在你夢中，如果排水管功能正常，那表示一切都會很順利。假如排水管功能失常，那可能表示你需要去檢視一下，為什麼你無法放下這些東西。

排尿 *Urination*：

排除毒素是這個符號的主要象徵意義。在夢裡面排尿，可能代表你內在已經累積了不少負面思想或沒有表現出來的憤怒。有一種性的次文化：有些人認為，對著某人尿尿或是讓別人對著你尿尿，會讓人很興奮、性慾大增。它同時也是這兩個人的權力階級地位的象徵。在性的角色遊戲中，表面上看起來，支配者是主動的一方（攻方），好像擁有更多權力，但實際上，受方（或「被插入」的一方）才是真正擁有控制權的一方，不管雙方進行的是什麼樣的互動。因此，夢裡面出現這種行為，如果你是排尿的一方，那表示你對生活中某件事情已經出現有毒的情緒反彈，因而表現出一種麻木不仁或是缺乏同情心。如果你是接受排尿的一方，那麼你可能要去思考，生活中是不是有哪件事情，你雖然表現出妥協，但那實際上是一種操縱，或隱藏著其他動機。此外，排尿這個夢境畫面，也可能是某種生理功能，我們的身體會透過潛意識來幫助我們：如果實際上你需要小便，你可能會先夢到自己在小便。在解析排尿的夢時，跟其他任何一種夢境一樣，每個畫面都值得我們仔細探究。

得來速 *Drive-Through*：

得來速這種設施的主要目的，是為了讓你在不中斷正常生活行程的情況下，同時可以取得你想要的東西。它反映的是高度的積極專注，而且行動快速，以更短的時間有效地滿足你自己的需求。夢中出現得來速，可能是在提醒你，要去檢視一下你的優先順序和需要，有效控管你要做的事情。

處決／行刑 *Executions*：

夢到行刑處決，意謂著你需要去犧牲掉某些已經對你不再有益的生活方式或思考方式。這個犧牲，也象徵了你的人格正在發生改變和轉變。有些東西必須先死掉，別的東西才能得到重生。這種處決乃是基於一種動力，認知到個性上的某些錯誤、恥辱或是缺陷。在象徵意義上，它代表的就是我們將個性裡面不再需要的東西加以處死。如果在夢中你自己就是那個被處決的人，那表示你對自己的認同產生了劇烈變化。如果被處決的人不是你，那就要看那個被處決的人是不是你認識的人。這個人代表的就是你自己內在人格的某一面，而你的這個人格面向最近是不是正在發生改變。

速食品 *Fast Food*：

夢中出現的食物，都是代表你用什麼方式在滋養、照顧自己，以及滿足自己的需要。速食品是沒有營養價值的東西，夢到速食品，可能是在提醒你，你是不是沒有好好照顧自己。

終點線 *Finish Line*：

是在比賽終點設置的記號，在夢中看到終點線，表示你即將完成一件事，可能是讀完一本書、度過一個循環週期或進程。

魚 *Fish*：

魚就像那些漂浮在你潛意識（無意識）心靈之下的意念想法。夢到魚，代表你正在思索那些潛伏在你意識之下的東西，包括一些想法和感受，你因為靠得很近，所以可以察覺到它們的存在，但你可能還必須花點努力，才能進入它的核心。如果夢見的魚是彩色的，而且非常漂亮，那就是代表你潛在的無限創造力。夢見魚在魚缸裡面，代表你可以清楚察覺到那些來自你潛意識的想法。把魚養在魚缸裡面，代表你可能在考慮要針對這些想法採取一些行動，但也可以代表你的創意受到限制，卡住無法發揮。一條活魚如果離開了水，牠會激烈跳動。在夢中，這個景象可能象徵著你對於自己的脆弱表現感到非常尷尬。夢見在吃魚，表示你對於能夠將自己的想法發揮在有建設性的事情上，感到非常滿足、有成就感。

魚缸 *Fish Tank*：

魚是代表那些漂浮在你的情感和潛意識心靈之下的意念想法。而魚缸就是用來展示這些想法的場所，它像是在提醒你，如果你深入表面之下去探看，你會發現許多美麗的想法喔。

釣魚 *Fishing*：

假如你夢中出現釣魚這個動作，那你必須從完全不同的方向來思考。釣魚這個動作是代表在搜尋一種想法／點子，來完成你的某個特定願望。這個過程需要適當的工具，還要有誘餌，最重要的是，要有耐心。（參見魚／Fish，第212頁）

羚羊 *Gazelle*：

羚羊最為人稱道的就是牠的速度和爆發力，以及優美的姿態動作。這種動物圖騰的療癒力量在於，牠有能力採取敏捷有力的行動，但依然保持優雅的姿態。如果你的夢中出現羚羊，那可能是在提醒你，要行動敏捷但同時姿態優雅平和。

健身房 *Gym*：

健身房是專門練習健身、提升身體力量和健康的地方。作為一種符號，它代表的是你意識的一部分，是希望自己更加強壯有力、更穩固扎根的陽性能量。從夢境的前後內容你會知道，你生活中哪些部分需要加強訓練，來提升它的力量。

健行 *Hike*：

你需要稍微離開你的生活正軌，去探索你人生中的偏僻之境。健行經常會把我們帶到平常不會踏足的地方，去到一些人跡罕至之地。以意識層面來說，你在健行時所發現到的自然風景，就是代表你內在更深層、更接近你本性、超脫你日常生活枷鎖的那些部分。夢見健行，代表你內心渴望擺脫世俗的責任和義務。

連帽上衣 *Hoodie*：

影視媒體似乎已經把連帽上衣跟犯罪行為建立起一種關聯。假如你在夢中看見有人穿著連帽上衣，你可能會想要把這個人視為你內在人格當中比較接近惡的那個部分。如果是你自己穿著連帽上衣，你可能也會這樣解釋。總之，如果夢中出現這個符號，你一定要問自己這個問題：你的懷疑是基於某些事實？還是基於恐懼和偏見。在生活的某些事情上，好好檢視一下你的動機。

連續殺人犯 *Serial Killer*：

連續殺人犯是受到內在動力的驅使，一次又一次重複進行殺人行為。在夢的解析上，死亡是代表犧牲行為，是為了釋放掉那些已經對你無益處的東西，以騰出空間讓新的事物誕生。殺人則意謂著這種改變是你主動選擇讓它發生的。那個活在你潛意識心靈中的連續殺人犯，其實是一個對你有利的人格原型，雖然它住在陰影中，但終究還是代表你內在渴望成長的那部分。夢裡面出現連續殺人犯，雖然很恐怖，但還是必須從這個視角來看它要表達的事情。

陪審團 *Jury*：

　　理論上，陪審團是要由跟你站在同一邊的人所組成，所以，夢到這群人代表的就是你的社會認同。由於陪審團最終可以決定一個人有罪或無罪，因此夢中出現這個意象，可能意謂著你感覺自己在實際生活中受到某種批判。

捲菸 *Joint*：

　　吸食大麻代表我們內心渴望從日常生活的壓力當中逃離，特別是在過度用腦和心理壓力過重時。夢到大麻捲菸，代表當我們內心出現這種渴望時，我們有能力實際上去進行這種形式的逃避。

國王 *King*：

　　國王也是一個原型人物，在夢的解析中，他代表的是極致的權威感。這也是你本性當中的一部分，負責掌管你在實際生活中所做的一切選擇。解析這個夢時，你必須考慮你在夢中對這個人物角色的感受。你是用什麼樣的性格在統理你的人生？是仁慈的統治者？還是殘酷的暴君？

梯子 *Ladder*：

　　你的夢境顯示你正在經歷充滿風險的過渡期，而且你渴望爬到更高處，雖然那裡可能會讓你感覺孤單、沒有支撐。想要爬到更高處，梯子是有效用的工具，但它本身也相當不穩固。任何一種可以幫助人們從一個層次移動到另一個層次的東西，在象徵意義上都是代表從一個領域過渡到另一個領域的過程。此外，梯子這種工具也常在建築當中使用，也可拿來修理東西，因此，它也代表我們完成某種目標的能力。夢到梯子，可能是在提醒你要多加注意，你即將面臨一個過渡轉換期，或許是想要達到某個目標，或是想要對生活中某些事情進行修補。如果你夢到的情境是應該使用梯子，但是因為某些原因這個梯子被

忽略不使用，或是根本拿不到梯子，那表示你可能遺失讓你邁向成功所需的某些重要東西。夢見梯子壞掉，可能是在警告你，你沒有遵循必要的步驟，一步步來達成你的目標。梯子如果不太穩，你往上爬的時候速度就需要放慢、要專心，代表你在生活中需要以專注、優雅、輕鬆的態度踩穩每一步。

陸地 *Land*：

我們的心靈分為兩個領域，一個是表意識心靈，一個是潛意識（無意識）心靈。地球是由陸地和海洋組成，陸地就是代表我們的表意識心靈。我們能夠看見、能夠立即察覺的那些事物，就是我們心靈中的陸地。因此，夢境裡面只要出現任何陸地場景，都是在提醒你，可能跟你表意識所管轄的自我概念，或是你目前有能力察覺到的自我本性有關。陸地代表你這個人沒有被隱藏起來的部分，但同時也是你顯露於外、隨時可被探觸的部分。請好好運用你夢中看到的這些陸地，更深入去了解你的夢要告訴你什麼。高地和高山代表你必須抬頭仰望、進入更高的思想層次才能探索的意識領域。叢林祕境也是屬於表意識的範圍，但它是你較為隱密的本性部分。被流水穿過的峽谷陸塊，代表你有一些思想或思維模式是分裂的、互不相容，需要進一步去統整。

牽繩 *Leash*：

牽繩代表連接和控制。握著牽繩的人，就是掌握控制權的一方。夢裡面如果是你握著牽繩，那表示這個夢是跟你的控制權有關。想一下，這條牽繩是牽著什麼東西或是牽著什麼人，然後把這個部分也加入解釋。夢見一條狗繫著牽繩，可能表示你試圖想要控制你的愛情和忠誠度。夢見一個人繫著牽繩，代表你努力想要把這個人所代表的你內在人格層面特質加以束縛住。如果是你自己身上繫著牽繩，那可能表示你需要屈服於你生活當中的某一個人、某個機構組織，或是環境的控制。

猞猁 *Lynx*：

所有的貓科動物都跟陰性能量有關連。貓的體型愈大，這個圖騰的力量也愈大。猞猁是屬於一種中型的貓科動物，眼睛非常亮，因此牠所代表的療癒意義也跟眼力和遠見有關。夢中出現猞猁，代表你可以獲得更強大的眼力，把事情看得更清楚，人生方向也更確定。

蛆 *Maggots*：

蛆是蒼蠅的幼蟲，以腐爛的肉維生，因此在象徵意義上也代表厭惡感和腐敗。有些符號的意象畫面看起來很噁心，但卻帶有強烈的精神暗示，蛆就是一個經典實例。夢裡面出現蛆，有幾個涵義，第一個就是代表有某樣東西剛剛死亡。死亡是轉化和改變的象徵，因此，蛆的出現也代表最近有某件事情發生改變。蛆也能將新鮮的肉轉換成牠的維生養分，讓生命得到成長。如果你夢到蛆，那代表你正在經歷轉變的過程。

曼陀羅 *Mandala*：

曼陀羅是世界上最古老的符號之一，人類學家在地球上每一個古老文化中幾乎都發現它的存在。基本上，曼陀羅是一個圓形，平均分成四等份，剛好與地球的四個半球相對應。曼陀羅或許可說是代表圓滿與合一的終極符號，如果你的夢中出現曼陀羅，那表示你渴望在靈性經驗上能夠有所領悟。這樣的夢也意謂著，這是你靈性發展的重要時刻，在精神層面的整合與完滿，你將進入一個新的層次。

麥克風 *Microphone*：

麥克風的主要用途是將聲音放大。而聲音就是你表達自身力量的核心根源。夢見麥克風，代表你內心有一種需要和渴望，想要提升你的信念力量，想

要提升你表達內心渴望的能力，以及想要透過完全掌握自己的話語來使用你的權威。如果是夢見麥克風故障，可能表示你需要做一些調整，好讓你的聲音被別人聽到。

情婦 *Mistress*：

在很多文化當中，男人會在婚姻外尋求「別的女人」，來滿足他們的性需求。從解夢的角度來看，這種文化結構的核心就是：用「迂迴的路徑」來達成一個基礎的人類經驗——伴侶的功能就是滿足對方的需求。如果你夢中出現一個人，而那人確實是你自己或另一個人的情婦，那麼此人就是代表你內在人格的一個角色面向。她的出現是代表你內心渴望擁有無須承擔情感風險的親密關係。

情人節 *Valentine*：

情人節是代表浪漫愛情的現代象徵符號，這個節日讓某些人感受到一種浪漫情懷，但也激發了其他某些人的憤世嫉俗感。這兩種觀點同時存在於我們的集體意識當中。如果你夢到情人節，表示你可能希望自己可以對某個人表達你的浪漫愛意，或是整體上你希望有浪漫的愛情感覺。如果你是在情人節這一天做了這個夢，那可能要檢視一下，這個日子跟你是不是有什麼特殊關聯，藉以獲得更正確的解釋。

巢 *Nest*：

巢穴的目的是用來養育下一代，動物界很多物種都會為了這個原因建造自己的巢。夢到動物的巢穴，是代表有某樣東西剛剛或是即將被創造出來。如果是某樣動物的巢穴，那就是代表你的直覺正在湧現，因為夢裡出現的每一種動物，都跟我們的內在直覺有關連。

麻木 *Numbness*：

我們身體的所有感官覺受都攜帶著訊息。感官麻木無感，就等於阻斷了某種非語言形式的溝通，讓我們無法察覺一件事情當中的潛在危險。你可能為了阻擋某些痛苦的感覺，而讓自己對這些感覺變得麻木。這樣做可能有好有壞，有的時候，阻止痛苦感可以讓我們順利度過艱難困境。檢視一下你是身上哪些地方感覺麻木，然後問問自己，如果這個部位不再麻木，你可能會有什麼感覺或感受？

章魚 *Octopus*：

章魚是代表靈活度與適應性的極致象徵。而且這種靈活適應能力特別跟我們能否在潛意識中優游行動有關，因為章魚是海中生物，而海洋象徵的就是我們的潛意識。夢到章魚，也代表我們獲得強大的力量，能夠去探索潛意識深處隱藏的東西。

停車場 *Parking Lot*：

汽車及它的移動是代表你每天如何度過你的人生。因此，停車場就是象徵這個過程中的一個暫時停頓點，也許是因為你感覺被卡住，或是想要在踏出下一步之前做出清醒的抉擇。當你夢到停車場，你可以試著將它當作整個夢境的主題鏡頭，透過它去看這整個夢；在你重新展開你的人生旅程之前，先停下來好好將那個問題解決。

陰莖 *Penis*：

陰莖是代表行動與作為之陽性能量法則的極致符號。它帶有性的涵義，同時也是原始生殖能力的展現。女人夢到自己有陰莖，是以一種原型的形式來呈現內在深層的陽剛能量。男人夢到陰莖也是代表同樣的意思，只是並非屬於原型層次的涵義。

陰道 *Vagina*：

陰道是最能代表陰性能量法則之創造力與接受力的終極象徵。它可以帶有性的意涵在內，同時也是原始生殖（生產）力的展現。如果是男性夢到陰道，可能代表他正在原型概念的層次上與自己內在深處的陰性特質連結。對女性來說也一樣，只是並不帶有原型概念的涵義。

陰／陽 *Yin/Yang*：

這個符號來自印度教傳統，代表平衡、圓滿、完整。在夢的解析上，它是這個法則的強大象徵，代表來自更高意識領域對你的召喚。

採石場 *Quarry*：

採石場的目的是用來開採地底下的豐富岩石、礦物以及表層金屬。在符號的象徵意義上，陸地代表我們的表意識，採石場代表的就是：當你願意進入事物表層底下，去發現那些珍貴之物，你就能找到可供你使用的原始材料。岩石、石塊也象徵你的記憶和過往經驗，因此，如果夢見採石場，它最重要的涵義就是去思考，從過去到現在，你生命中所發生的事情所帶給你的寶貴事物。當然，你也可能對一座礦場過度開採，這時，採石場就可能代表，當你非常執著於過去，不斷去挖掘過去記憶，不願意往前走，那麼很可能就會為你帶來傷害。

彩虹 *Rainbow*：

希望、豐盛、美好的承諾，全包含在彩虹的象徵意義中，彩虹可說是地球上最神奇的現象之一。這個符號的涵義，一部分跟一個人看到彩虹所產生的情緒感受有關。因此之故，彩虹始終都被認為是一種積極正面的符號。有幾個主要文化跟彩虹有密切關聯。在《舊約聖經》當中，神以彩虹作為與人立約的記號，凡有血肉的，都不會再被滅絕，這也是彩虹代表未來誓約的起源。凱爾特

傳說（The Celtic tradition）告訴我們，彩虹的盡頭有一大罐金子，因此彩虹就成了追求財富的象徵。不過，仔細思考之後你會發現，這兩種歷史悠久的解釋其實都有點模糊。前者意謂著人在過去已經毀滅，而後者是一個悖論，因為你根本找不到彩虹的盡頭，你走到哪裡，它也跟著移動到哪裡。但這兩種解釋，都為彩虹注入了一個象徵意義，那就是：希望。彩虹本身的物理結構就充滿了美麗的象徵意義。彩虹涵蓋了色彩光譜上所有的顏色，因而代表了雄偉和崇高的圓滿精神展現。彩虹只有在陽光和雨水同時存在時才會顯現，這代表著同時感受悲傷（雨水）和喜悅（陽光），就是意識和智慧的真實徵兆。

彩排 *Rehearsal*：

彩排是演出前的準備過程，是為了讓未來呈現的東西更加完美。會夢到彩排，通常表示你渴望將來某件事情可以準備得盡善盡美，發揮出你最好的一面。夢見你在進行彩排活動，也代表你對於你意識中正在形成的某項東西之感受。你可以根據夢境的前後內容去了解，究竟這個夢是指你生活中正在進行的哪一件事，以及你對這件事情的感受。

強暴 *Rape*：

在夢的解析上，強暴是一個正向積極的符號，雖然它很容易讓人聯想到負面，因為在實際生活中，強暴是一件令人憎惡之事。終極而言，性行為代表的就是我們內在不同人格面向的統合。在象徵符號的世界裡，這是真理，即使這個性行為本身帶有強迫和暴力性質。由於強暴是一種暴力行為，再加上它是在未經同意之下做出的舉動，因此，如果這種行為出現在夢境中，在解釋上可能會出現非常大的歧異。當你夢到像是強暴這種令人髮指的事情，很重要的是要提醒自己，夢是一種象徵，不是真實的。夢到強暴，它的意思跟實際發生強暴並不相同。夢到強暴就只是意謂著你內在心靈正在進行整合，但是這個過程發生得非常突然，而且你內心隱隱覺得害怕，因此會以這種激烈的戲劇化方式表

現出來。我們的潛意識經常會用夢魘和噩夢來引起我們注意。如果你夢見自己被強暴，請回想一下，那位強暴者是誰。如果是你認識的人，那麼就從他的性格特質去思考，他是代表你內在人格的哪一部分，這個部分的你就是你要去面對和處理的。如果這個人你並不認識，那麼你可以將這個夢視為一個重大轉變的前兆，這個轉變正在表層底下暗暗進行，尚未清楚顯現。如果你現在還無法從這個夢得到啟示，請相信，不久之後就會有夢告訴你，到底你生命中是發生了什麼樣的轉變。如果你夢見自己正在目睹一樁強暴事件，那你必須向自己內在去探索，你的內在人格面向是不是存在著衝突，因為最後它們還是需要相互整合，你的意識才能趨向合一。強暴者可能是代表你內在想要被認可的部分，而受害者就是代表需要被整合的部分，但是它對這個過程有所抗拒。如果你夢見自己就是強暴者，那請回想一下，那位受害者是誰，它就是代表你想要去制伏、壓制的內在性格面向。很多人都會幻想自己被強暴，如果掌握得當，這種幻想也可以激發我們的情慾，讓我們得到滿足感。如果這個強暴的夢本質上帶有激發情慾的性質在內，那麼它的意義也是一樣代表內在意識的整合，只不過這個整合要付出的成本較低，事實上可能會讓你覺得非常愉快。

涼鞋 *Sandals*：

鞋子代表的是你的穩定度、你的前進方向，以及你想要如何表現自己的人生方向。涼鞋是你想要表現輕鬆休閒心境的最佳選擇。這種開放式的構造，也代表一種對於自由的渴望。

淋浴 *Shower*：

如果你夢見自己在淋浴，那表示你想要清理你最近發生的事，想要將它放下。如果是夢見某人在淋浴，那請思考這個人是代表你內在哪一個人格面向，這部分的你可能有些東西需要釋放和清理。冷水淋浴是象徵你需要稍微平衡一下過度旺盛的性慾。用非常熱的水淋浴，代表你需要的是較高層次的精神淨化。

唱歌 *Singing*：

　　從遠古以來，唱歌就是表達內心情感的一種方式。當人們發現語言文字已經不夠用，唱歌就成了強化溝通交流的方式。會唱歌是一種受人推崇的能力，因此有好歌喉的人通常在我們的媒體和文化當中享有崇高地位。從技術上來說，唱歌純粹是說話的一種延伸；它的基本法則就是表現力量和感情。如果你夢見有人在唱歌，代表對方要溝通的訊息非常非常重要──因為太重要了，語言文字已經無法承載這個訊息的重量，所以要用唱歌來表現。解夢時你要考慮的是，對方是在唱什麼歌，然後把那個訊息也一併考慮進去。如果你夢見自己在唱歌時失聲、唱不出來，那可能代表實際生活中你感覺缺乏熱情，或是因為某些困境而失去熱情。如果實際生活中你會唱歌，那麼你就要從你個人對於唱歌這件事的感受來解這個夢。如果你批評自己的歌聲，那表示你一直在批判自己內心的感情，或是你根本缺乏熱情。如果你希望你會唱歌，但實際上你沒辦法，那你可能是希望藉著夢見自己很會唱歌，來感受自己的熱情。夢見自己在大眾面前唱歌，可能代表你需要匯集內在資源來達成你想要的目標。如果夢見別人在唱歌，你可以運用性格面向技巧，來判斷是你內在的哪一部分想要透過表達情感來得到你的關注。

雪 *Snow*：

　　你感覺你在某些方面缺乏溫暖，因此在情感上跟它們失去連結。水代表情緒感受。情感結凍，代表你跟那個情感原本的濕潤狀態失去連繫。雪下得非常大，會阻礙你的能見度，使你無法移動或是必須被綁在家裡。這也可能象徵你在逃避你的情緒感受，如果有很多情緒沒有被好好處理，可能會嚴重限制你的人生腳步，無法繼續往前走。由於雪會融化，所以你根本逃避不了根本的潛在問題。雪只是延後了你面對真相的時間，它用美麗的雪景製造了短暫的和平。

雪橇 *Sled*：

雪橇是一種專門為冰天雪地設計的交通工具。因此，雪橇的主要象徵涵義，就是當你人生缺乏情感和心理上的溫暖之時，依然能夠輕鬆優雅地往前邁進。如果你夢中出現的雪橇比較像是童年時候玩的樣式，那代表你想要放下一些複雜的情緒問題，讓自己去感受片刻的輕鬆和樂趣。

貧民窟 *Slum*：

之所以會有貧民窟這種地理區域，目的是希望把這個社會中某些令人嫌惡的元素隔離起來，成為一個獨立區域，跟主流社會保持距離。夢裡面的貧民窟也是相同的意思，它代表的就是你意識中的一個地理區域。在夢裡面造訪貧民窟，代表你正在探索你生活中平常不被注意，但是需要給予愛的關注的部分。

蛇 *Snake*：

夢見蛇，代表你的生活正在發生重大變化。每一個人對蛇的感受都不同，因此，要解析跟蛇有關的夢，主要還是要依據你自己的狀況而定。不過，蛇最重要的象徵意義就是代表改變和轉化。這是基於一個事實：蛇在成長過程中會不斷脫皮，而且有很多種蛇本身帶有毒性，會導致獵捕者死亡，而死亡也代表了重生。蛇還有一個象徵涵義是跟療癒有關，因為蛇的毒液也可以用來當作治病的藥。雙蛇杖也是醫療救護的標誌，一方面代表對於生命的挑戰，同時也是醫生所給的治病處方。在傳統猶太基督教中，蛇肩負了引誘亞當和夏娃犯罪的責任。因此，蛇也代表對於你價值系統的誘惑交換。有件事很重要，千萬別忘記：亞當和夏娃因為屈服於蛇的誘惑，才讓人類了解到必死的生命知識以及覺知意識的誕生。如果一隻大蛇出現在你夢中，那實際上就是代表你的覺知意識正在發生重大改變，而且是跟死亡的意義有關，它會帶你進入一個全新的世界。在東方文化中，蛇也跟精神力量的覺醒有關，也就是所謂的昆達里尼（kundalini，亦稱「拙火」），它是沿著我們脊椎上下起伏的不可思議能量。刺激昆達里尼，

可以產生巨大療癒力，讓我們全身神經和腺體系統得到淨化。有些瑜伽的體式就是專門用來喚醒這條盤踞在我們脊椎底部的大蛇。作為一個夢境符號，蛇代表的就是強大的潛在力量與能量，如果你能適當去引導它的話。

偷竊 *Stealing*：

表示你內心想要擁有你不該有的東西。小偷通常都是偷價值比較昂貴的東西。因此，在象徵意義上，偷竊也代表那些受到覬覦的資源或財富，沒有經過許可，或是沒有考慮到後果，就將它拿走。偷竊的反面是東西被偷。解夢時，重點也和偷竊一樣，只是要多加入「受到侵害」和「損失」這兩個解釋元素。

商店 *Store*：

商店是一個可以滿足你特定需求的地方。解夢時要考慮的是，這家商店是販賣什麼東西，而商店這個符號代表的就是你滿足那樣需求的能力。

商品代碼 *UPC Code*：

這是一個複雜的商品識別系統，是現代社會才有的產物。它是由一長串數字加上幾組代碼所組成，代表某一家公司及其販賣的所有商品。你可以用這組代碼來追蹤它的動向及收益。在夢的解析上，它是代表你想要與你所有的想法和意念保持連結，好讓你能夠善加利用你頭腦中的各種機會。

勒脖子 *Strangling*：

在與人溝通交流方面，你感覺受到束縛。勒脖子這種動作會阻斷空氣進入我們體內，因此解夢的重點必須放在「溝通」這件事情上。勒脖子這個動作有一個特殊意圖，就是要致人於死。而死亡這個意象就是代表劇烈改變，以及隨之而來的重生。勒脖子這個動作一定是兩個人才能進行，所以在解夢時你也應該把另外那個人視為你內在人格的一部分。如果你是勒別人脖子的那個攻擊

者，那麼你正在勒的這個人，就是代表你想要或需要將你內在那部分性格扼殺掉，讓它窒息。

脫衣舞俱樂部 *Strip Club*：

脫衣舞俱樂部是一個很有趣的夢境地點，因為它同時代表了陽性能量與陰性能量法則的行動面。這是一個推崇女性身體，並以此來展現女性力量的地方。在這個地方，人的身體被物化，也代表了陽性能量法則沒有好好得到發展。要解析這樣的夢，必須把重點放在性慾、誘惑，以及色情有關的問題上；不過，同時也要考慮，這個能量有可能與你是相衝突的，或是你還沒辦法真正將它整合得很好。性慾感受有時也會以失衡的方式來吸引你。

脫衣舞鋼管 *Stripper Pole*：

脫衣舞孃繞著鋼管跳舞，這支鋼管本身就是代表男性陰莖，而跳舞本身就是一種引誘，是陰性能量與陽性能量互動的過程。鋼管舞本身可以代表色情或性的慾望，但也是激發你內在生命力與創造動力的一種象徵。

脫衣服 *Undress*：

脫衣服的動作是跟暴露以及脆弱無防備這些概念有關。這個動作可能會讓作夢者感覺可怕，或是帶有情色意味，抑或介於兩者之間。無論在夢裡面是在什麼情況或感受下，主動脫掉衣服或是被人脫掉衣服，最根本的涵義都是指願意暴露你最私密和最脆弱的自己。如果夢見自己的衣服被人脫掉，或是自己主動把衣服脫掉，都是代表你正在嘗試讓自己更開放。如果現場還有其他人在，這些人應該被視為你內在人格的不同角色面向，你可以檢視看看，實際生活中有哪件事情需要讓自己再敞開一些，不要怕受傷。這樣的夢可能也是在反映你內在的一種感受，你覺得自己的感情或是生活中的某件事情被人入侵，你感覺你的界線被侵犯了。

參加考試 *Taking a Test*：

　　你對於生活中需要負擔的責任感到焦慮。小考、測驗、考試，都是教育結構的一部分，大多數人在小時候都有這些經驗。它會在我們大腦裡面形成永久記憶，只要一想到學校考試，我們就會感到焦慮。在夢的解析上，這些都會變成我們面對生活挑戰時的一種隱喻。只有當我們從過去課堂學到知識達到某種程度的標準，我們才算通過考試。如果你夢見考試，那是你的潛意識要讓你知道，面對自己目前的生活，你感覺到有一些潛在的焦慮。請檢視一下，生活中哪些地方讓你覺得壓力重大，雖然很可能這個重任是你加諸在自己身上的。有些比較容易焦慮的人、害怕失敗的人，或是在意別人看法的人，就會經常會夢到自己在考試。這樣的夢也暗示著，你內心需要獲得你生命中的權威人士的認可，希望他們能夠認同你的成就。因此，夢到考試也可能是一種補償作用，因為你感覺自己被低估。（參見考試／隨堂測驗／小考／〈Exams／Pop Quiz／Quiz，第82頁，335頁，25頁〉）

票券 *Ticket*：

　　票券代表你有權力和權利進入某個地方。夢裡面出現票券，解夢時最重要的是要考慮那張票券的用途。從根本涵義來說，票券代表某種冒險的可能性。戲劇或電影票券代表你渴望的人生樣貌。任何一種交通票券，都是代表你需要做出較激烈的改變。票券遺失代表你感覺某件事情的機會可能已經從你身邊溜走。

婚禮 *Wedding*：

　　婚禮是代表兩個不同性格的人願意許下承諾相互結合，以這樣的關係來創造他們在世間的一種新的存在方式。結婚儀式就是向眾人宣告你的心意，表示你看待事情的角度即將發生重大轉變。如果你的人生正在發生變化，那麼夢到婚禮就表示這個改變即將發生。

紫水晶 *Amethyst*：

紫水晶是紫色的，正好對應人體七大脈輪的最高意識層次。在晶石的世界裡，紫水晶對應的特性是療癒、保護以及智慧。（參見岩石／巨石〈Rocks／Boulders，第113頁〉）

紫色 *Purple*：

參見紫羅蘭色（Violet）。

紫羅蘭色 *Violet*：

紫色是光譜上最末端的顏色，而且通常被認為是最具靈性的顏色。這個顏色連結的是我們頭頂上方的頂輪，因此不受我們肉體需求的阻撓影響。它是以振動的形式向下與我們連結，但也同時向上與更高層次的能量連繫。紫羅蘭色（通稱為紫色）與靈性與高階意識相關聯的例子有很多。比如：亞瑟王傳說當中的巫師梅林，就經常以戴著紫色帽子的形象出現。紫心勳章是代表勇敢無懼的極致象徵。在天主教的大齋期當中，會以紫色布覆蓋在十字架和一些聖物上。有些人在靜坐冥想當中會看到紫色的光，代表出神的一種經驗。（參見色彩Colors，第77頁）

棒球 *Baseball*：

生命就是一場競賽，而夢到棒球比賽，就是要你認識到這個事實。擊出全壘打就是我們這個時代的一種精神象徵，代表你的努力獲得好的成果，因此，

夢到棒球也可以代表現實生活中你在某件事情上即將達成你想要的結果。很多性方面的影射也跟棒球有關，包括球棒的形狀就像男性的陽具。還有，上到幾壘也被比喻成性行為的不同前戲階段。「在壘間跑動」是比喻一個人花心、腳踏多條船、有很多性伴侶。要解析一個關於棒球的夢，必須考慮這個夢的前後情境才行。

黑色 *Black*：

黑色連結的是我們生命當中的陰暗面。雖然有的人認為黑色就是沒有顏色，但是從物理的角度來看，黑色其實是所有顏色相混的結果。黑色也是最會吸光、吸熱的顏色，而且很容易讓人聯想到死亡，就像白色讓人聯想到生命。黑色也是代表哀悼的顏色，在某些文化當中，黑色衣服就是代表安慰。當我們穿上黑色喪服，我們身邊就會有一群人來分擔我們的悲傷。因為黑色衣服也會將光波全部吸收掉，因此一個人穿著黑色喪服，也是為了吸收他或她身邊所有人的光。在流行時尚圈，黑色則是代表一種潮流、一種品味。黑夜是黑暗主宰的時刻，它代表隱密性，以及一種能夠隱身在這種顏色的象徵意義當中的能力。（參見色彩／Colors，第77頁）

黑暗 *Darkness*：

如果你的夢感覺上比較陰暗、沒有光線，那在解析上就要去思考，這可能是一個代表潛意識陰影的夢。對你來說這或許是一個很好的機會，可以去探索你先前一直逃避去面對的事情，現在你可以好好看清楚，那些隱藏在暗處、讓你感到害怕的究竟是什麼東西。

毯子 *Blanket*：

毯子能夠禦寒，也能帶來舒適撫慰的感覺，跟毯子最有關係的就是床和睡眠。因此，毯子主要就是象徵可以帶給我們這兩種根本品質的東西。夢見毯子太小或是毯子破掉，代表你沒辦法在遇到壓力的時候給自己安慰。

棕色 *Brown*：

大部分顏色都可以在大自然光譜當中找到，但棕色卻是一種混合色，因此棕色的東西通常給人的感覺是比較黯淡、缺乏活力。解夢時可以朝這個方向去走，尤其是，如果這件物體或環境是棕色的，那表示那樣東西是不自然的。不過，棕色也是泥土的顏色，因此如果你的夢帶有棕色調，那可能表示你有接近大地的需要，生活中有某些部分需要更務實一些。

棺木 *Casket*：

棺木出現，就是代表有人死亡。而死亡象徵的就是隨之而來的重生。棺木本身則是代表，一個人是否有能力面對死亡象徵的改變與轉換過程。

椅子 *Chair*：

「坐」這個動作，是動作與動作之間的休息或靜止狀態。坐在椅子上，則是代表你選擇去執行那個椅子本身提供的功能目的。坐在書桌前的椅子上，表示你要工作；坐在餐桌椅子上，表示你要攝取食物和養分；坐在一張有扶手的靠背椅子上，表示你想要舒舒服服休息。夢中出現椅子，通常是在告訴你，該是你停下來的時候了。

割傷 *Cutting*：

「割」是一種儀式性的成癮現象，是一個人刻意用割傷自己來作為紓解壓力的機制。做出這種割傷行為的人，通常都會有一種滿足感，因為可以將自己內在的痛苦情緒表現在外部肉體上。如果在夢中被割傷，無論是不是自己造成的，都是代表潛意識的行為，想要用外在看得到的方式去表露內在的痛苦感。（參見傷／Wound(s)，第262頁）

惡魔 *Devil*：

　　講到惡魔，大多數人的心態可分為兩種：一種非常相信，另一種根本不信。還有第三種人，他們雖然不一定相信有魔鬼，但因為是在有宗教信仰的家庭裡面長大的，因此雖然意識理智上拒絕相信，但在潛意識裡面卻深深受其力量的控制。惡魔的最重要特質就是誘惑力。而誘惑的最終目的是要占有那個人的靈魂。在心理學和解夢工作的領域當中，靈魂這個概念指的是你的精神本質，以及你身為一個人之經驗的完整性。在我們的世界裡，上帝和惡魔代表的是一種選擇：你想要跟誰站在同一邊，以及你想要讓誰成為你人生各種抉擇時的根據。你是要選擇愛，體現更高超的天性，還是選擇恐懼，屈從於你的低劣人性。夢中出現惡魔，表示你內心存在著強烈恐懼。另一個跟惡魔有關的概念元素是奴役。跟魔鬼簽訂的契約是永久有效的，後果非常嚴重。從象徵符號的角度來看，惡魔也可以代表你生命當中覺得自己已經完全被賣掉的部分。不妨想想看，你是不是為了責任義務、為了經濟上的安全感，或是為了滿足一些東西而出賣自己，以致陷入困境無法擺脫。很多時候，我們會做出某種選擇，一開始只是希望得到自己想要的東西，到後來才發現，自己付出了巨大代價。夢中出現惡魔，或許是想要提醒你，去看看你的靈魂真正想要追求的是什麼。為了你自己好，是不是有哪些想法或過去的做法現在必須加以揚棄？從輕鬆一點的角度來看，夢到魔鬼也可能是代表你有一種「鬼才在乎」（devil-may-care）的心態，這個夢是在提醒你，去看看自己內心是不是有一種批評的聲音在告訴你，不要去深究什麼東西。而「那是魔鬼逼我做的」這句話，有可能是一種為自己做錯的選擇而卸責的藉口，也有可能是一種提醒，要你放下對自己的批判。

飯廳 *Dining Room*：

　　在夢的解析裡面，不同功能的房間也代表不同的意識內容。飯廳是我們與他人共享食物的地方。這個意象包含兩個元素，一個是攝取養分的動作；另一個

是想要與人分享的渴望。在夢中，不管你在飯廳發生什麼事，它都是你清醒時實際生活中這兩件事情的反射。

殘疾 *Disability*：

只要是正常範圍的功能受到局限，無論是心理上或生理上的，都可算是一種殘疾。一般來說，這個狀態象徵的就是殘疾所帶來的限制。一個人擁有卓越的能力，必然需要具備感知力，因此當我們在解析殘疾的夢時，也要先去思考，某件事情是不是遇到了困難，因為外表上看起來它的功能確實受到局限。如果你夢到的那種殘疾，並不符合你實際生活中的情況，那麼這個夢可能是要告訴你，你的某方面能力可能降低了，同時也是在提醒你，要去克服這種受限的感覺。你也可根據不同的殘疾所代表的象徵意義，來解析殘疾的夢。

窗戶 *Window*：

你可能想要更深入去看清你生活中的某些情況。在夢中，如果你是在一個空間的內部，從裡面往窗外看，那表示你想要擺脫目前的束縛，進入新的領域。或許你在生活中某些方面正在體驗一個全新的視野。

窗簾 *Drapes*：

窗戶能夠把外面世界的風景引入到我們自己家中的內部密室。而窗簾除了能夠提供隱私，同時也具有裝飾功能，不致讓人一眼就把內部事物看光。你可以隨自己的意願將窗簾打開或拉上，也就是說，你自己可以控制要讓誰看到你想保密的東西。因此，窗簾也象徵你的意願，你可以決定要讓光線進到內部，還是將它關在外面，光線在這裡代表的是你的意識覺知和生命力。作為一個夢境符號，窗簾就是代表這個選擇權、行使這個選擇的自由意志，以及做這件事時的情境狀態。

窗台 *Ledge*：

一種狹長型的板架構造，通常離地面有段距離，建築物或是大自然中都看得到。窗台在本質上就帶有一種矛盾性，因為一方面它是可以移動的，但又並非完全沒有掉落的危險。這種不穩固、不牢靠的狀態，就成了窗台這個符號的象徵涵義。當我們說某人「站在窗台上」，意思就是說他承受極高的壓力、處在不確定的情勢當中。因此，夢到窗台，可能代表你生活中某些方面正處在這樣的狀態。為了撐住某些東西，你是不是已經來到你能力的極限了呢？

畫圖 *Drawing*：

畫圖是將你內在意識裡的東西表現於外的一種動作。它是將無形的創意化為有形事物的一個作為。在夢的解析上，這個符號代表的是一種內在動力，讓你自己有一個出口可以去表現你的創意，同時也代表耐心，可以允許事物慢慢在你眼前成形。

開合式吊橋 *Drawbridge*：

開合式吊橋有兩種功能，可以允許兩種截然不同的交通方式用同一座橋來運作。在象徵符號世界中，陸地上行走的車子代表你的思維和意識面，水面上行走的船則代表情感和潛意識。開合式吊橋有辦法辨別當下最需要用哪一種交通方式，而隨需要改變功能造型。如果夢見開合式吊橋，在解夢時要考慮的是，夢中那座橋是用哪一種方式在運作，那個方式就是代表你當時的優先選擇。假如夢中這座橋無法正常運作，那可能代表你在情感和思維的區辨能力上受到侵襲，而無法正確做出選擇。

開車 *Driving*：

　　夢中出現任何跟駕駛車輛有關的場景，都是在反映你生活過得是否順暢，以及對於你作夢當時的生活方式和品質，有什麼樣的感覺和評斷。如果夢裡面那輛車子不受你控制，那你要思考的是，你生活中是不是有哪個部分可能已經超出你的能力可以掌控的範圍。如果你夢見自己坐在後座，而你很想要去控制那輛車子，那麼你就要去檢視一下，是什麼事情你還沒有開始行動；你現在還沒去做，可能是因為環境還不允許。如果夢見車子發不動，那可能代表你沒辦法自己決定你想走的方向。夢見你在改變車子的行進速度，表示你可能覺得生活步調太快或是太慢，需要調整讓自己舒服一點。如果是在駕駛車子以外的交通工具，那可能代表你正在開拓你所不熟悉的領域你可能對自己的能力，或是能夠掌握的環境條件沒有足夠的信心。夢見開車發生意外，可能是在提醒你，要注意你所做的選擇可能帶來的後果。如果你夢見自己是車禍事故當中的受害人，那可能是希望你可以去檢視一下，你是不是為了另一個人或是一些你無法掌控的外力因素，而放棄了自己原本的人生方向。夢見在雨中開車，代表你目前遇到一些情緒或情感上的問題。在冰雪中開車，意謂著你的情緒感受被冰凍起來了，這讓你在人生道路上困難重重。夢見開著車子上山或下山，可能代表你覺得目前的生活很艱難或是順利順遂。

象 *Elephant*：

　　大象的巨大體型和巨大力氣，就是其象徵意義的所在。印度象神葛內舍是以大象為形象的一尊神，主掌幸運和財富，能幫人除去一切險阻障礙。但如果祂認為障礙對你最有利，祂也會把障礙帶來給你。夢見大象，表示象神要送給你療癒之藥，包括耐心、力量以及順利度過難關的能力。另外，大象也可以代表「永誌不忘」。夢到大象，可能是在提醒你，要記得你的真實自我是誰。

象形文字 *Hieroglyphics*：

象形文字這種書面文字跟現代任何一種語言文字都差異極大。因此，它代表的就是那些令人難以理解的想法或觀念。人們通常對於象形文字充滿敬畏，因為它們本身似乎帶著某種神祕氣場，假如你夢到象形文字，那可能代表有一些屬於靈性方面的訊息要告訴你，但尚未被解開。要不要去破解這個密碼、獲得更高的智慧，決定權在你自己。

無臉人 *Faceless*：

臉，就是我們人格的展現，是我們將自己展露在世人面前的那個部分。我們會把真實的自我藏在臉後，然後選擇我們想要呈現的面貌給別人看。這個過程可能帶有一種壓抑，因此，夢中出現一個沒有臉的人，也許是表示我們隱藏了太多真實的自己，或是剛好相反，我們表露太多的自己，而覺得不舒服。雖然從你的行動也可以看出你主要將生命投注在什麼地方，但是臉卻最能直接顯露你的動機意志。沒有臉，就無法辨識身分。如果是夢見你內在的某一部分自我沒有臉，那代表你正在發展一種面對世界的新方式。沒有臉，代表這種新的存在方式尚未發展完成，它還不足以成為你外部人格的一部分。

無邊無盡 *Infinity*：

無邊無盡是某類特殊夢境的主要特徵，它會以各種不同形式呈現。整體而言，這種無邊無盡的夢會出現一片風景，感覺遼闊無邊，但又同時無限微小。這樣的夢其實是一種靈魂的呼喚，是在提醒你對生命的奧祕本質有所覺醒。

無尾熊 *Koala Bear*：

無尾熊是一種動作非常緩慢而且性情溫馴的動物，因此，這個符號代表的就是沉穩的能量。夢見無尾熊，表示你會獲得一帖寧靜的療癒之藥，以及讓事情緩慢沉穩下來的力量。

圍籬／柵欄 *Fence*：

　　圍籬是我們在這個世界中為自己設下的邊界，夢中只要出現圍籬／柵欄這個符號，都是在透露我們目前所遇到的邊界問題，包括你為自己設下的以及你為別人設下的，這兩種邊界。圍籬的大小以及建造圍籬所使用的材料，在解夢時也要把這兩個元素考慮進去。所使用的材料質地愈堅固，代表這個邊界就愈牢固。在夢中，你是站在圍籬的哪一邊，也是解夢的重點。用單薄的木片做成的圍籬，代表你暴露自己太多；而高聳的水泥牆則代表你因為害怕受傷害，而選擇把自己跟外界隔絕開來。鐵絲網圍欄斷裂，表示你在生活某些方面保護自己的能力稍嫌薄弱。如果圍籬上還裝了有刺鐵絲網或是會造成傷害的東西，可能是表示，如果你冒險想要去改變你生活中某些事情的界限，可能會帶來不好的後果。

圍巾 *Scarf*：

　　因為圍巾是圍在脖子上，因此這個符號的涵義通常跟溝通以及你的發聲有關。圍巾的其中一項功能就是禦寒保暖，因此，在夢的解析上，它可以意指你需要去壓制一些帶有評斷性或不屑心態的批評。而作為一種裝飾品，圍巾代表的意義是：我們需要讓自己的語言更有吸引力，也更自由順暢。有時我們也會用圍巾把頭部和臉部包起來，這可能帶宗教上的虔敬意涵在內，在解釋圍巾這個夢境象徵時，也可把這部分涵義考慮進去。

渡輪 *Ferry*：

　　從渡輪的兩大特徵，我們就可得知它所代表的象徵意義。首先，它們行走在水面上，這表示它們是幫助我們順利通過情緒水域的一種交通工具。其次，它們通常是同時載運車子和那輛車子的司機。由於車子是代表搭載我們穿越生命旅程的交通工具，因此，渡輪也代表了我們人生旅程中必經的情緒之路，通過它，我們才能前往下一個領域，繼續去探險。

黃金 *Gold*：

　　黃金是地球上最貴重的元素。根據理論，這種元素是在太陽系形成的早期從太空來到地球的。作為一種符號，黃金代表的是最高也最珍貴的東西，不管是作為一種有形的財物或是指無形的觀念，都是人們努力想要追求擁有的。在煉金術的神話中，人們費盡心力要將卑金屬煉成黃金。這個概念本身象徵的就是，較低層次的意識，比如恐懼、疑惑、匱乏等等，都可以被轉換為意識的黃金，也就是：愛。在你生命中，你認為什麼東西是最珍貴的呢？當你在某些事物當中追求黃金境界時，你發現到的是自己最好的一面，還是最壞的一面？當黃金作為一種符號出現在你夢中，請讓你的夢境內容來回答這些更深層的問題。

黃蜂 *Wasp*：

　　跟蜜蜂和螞蟻一樣，黃蜂的圖騰能量也跟群體規則和相互依存的結構有關。黃蜂天生就是捕食高手，低等昆蟲就是牠們的獵物。因此，從世間萬物更高的秩序來說，黃蜂其實是藉由牠們的捕食本能來調節昆蟲界的數量。如果你夢到黃蜂，表示你想要運用自己的本能直覺來管理思維與想像力的大架構。黃蜂的夢或許意謂著這個本能直覺已經超量工作，因此藉由這個夢來提醒你，要放下這種想要去控制一切事物的強迫性需要，因為有些事情並非你個人能力所能掌控。

黃色 *Yellow*：

　　黃色是代表情緒和直覺感受的顏色，對應以太陽神經叢脈輪為中心的這個身體區域，同時也是屬於太陽的顏色。太陽神經叢是我們感受情緒，以及從一種情緒狀態快速轉換到另一種狀態的地方。黃色也對應腎上腺，與腎上腺素相關聯，腎上腺素這種化學物質會刺激我們的大腦，引發焦慮情緒、瞬間能量爆發，以及「戰鬥或逃跑」反應。因此我們生活中經常會看到很多警告標誌、交通號誌都是黃色的。當然，也有很多情緒狀態是非常愉快的，它們可以帶來陽光般的溫暖和撫慰。（參見色彩／Colors，第77頁）

猩猩 *Gorilla*：

你可能正在爭取領導權或主宰權。動物是代表我們本性當中的本能部分。猩猩是一種群居的馱畜，群體當中體型最大、最強壯的雄性猩猩，就會成為這個群體的領導者。大眾媒體常把猩猩塑造成會捶胸的動物，更加強化了牠剛猛和攻擊行為的集體印象。一開始，我們對夢裡出現猩猩可能都會從這個角度去解釋，認為牠就是代表我們內在那股競爭、攻擊的本能，以及想要去主宰別人的那種內在需要。但實際上，猩猩憤怒大爆發只是一種姿態，牠的用意可能是在鞏固領導權，或者因為受到干擾而做出的反應。夢中這隻黑猩猩所展現出來的憤怒，很可能只是表面作勢，而不是真正的憤怒。因此，這可能是在反映，你對環境所做的回應大過實際情況帶來的威脅。如果夢見大猩猩關在籠子裡，可能表示你感覺自己受到某種囚禁，比如你感覺受到潛在的威脅，使你陷在情緒控管的困境中。夢見黑猩猩逃走了、行動不受限制，可能代表先前壓抑的情緒有爆發的可能，令人相當不安。夢到跟一隻猩猩四目相對，可能代表你已經做好準備，要去面對你內在的攻擊衝動，或是接受你生活中某一個人的憤怒情緒。

絞刑 *Hanging*：

絞刑有兩種主要象徵涵義。第一是死亡，以及在犧牲生命之後所帶來的改變和轉換。受絞刑而死亡的這個人，就是代表你自己內在正在被釋放或放下的那個部分，好讓新的東西可以來取代它。由於絞刑牽涉到頸部，因此這個符號也可以代表跟溝通和發聲方面有關的問題。看看在夢中受絞刑的人是誰，他是代表你內在人格的哪一個面向，然後仔細想想，你的這個部分性格是不是正在扼殺你某方面的能力，讓你無法表達出真正的聲音。

絞索 *Noose*：

　　絞索是一種致命的繩結，它是藉由切斷氧氣供應、同時切斷脖子來取人性命。任何跟頸部這個身體部位有關的東西，都是代表你是否能為自己發聲、說出你想說的話。因此，夢裡面出現的絞索，就是代表當你說出你的真心話，或是當你無法無法說出真話，這兩種情況分別可能發生的嚴重後果。從整個夢境內容以及你個人的習慣，你會知道這個夢可能是代表哪一種意義。

港口 *Harbor*：

　　港口是一塊天然或人造的陸地，連接著一大片水域，可方便船隻通行或停泊的地方。陸地是象徵我們的意識，海洋則代表我們的潛意識心靈。因此，港口就是象徵你可以將你對情緒本性和潛意識心靈的探索結果全部接收進來的一種能力。港口也是代表豐盛的有力象徵，因為會有來自世界各地的奇珍異寶和自然資源齊聚在這裡。夢中這座港口的狀況，就是代表你是否已準備好要接收生命提供給你的豐盛財富。

帽子 *Hat*：

　　頭部是象徵我們思想和意念的泉源。帽子一方面是為了裝飾，一方面則是具有保護頭部的功能。因此，帽子可以代表某些特定的想法本身，也可以代表你需要或渴望擁有這些想法。如果是為了裝飾，那帽子就是你內在想法的對外展現。如果是為了保護頭部，帽子就是代表讓這些想法可以牢牢固定在那個地方。如果夢見你戴著別人的帽子，那可能表示你正在考慮另一個人的想法是否可行。（參見運動帽／Cap，第257頁）

結 *Knot*：

任何一個緊緊綁住的結，都表示有好幾個不同的元素被綁在一起。有時候這是一種正向結構，但也可能表示最後會導致混亂的結果。夢中出現打結的東西，可能表示你生活中有某件事情非常複雜，需要你去解開。

結婚／婚姻 *Marriage*：

代表你內在性格當中的某些面向需要整合。結婚是兩種能量結合之後，成為一個和諧與合作無間的第三實體。在象徵意義上，結婚代表的是，過去原本各自不同的習慣、模式、思考過程，或是信念系統，現在全部要被整合在一起。如果你在夢裡面是那對結婚的新人之一，夢裡面你的那位配偶，就是代表目前你內在需要被整合的那個人格特質。

湖泊 *Lake*：

夢中只要出現水，都代表跟你的情緒狀態有關。湖泊通常有一定的深度，而且你無法一眼就看到湖裡面隱藏的東西，但它又沒有深到你完全無法探觸的程度。作為一種大多數時候都平靜無波的水域，湖泊是代表你的情緒感受，以及藉由連結你的本性來吸取養分和安慰的可能性。夢裡面，所有發生在湖泊上或是湖泊周邊的任何事情，都是代表你做夢那段時間的情緒狀態，以及跟情緒有關的問題。湖泊的大小、湖面是否興起波瀾，都會透露一些線索，讓你知道你的意識是處於什麼樣的狀態。

筆記型電腦 *Laptop*：

筆記型電腦擁有跟桌上電腦相同的功能，但同時又完全獨立自主、具有很強的機動性。電腦代表我們高度精密複雜的心智組織、思想以及記憶。在象徵意義上，電腦就是代表我們的大腦。（參見電腦／Computer，第252頁）

喉嚨 *Throat*：

　　喉嚨是一切溝通發生的位置，夢中出現任何跟這個身體部位有關的事情，都是關係到你是否能擁有你自己的聲音，比如為自己發聲，還有以真誠和堅定的態度與人溝通等等。許多牽涉到喉嚨部位的夢，都同時會包括挑戰和妥協，從暴力攻擊到身體交換都有可能。在夢裡面，不管你的喉嚨發生什麼事，它都是代表在你目前的生活情況和人際關係當中，你是如何在使用你的聲音。

喉炎 *Laryngitis*：

　　聲音是人類一切表達和溝通的主要關鍵。喉炎會讓人失去聲音，在符號的象徵意義上，它代表的就是一個人表達自我的能力受到了限制，失去力量與確定性。夢見自己得了喉炎，可能表示你在實際生活中無法為自己發聲、找不到自己的聲音。如果夢裡面是別人得到喉炎，那麼這個人可能是代表你內在的某個人格面向；表示你內在這部分的特質無法透過你來發聲。喉炎只是暫時的症狀，這也表示，這個夢所代表的那件事情，你最後一定會平安度過。

棒棒糖 *Lollipop*：

　　表示你希望生活中能擁有更多的甜蜜，或許是希望回到純真無邪的感受。由於嘴部是跟自我表達有關，因此，夢到棒棒糖，也代表你希望用比現在更柔軟、更溫和的方式來與他人溝通。

測量 *Measurements*：

　　當你計畫要更精準地進行某件事情時，通常你會先做測量。有時候，事先做好準備非常重要，夢見自己正在進行測量，代表的就是這個意思。也就是俗話說的：「三思而後行。」

測驗 *Test*：

參見考試、隨堂測驗、小考、參加考試（Exams／Pop Quiz／Quiz／Taking a Test，第82頁、335頁、25頁、226頁）。

猴子 *Monkey*：

夢裡面不論出現什麼動物，都是代表一個人比較憑藉直覺本能在生活。或許你目前正受困於某種思考模式，讓你的頭腦停不下來、不得休息。俗語說的「有隻猴子在你背上」（monkey on your back），意思就是很麻煩、很難搞，或是有人會用「猿猴之心」（monkey mind）來形容一個人躁動不安，這些都可能是夢中出現猴子所代表的意義。猴子雖然有能力透過學習和記憶而做出某些模仿行為，但牠並沒有真的了解那些行為背後的深層涵義。從原住民的角度來說，猴子這個動物圖騰隱含的療癒意義，在於保持好奇心和頑皮活潑的能量。

項鍊 *Necklace*：

項鍊是一種戴在喉嚨部位的裝飾品，因此代表的是你的聲音，以及你是否能夠說出你心中真正的想法，堅定地說出你應該要說的話。夢見項鍊，代表你意識當中的這個區域需要受到關注。在夢裡面，這條項鍊發生什麼狀況，也是代表著你是否能夠為自己發聲、能夠表達真實的自己。

報紙 *Newspaper*：

雖然報紙已經快要從我們的文化當中消失，但它對人們來說依然是一個取得重要時事資訊的管道。作為一種符號，報紙代表的是，在你所屬的社群以及你的人生社會經驗當中，你獲取資訊的管道是否通暢。夢到報紙，可能是代表你渴望能夠了解更多你所生活的世界的訊息。

插座 *Outlet*：

插座是一種連結裝置，可以讓你隨時接取預先設置在建築物內部的電流。電流代表所有人類創造力的源頭，而外部插座則是象徵你跟這股力量連結的能力。

發電廠 *Power Plant*：

發電廠能將某種原料轉換為可供使用之電力。它象徵的就是你本身的這種能力，這也是人類專屬的強項之一。在夢的解析上，這個意象是代表你目前的內在力量、能量以及資源狀況。發電廠發送之電力可供一大群人使用，因此如果夢到發電廠，代表你的能量是靠著你生命中其他人所供應的。這樣的夢也是在提醒你去思考，你的能量究竟是從哪些地方而來。

傀儡 *Puppet*：

傀儡是一種人偶，由傀儡師負責操作，來執行他所下的指令。因此，傀儡也象徵被強迫或被脅迫去做一件非出於你自己本意，或是你覺得虛假的事情。如果你夢見自己是操作傀儡的傀儡師，那你可能要檢視一下，你是否利用操控他人來滿足你自己的需要。

復活 *Resurrection*：

復活的概念一開始可能會被認為是一種宗教象徵，而它在深度心理學和原型心理學的領域也是一個非常重要的概念。某樣東西死亡，乃是為了復活重生，這本身就是我們生命意識循環成長的一個過程。一個夢境以復活作為主題或是符號，意謂著當下正在發生重大改變。為了開闢一條重生的道路，你生命中有什麼東西正在消亡死去呢？

犀牛 *Rhino*：

犀牛這個符號的象徵意義是：很多事情可能不是如你外表所見的那樣。犀牛體型非常巨大，行動非常緩慢，但有些真相你是看不到的，當牠們精力充沛時，奔跑速度可以高達時速三十英里。雖然牠們看起來相當具有攻擊性，但其實個性非常溫馴。因此，犀牛提醒了我們，並非每一件事情都如你外表所見，如果你夢中出現犀牛，那可能是在告訴你，要去欣賞你生命中那些看似矛盾的東西。

絲帶 *Ribbon*：

絲帶是一種標示，主要是用顏色或有趣的形狀來吸引人們去注意某件事情。夢境中出現絲帶，代表我們想要強調某樣特別的東西。解夢時要注意兩件事：看這條絲帶是繫在什麼地方，還有，看它是否具有其他額外目的。繫在頭髮上的絲帶，代表你想要讓自己看起來更有吸引力、獲得更多注目。禮物上的絲帶是代表，你需要讓你提供給世人的東西看起來更加生動，被人們看見。

絲襪 *Stockings*：

絲襪這種有點過時的東西，原本的目的是要讓人對女性的腿產生一種美麗的幻想。因此，絲襪也帶有某種程度的色情意涵在內。雙腳跟行走有關，因此，夢中出現絲襪的特寫，你也同時要去思考，你是如何踩出你人生的每一個步伐。你可以從夢境的前後內容得到一些線索，幫助你做出正確解釋。

雲霄飛車 *Roller Coaster*：

人生的起起伏伏，經常就像雲霄飛車，高低跌宕令人興奮，同時也令人害怕。作為遊樂園設施的一部分，體驗過雲霄飛車的人，都會知道它的曲折迴轉有多麼讓人驚喜意外。如果你抗拒這種曲折感，那你可能會覺得非常恐怖。如

果你喜歡這種百轉千迴的感覺，那你就會覺得非常興奮。在夢裡面，你是位於雲霄飛車軌道的哪一端，也代表你目前生活所處的起伏狀態。雲霄飛車象徵生命的最大艱難挑戰——因為它會在瞬間強力改變方向。這種瞬間的轉向也構成了我們所有人都經驗過的生命節奏，特別是面臨到關鍵性的過渡期之時。夢到雲霄飛車，代表你的生活目前面臨，或是即將面臨到高升或下墜的局面，或者兩者皆有。請記得，如果你發現自己現在坐在生命的雲霄飛車上，那表示你已經從人生所有可能的選項中做出對你最有利的選擇了。透過生命的起伏挑戰，我們才能真正實現我們內心的渴望。

跑步 *Running*：

跑步（慢跑）其實也是一種行走，只是速度比較快。一方面，它也代表你希望你的人生可以更快速前進。跑步也代表一種自我照顧的概念，因為它是一種健身和運動的方式。此外，我們也常常會做噩夢，夢到自己被人追。你必須根據夢境的前後內容，才能知道為什麼你要加快速度往前跑。你也可以問問自己，你是想要從哪裡跑開（在逃避什麼）。（參見慢動作／Slow Motion，第300頁）

跑步機 *Treadmill*：

雖然在現實生活中使用跑步機來做運動，可以讓我們獲得極大好處，但以夢境象徵符號來說，我們要思考的重點是：在同一個地方不斷跑步其實是毫無用處的事情。如果你夢見跑步機，你可能覺得自己的某些行動好像完全無濟於事。

跑車 *Sports Car*：

在夢的解析上，汽車就是代表你如何度過你的人生。如果是夢到跑車，那表示你希望你的人生可以多點速度感和興奮感。因為跑車代表你需要更大的馬力，才能滿足你人生旅途上的需要。

湯 *Soup*：

湯是我們生命中最早的一種撫慰食物，在夢裡面它就是代表我們想要在基本需求上好好照顧自己。只要手邊有任何一種食材，隨時都可以拿來煮成湯，因此這個夢可能也代表著我們內在對於營養（滋養）有一種自發性的需要，是不在計畫之中或是可以事先預備的。

湯匙 *Spoon*：

湯匙是幫助我們從食物攝取營養的輔助用具。因此，夢裡面出現這個用具，可能表示你需要以更有效率的方式來支持自己的生命。湯匙也經常被人用來比喻兩個人非常適合、速配，是代表兩人在肉體上能夠親密配合的一種委婉說法。如果你夢到湯匙，有可能代表你內心有這種需要。不過，這兩種涵義都具有某種支撐的概念；不妨想一想，你生命中哪些地方需要更多關懷照顧呢？

超速 *Speeding*：

時速限制主要是基於為了維護社區人群安全而制定的措施。開車代表人生的前進過程，超速則代表你的前進速度非常快，已經存在著一些風險。解夢時，也要考慮你個人對這個夢的感受。如果你感覺很愉快，那你可能很希望自己的生活中可以增加一點興奮感。如果超速讓你感到害怕，那表示你的前進速度已經超過你所能負荷。如果夢見自己因為開車超速而被攔下，表示你正在為這個危險行為付出後果。

超速罰單 *Speeding Ticket*：

超速罰單是象徵：你選擇做出有風險或實際上帶來危險的行為而承受的後果。因為開車是一種公開行為，因此，超速罰單這個符號的象徵意義，也跟你的社交生活或人群經驗有關。

階梯 *Stairs*：

你的人生正處於轉變階段，可能直接關係到你個人的成長或生命週期。夢到正在上樓梯，應該解釋成你的意識正在往更高層次揚升。下樓梯則是代表重新去探索或進入較低的思想層次，比如憤怒和嫉妒，或是重新去面對跟過去情緒有關的問題。這道階梯是在什麼地方，也是解夢的重要關鍵。家裡的樓梯代表個人的成長轉化，公共空間裡的階梯則代表你如何在眾人的目光之下過你的生活。當然也可能代表實際生活中的樓梯，比你的夢境場景是在你公司的樓梯上，那就是代表跟工作有關的議題。公園裡的階梯可能是代表你為了讓自己更輕鬆、悠閒而做出改變。

街道 *Street*：

街道是城市或鄉鎮建築設施的一部分，通常街道兩邊都會有建築物，跟大馬路不一樣，街道本質上比較屬於偏僻住宅地區。以象徵符號的意義來說，所有的道路都是代表你人生的移動軌跡，因此，夢到小街道，比較是指你能夠停頓下來、去創造較持久的社交經驗的地方。就像〈在你住的那條街（on the street where you live）〉這首歌所描寫的，街道就是代表家或你的社區。

絨毛玩具 *Stuffed Animal*：

絨毛動物娃娃是給小孩子用的一種安撫玩具，主要是代表溫暖和感情的象徵。解夢時，應該要把你個人童年時候跟絨毛娃娃相處的經驗考慮進去，因為一個人如果跟絨毛娃娃有很深的感情，在夢裡面喚起的可能就是這種撫慰的記憶。此外，也要考慮到這隻動物本身的象徵意義，它可能連結的是這種動物所代表的力量，以及你需要隨時得到這個能量的滋養。

游泳 *Swimming*：

你正航行於自己的情感旅程之水域。水代表我們的情緒感受，它同時包括我們的意識與潛意識兩個層面。游泳則是代表你正在努力穿越你人生中的情緒地帶。你努力讓自己往前推進，這是一個完全自發的行動，是你身體自主做出的行為。這也透露出你是否能夠妥善面對你人生中的情緒困境。你游泳時的輕鬆度、速度以及水下的深度，都會透露很多訊息。你所面對的挑戰愈困難，你就得花更多力氣才能抵達情緒成長的終點。你游泳的速度有多快，也代表你可以多快穿越這個情緒困境。你在水下的深度，代表你面對的情緒問題有多深；如果是浮在水面，那代表你察覺到的是表面情緒；如果是在水下較深的地方潛泳，代表那是你潛意識裡面深層情感的問題。

游泳池 *Swimming Pool*：

水與我們的情緒問題有關。游泳池是一種人工水池，水量不多，目的是為了休閒和放鬆。因此，夢裡出現游泳池，代表這些情緒的展露是你可以掌控的，而且對你有益，不會造成太大負擔。在游泳池游泳，代表你是處於一種自在舒適的情緒狀態，或表示你需要控制你的情緒。不讓自己跳入泳池，代表你想要努力克服你的情緒問題。在泳池裡溺水，表示你自己製造出的情緒問題已經超出你所能負荷、把你淹沒了。

游泳衣 *Swimsuit*：

穿著游泳衣，代表你剛剛在游泳，或是正要去游泳。任何跟水有關的意象，都是代表你的情緒感受。游泳代表你主動讓自己沉入情緒之中，因此夢見自己穿著泳衣，就表示你已經做好準備，要去探索你更深的情緒本質。此外，這樣的夢也代表你是以一種比較輕鬆和健康的心態，在感受你的內在情緒。

稅 *Taxes*：

大多數人對納稅這件事通常都很不爽。這個行為的核心就是問責制與負責任。如果你夢中出現跟繳稅有關的事情，這個符號要反映的可能是，你生活中有某件事要求你負起責任來。誰得到的愈多，相對要付出的也愈多。此外，taxing（徵稅）這個字在英文裡面也可以意指某件事情艱難繁重。

廁所 *Toilet*：

參見浴室／Bathroom，第168頁。

廂型車 *Van*：

任何一種交通工具，都是代表你人生旅程當中的移動方式。廂型車包含了好幾種涵義，解夢時都要考慮進來。迷你麵包車可以代表家庭和母性本能。因為對某些舊世代的人來說，麵包車就是青春過剩的象徵。影視媒體總是把廂型麵包車描繪成一種陰暗和不吉利的東西，因為老是將強暴和戀童癖這種帶有掠奪性質的東西綁在一起。解夢時，除了夢境前後內容，也要將你個人和廂型車的關係一併考慮進來。

等候室 *Waiting Room*：

等候室的涵義就是，可能有什麼重要的事情即將發生。如果你夢中的場景是出現在這樣一種環境，可以檢視一下，你實際生活中可能正在期待某件事情發生，或是希望做出什麼改變。如果你知道夢境中的你是在等待什麼，解夢時可以再把那個元素加進來。

智齒 *Wisdom Teeth*：

之所以稱為「智齒」，是因為它們通常是在一個人年齡逐漸增長、獲得更多智慧時才會長出。智齒常常會引起人們不舒服，有的是因為阻塞，有的是因為膿腫，而需要把智齒拔掉。夢見智齒，代表你認知到你的智慧已經發展到更高的層次，同時也知道成長可能帶來的不舒服感。

斑馬 *Zebra*：

斑馬是所有動物當中在視覺效果上最搶眼的動物之一，牠時時刻刻都在提醒我們，要突出於人群、要與眾不同。這個動物圖騰的療癒之藥在於獨創性和奇思妙想。斑馬的力量就隱藏在牠的獨特條紋上。如果你夢到斑馬，那是在提醒你，要欣賞你自己的獨特個性，不要妥協。

十三畫

腹部 *Abdomen*：

身體的這個部位跟你的情感和直覺有很深的關聯。夢中出現腹部這個部位，代表有某件事情你必須相信自己的直覺，讓直覺來引導你。假如夢到腹部受傷，可能代表你正在壓抑或忽視你自己的直覺感受。腹部也是跟食物消化和營養吸收有關的部位，因此，如果夢境的焦點是在腹部，可能代表你必須思考，你對自己的照顧是否足夠，以及你對自己的人生是否感到滿足。

腹瀉 *Diarrhea*：

在夢的解析上，腹瀉代表的核心意義就是缺乏控制力。糞便可以代表很多種意思，其中一項就是強大的創造能力，因為糞便就是由你身體製造出來的。不過，糞便也可以代表我們人性當中與生俱來的羞恥感。夢到自己腹瀉、拉肚子，代表有些事情已經不是你能控制的。

腹語人 *Ventriloquist*：

用一種無法被人察覺的方式，讓一個無生命的物體發出聲音說話，這件事情代表的意思就是不真實和欺騙。是不是在哪些事情上，你無法說出你真實的看法呢？

奧斯卡金像獎 *Academy Awards*：

任何跟影視明星或是出身富家名流者有關的夢，都跟你意識當中渴望在人性上有更高超的表現有關。電影這個領域連結的是你的創造力欲望，夢中出現奧斯卡金像獎，表示你強烈渴望讓自己的天賦才能得到公眾的肯定。這可能是一種對於自我價值的過度膨脹，你必須藉由這種方式來補償你對自己的沒有自信，或是真的非常需要讓自己被你身邊的人看見。

奧林匹克運動會 *Olympics*：

奧運會是藉由健康的運動競爭，來取代具有侵略性的國與國戰爭，以顯示一個國家的主權與地位的機會。作為一種象徵符號，奧運會代表的是這類陰暗人性特質的最高表現形式。如果你夢見自己參加奧運會，那表示你感覺到實際生活中面臨了一些侵略和競爭，而你希望能用比較高超的方式來面對它。

意外 *Accident*：

請記得一句萬用語：「凡事皆無意外巧合。」所謂的意外，就是不在我們計畫之內而且行進方向突然被迫改變。當我們遇到意外，原本的路徑會頓然中止，逼得我們不得不去思考新的方向。這時候我們通常會需要進行龐大的災害控管，而且往往被迫做出一些非自願的改變。還有一件事要記住：當意外發生，我們之所以會感到挫折和失望，乃是因為我們認定這件意外是壞事，或者覺得它不應該發生。夢中出現意外事件，很可能是在警告你，需要重新思考你的行動方向。

電 *Electricity*：

電是一種無形的力量，它幾乎可說是我們的日常生活中的基本配備。通常，我們都認為電力的存在是理所當然的，我們相信，只要輕輕按一下開關，電就自己會來。因此，電力也成了信仰和力量的象徵，我們相信我們的意念想法確實可以顯化為真。我們不一定知道它是怎麼運作的，但我們知道它真的有在運作。我們變得非常依賴電，因為它可以讓我們生活過得更舒適。因此，電就像是一種信仰；停電時，這種感受最為明顯。如果一個夢境的主題是電，那麼可能代表你很關心你的創造力能量的流動，能否為你的生活帶來更多顯化的可能性。你對這個夢的情緒感受，也顯示出你是否有足夠強大的信念，相信一切皆可顯化成真，就算在你目前環境中沒有看見任何證據。

電池 *Battery*：

電池的主要目的是用來儲存能量，以延長使用時間，而且便於攜帶。因此，夢中出現電池，可能代表你內心有一種需要或渴望，想要保存你的能量，好將它用在別的時候。電池也象徵一種能力，可以把能量帶到原本缺乏能量的地方。

電腦 *Computer*：

　　電腦代表的是人類心理組織、思維和記憶的高度精密複雜。電腦就是人類大腦的象徵。電腦有一個操作系統，可以去執行軟體程式，就像神經細胞網絡構成了大部分的大腦組織。然後它還有一個硬碟，用來儲存每一樣輸入到它裡面的東西，就像我們大腦的神經通路，將收到的知覺數據以記憶和知識的形式記錄下來。還有隨機存取記憶體（RAM），或是暫存記憶體，它就像你的心智意識，裡面儲存著你每天晚上睡覺作夢所製造出來的短暫記憶。這個發生在你睡眠快速動眼期（REM）的過程，就像每天幫你的電腦檔案做備份一樣。如果在你夢中電腦是主角，那表示你正在思考你的心智意識是如何運作的。你夢中那部電腦的狀況，反映的就是目前你本身的思想狀態。

電子郵件 *E-mail*：

　　電子郵件是新世界秩序的一種溝通交流方式。人與人之間，藉由這種幾乎是即時性的連結方式來交換想法，一方面使彼此的聯繫更緊密，但另一方面也使得人與人變得更疏離。電子郵件這個意象代表的是智性領域。嶄新的網路科技為這個符號的象徵意義增添了未知感，因為你無法得知對方的真正想法和表情。我們所身處的這個時代，科技發展得太過迅速，我們沒辦法來得及為它訂定共通的禮節和禮儀。它的飛快速度也意謂著即興和自發性。不過，在送出郵件內容之前，我們有辦法對它進行編輯和更改，因此在解析電子郵件這個夢境意象時，應該也要把這個可受控制的向度考慮進去。當你將口語互動化為文字時，通常只會剩下百分之二十。電子郵件無法表現我們講話的語氣和肢體語言。雖然這是一個非常大的限制，但大多數人還是會把電子郵件當成一種彷彿是清晰準確的溝通工具來使用，事實上，它靠的卻是投射和假設。因此，夢中出現電子郵件，它代表的就是一種溝通方式：送出訊息的人假定他送出的訊息清晰明確，但實際上接收者可能並不這麼認為。

電梯 *Elevator*：

　　只要按下按鈕，電梯就會自動把我們從一個樓層送到另一個樓層。不同的樓層，代表的就是我們意識狀態的各個不同層面。我們進入電梯，然後選擇我們的目的地，就是象徵我們選擇要去探究我們意識中的哪些區域。在夢中，我們在電梯裡發生什麼事，會透露出我們在日常生活中是否能夠自在地去探索我們的內在意識。電梯停在哪一樓，也各代表不同的意義。一般來說，電梯往高樓層移動，表示我們正在進行更高層次、更複雜的思考；電梯愈往低樓層移動，代表我們正在探究跟過去有關的議題和行為模式。電梯往下降，也可以代表我們要去面對隱藏在意識深處，或是藏在陰影當中的東西。大多數關於電梯的夢，其實經驗都不是很順的。你明明想要下樓，電梯卻往上跑，表示你目前在面對處理的事情，需要你具備更大的洞察力才能完成。你希望上樓，但是電梯卻往下跑，或許是表示你需要進一步去揭開隱藏在你意識底層的祕密，或是你深深埋藏起來的過去記憶。夢見你卡在電梯裡，代表你正處於生命的過渡轉換期，而你被困在半路上。你對於電梯卡住的反應，也可能顯示出你對於自己在某些事情上的進展感到不耐煩。夢見電梯失控下墜，跟夢見自己從高處墜落很像，但是要再多考慮兩個解讀元素就是：過渡期和選擇（你主動決定的）。雖然你的人一樣是在往下掉，但那是你自己選擇要搭乘電梯去探索新資訊。電梯上上下下，表示你對於目前的人生要往哪個方向去覺得很困惑。夢見電梯壞掉停駛，表示你可能卡在生活中的某件事情上。夢見電梯壞掉，另一個可能是，你需要好好待在你現在的地方，不要企圖逃離目前的狀況，想著要往上一步登天，或是想要讓自己往下沉淪。

電鑽 *Jackhammer*：

　　這種聲音極為吵雜的破壞性工具，可以摧毀材質非常堅硬的東西，來讓新的東西有立足之地。因此，電鑽代表的就是一種能力，它可以讓原本看似永久不壞的結構，在經過一番努力之後而被毀棄，以創造出另一套生活習慣、想法

或是意識型態。夢到電鑽，或是夢到某些東西有被電鑽破壞過的痕跡，都是代表你生活中正在發生巨大改變，而且那個改變是針對過去那些看似永久不壞的東西，進行拔根式的變革。

電燈開關 *Light Switch*：

這個夢象徵的是，你是否能夠讓自己進入到創意發揮的狀態，以及是否具備隨心所欲運用創造力的那個能力。轉動開關的這個動作，反映出你覺得自己在某些事情上需要有所改變。由於大多數的開關都只有開或關兩種選項，它代表的就是你是否想要某件事情開始或停止。我們通常都會期待自己的人生就像電燈開關一直開著、充滿光明，不想要出現任何不可預見的情況。因此，夢中出現電燈開關這個符號，也代表我們是否相信自己有能力讓自己的人生始終處於光明狀態。光也代表創造力。因此，電燈開關這個符號的主要象徵意義就是，你擁有創意能量，而且有能力隨意要它開或關。把開關打開，代表你需要解放你內在的創造力。關上開關，代表你需要讓這個力量停下來，暫時休息一下。此外，把開關關掉，也可能代表你不想要看見某件事情的真實樣貌。開關功能正常，表示你有能力控制一些事情；開關壞掉，代表你生活中有某些事情已經無法回應你的要求。開關的安全性也很重要。內部電線暴露在外，代表你在運用創意時存在著某些危險或不確定。

電影 *Movies*：

這個夢的主要象徵意義就是：創造屬於自己的生命版本。作為一種象徵符號，電影代表的是我們的記憶和渴望，以及想要掌控自己現實人生的內在需要。在西方文化裡，電影幾乎已經生根，以致我們根本無法將它跟人類經驗區分開來，當成與日常生活毫無干連的東西。尤其當一部電影是根據真實歷史事件加以改編，觀眾往往會將它當成是確實發生過的事。研究結果顯示，我們大腦的某個區域，從觀看電影影像得到的刺激，跟真實事件帶給我們的刺激感受

是相同的。這使得我們警覺到，幻想與真實的界線其實相當模糊。電影和夢其實並無太大區別。電影裡所拍攝的任何東西，都有辦法在人類的想像力中成為真實。就算是最難以置信的故事情節，也可以藉由電影的神奇力量化為可能。因此，電影的象徵涵義就是：人類為了將自己最熱切的欲望化為真實，而擁有的不可思議動力。很多人都有這樣的經驗，我們感覺自己作的那個夢境本身就是一部電影。當我們在解析夢裡面的電影所代表的意義時，首先應該要去區別，我們想要藉由這部影片來表達什麼渴望。一種是將幻想化為真實，另一種則是改寫你希望看到的歷史。無論是哪一種情況，夢中出現電影，很可能代表你想要對自己的人生有更多的掌控權。不妨問問自己，你生活中哪一方面你覺得不夠真實？或是你希望它可以變得跟現在不一樣？

電話 *Phone*：

電話就是象徵集體意識，以及我們在現實世界中隨時隨地立即與他人連結的能力。座機電話正在快速消失、成為過時的東西，如果你夢見這種電話，或許表示你的溝通風格已經有點過時了。

電話（家用）*Telephone*：

與他人保持聯繫，是這個符號的核心涵義，不過，隨著時代改變，愈來愈多人已經放棄了家用電話，改使用可隨身攜帶的手機，作為他們唯一的聯絡工具。無論是哪一種形式的電話，在象徵意義上都是代表溝通和即時的滿足。如果夢裡面出現的每一個人，都是作夢者本身的反照，那麼電話就是代表思想意念之連通性的力量。（參見手機／Cell Phone，第35頁）

電纜線 *Power Lines*：

電纜線縱橫交錯在文明世界的大部分地區，藉以將電力輸送到各地。因此，電纜線也經常被類比為：任何時刻都有辦法將一種主張想法具體實踐出來的

那股創造力能量。同時也代表了透過現代通訊科技而發揮的即時連結能力。假如你的夢境場景出現電纜線，那代表這種即時接通創意力量的能力，隨時隨地都可為你所取用。如果那條電纜線斷裂掉落，那表示你跟你的創意來源暫時無法接通。

電視 *Television*：

集體意識以及被製造出來的事實，就是夢裡出現的「電視」所代表的涵義。電視代表正在運作中的集體思維。透過各種節目，尤其是新聞，電視幾乎對人有很強的催眠效果，使得一般大眾認為他們從電視上看到的就是事實，無論實際上是否如電視演的那樣。真實與虛構之間的界線愈來愈模糊，再加上近年流行所謂的真人實境節目，使得這種情形更為嚴重。夢裡面你和電視之間的距離，就是代表你目前實際生活中受到電視及其節目內容影響的程度。有些人從不看電視，有些人則沉迷其中。你本身是處於何種情況，也會影響到你如何看待夢裡面出現的這個符號。首先，仔細檢視你的夢境內容，你就能判斷出這個夢主要想告訴你什麼訊息。接著，用「電視通常只呈現製造過的事實」這個角度來加以過濾。最後，問問自己，你是如何被別人的想法所操縱，而違背了你自己對於生活的真實看法。或許，現在你該適時關掉電視，開始好好去過你的真實人生。

電子遊戲 *Video Games*：

電子遊戲象徵完全逃避現實以及盲目愚蠢的想法。它們是一種現代現象，根據每個人的個別經驗不同，電子遊戲也會有不同的夢境涵義。死硬派的遊戲玩家認為這種逃避讓他們感到非常快樂，批評的人則會從批判的角度來看待它。你個人對電子遊戲持什麼樣的觀感想法，會牽涉到你如何解釋這個夢。有人認為，電子遊戲是在培養一種技能；不過，那些技能除了在遊戲領域之外，幾乎毫無實用價值。如果你是站在這個角度，那麼電子遊戲對你來說就是代表一

種盲目愚蠢的想法。如果夢裡面的電子遊戲帶有疏離的嘲諷意味，那它應該是代表一種防衛心態，你可能想要抵抗潛意識試圖要告訴你的東西。如果夢裡面是其他人正在玩電子遊戲，那麼你可以去了解這個人是代表你內在性格的哪一個面向，你就會知道是你意識當中的哪一部分在逃避現實。

運動帽 *Cap*：

你可能想要把自己的某些想法隱藏起來。帽子（hat）可以把頭部遮住，而頭部就是一個人之思維想法的象徵。用 cap（蓋子）作為運動帽的同義字，來意指將某樣東西限制住、包藏起來，可能意謂著，我們內心在某些方面很想要去限制或約束我們自己的想法。運動帽也可以代表一個人想要發揮自己的運動天性，運動帽最原始的設計就是在戶外戴的，因為可以遮陽。夢到運動帽，可能表示你想要把你看到的一些光遮起來。（參見帽子／hat，第238頁）

運動鞋 *Sneakers*：

任何一種鞋子，都代表你感覺自己的生命是否穩固，以及你行走在人生道路上所做的一切選擇。運動鞋代表你已經做好準備要竭盡一切努力，也代表你需要讓自己更加穩固扎根來發揮你的實力。夢到運動鞋，也可能單純是在提醒你要做一些體能運動。

蜂巢 *Beehive*：

蜜蜂代表的是組織、溝通協調，以及創造出豐盛甜美事物的能力。而牠們的家——蜂巢，就是這種能力被發揮的所在。你夢中的那個蜂巢，就是你發揮美好生活之想像的場所，如果你不用心經營它，可能無法得到好的結果。

蜂窩 *Honeycomb*：

這項複雜的工程技術最終會成為一個儲存單位。因此，蜂窩作為一種符號，它代表的是一種能力，可以讓某件有價值或是你想要的東西隨時被你掌握。蜂窩是用來儲存蜂蜜的構造，因此在解夢上也可以再加上一層意義，就是你希望生活裡面多點甜蜜美好的東西。

蜂鳥 *Hummingbird*：

所有的鳥禽類都是代表某種傳遞訊息的信差，但蜂鳥最主要的療癒意義在於，牠代表你跟喜悅感受連結的能力。蜂鳥可以輕鬆飛入任何空間來吸取花蜜，而花蜜就是幸福甜美生活的象徵。當蜂鳥出現在你夢中，表示你可以輕鬆感受到喜悅的心情。

聖經 *Bible*：

《聖經》是一種根本象徵，代表神的話語在地球上的實際化現。夢到《聖經》代表什麼意義，必須立基在你個人跟《聖經》的關係來做解釋。因此夢見《聖經》所代表的意義相當複雜，對某些人來說，《聖經》能帶來幸福希望和力量，但對其他人來說，《聖經》是一種散播仇恨與分離的有力工具。以書籍的角度來看，《聖經》代表的是永恆的思想，也是你信仰基礎的其中一部分。只要再加上你個人與《聖經》的關係，你就能得到滿意的解析。

聖杯 *Holy Grail*：

聖杯是基督宗教傳統中的一種神聖物件，一般認為它是耶穌基督在最後的晚餐中所使用的酒杯。從形上學的角度來說，這種跟女性體型相似的高腳杯，象徵的是用來盛裝神聖能量的一種器皿。假如它出現在你夢中，那表示你可能正在經驗這種強而有力的靈性驅動能量。如果你的信仰就是屬於基督宗教，那麼這個意象對你來說更可朝這方面去解釋。聖杯這個符號的核心概念是：人類就是盛裝上帝永恆之愛的器皿。

聖母瑪利亞／觀音 *Mother Mary, Quan Yin*：

　　這是一個人格原型，代表透過愛與慈悲的能量法則得到療癒。雖然代表慈愛力量的原型有很多，但這裡我只舉出這兩位，主要是因為祂們是最廣為人知，也是最能代表人類歷史上神聖寬恕力量的象徵人物。在夢的解析上，祂們應該被當成原型人物，當祂們在你夢裡現身，那表示你正在經驗高層次的自我探索與整合。瑪利亞是耶穌的母親，而觀音是佛教中代表慈悲化身的女神，兩位都具體示現了陰性能量的最高進化層次。陰性能量法則連結的是愛與接納的力量。這兩位人物都被百萬信徒尊為慈悲與無條件之愛的化身。雖然祂們各自所屬的宗教在教義上差異極大，但祂們對各自信徒所帶來的撫慰力量卻完全相同。人類所面臨到的最艱難課題之一就是寬恕，人要原諒別人，是非常困難的。人類的頭腦本身就不是為了無條件之愛而建造的，儘管這是許許多多走在服事道路上的人不斷努力追求的境界。無論祂是以何種方式對你顯現，這個聖母原型都可以幫助你擺脫羞愧感與怨恨，往療癒的道路前進，因為這條路，唯有愛與慈悲才能到達。如果你夢中出現其中一位人物，都是在提醒你，你已經來到意識提升與自性整合的關鍵時刻。如果祂們出現在你夢中，而且沉默不語，那也是相當正常；光是祂們的形象示現在你夢中，這個夢本身就充滿力量。如果在夢中祂們有開口對你說話、傳訊，請務必牢記在心。如果沒有，那你最好的做法就是在心裡默默感恩這個禮物，因為這個代表意識提升的夢，力量非常強大。（參見觀音／Quan Yin，第374頁）

聖女瑪利亞 *Virgin Mary*：

　　這是最能代表愛與慈悲的強大原型之一。聖母瑪利亞來夢中探訪你，是為了給予你深層的安慰，因為她有能力將一切痛苦帶走，無論這個痛苦具有多麼大的毀滅性。這樣的夢境意象確實力量非常強大，就算你並不是從宗教信仰的角度來與這個形象產生共鳴。

聖誕老人 *Santa Claus*：

　　聖誕老人這個人格原型，代表的是對於愛的神奇力量擁有一種純真無邪的信仰。聖誕節尾隨冬至之後而來，而冬至剛好是北半球一年當中最短的一日。也就是說，在一年當中，黑暗時刻最長的日子裡，我們為一棵樹裝飾象徵春天的果實，來追憶那些充滿陽光的日子。聖誕老人就是以這個神話為基礎創造出來的人物。他代表愛的神奇力量，能夠超越一切黑暗。這個力量也讓人聯想起孩子的純真無邪，因為一旦拋棄這種信仰，人們便很難再全心相信奇蹟的存在。但不知從什麼時候開始，父母親開始用聖誕老人的承諾來操控孩子，要他們乖乖聽話，聖誕老人才會送禮物來。著名的聖誕歌詞也開始暗示，聖誕老人隨時隨地都在監視孩子乖不乖。雖然從表面上看，這其實是一種有點可愛的想法，但事實上，聖誕老人會偷窺小孩子，這根本是胡謅的謊話，因為它背後的精神就是要讓小孩子感到害怕，藉此來操控小孩、評斷小孩。不妨檢視一下，你實際生活中是不是對自己太過擔心，不知道自己的表現好不好，會不會有什麼不好的結果等等。

聖痕 *Stigmata*：

　　聖痕是指耶穌被釘上十字架之後，雙手和雙腳血痕的重新再現，是耶穌意識的一種神祕顯現。夢境裡面出現聖痕，可能是代表力量非常強大的啟示，也代表你的靈魂覺知正在朝更高的層次邁進。如果你本身是天主教徒，那聖痕對你來說就有更密切的連結，是代表你虔誠奉獻之心的外顯兆示。

腳 *Feet*：

　　腳是我們身上最常與地面接觸的部位，因此也象徵我們這個人是否接地，是否穩固、務實。雙腳也可以代表我們人生的行進方向。跟腳有關的夢，通常是代表你跟土地的關係，以及你是否覺得自己夠穩定、夠務實。腳也可以代表你是否有活在當下，因為從你的腳現在踏在哪裡，就可以知道你是不是如此在過生活。

腳尖 *Tiptoe*：

代表你可能需要用更細膩的方式去處理某件事。人會踮腳尖走路，是因為不想在那個地方留下太多證據，不想發出聲音或是造成影響。當你不希望讓人留下印象時，這樣做是有利的。不過，它的後果是，你放棄了自己的力量以及穩固踩在地面的務實感。從夢境的前後內容你會知道，實際生活中你在哪件事情上正在踮腳尖走路，你會看得更清楚，這個動作對你是否真的有利。如果夢裡面是另一個人在踮腳尖走路，那代表你內在的這個性格部分不希望被人看見。

腳趾 *Toes*：

腳趾關係到我們身體移動時的平衡感與靈巧度。此外，我們也可以在腳趾上做裝飾，來作為一種自我表現。在夢裡面腳趾發生什麼事，也代表你可能受到何種阻礙。腳趾踢到東西，代表你的判斷出了差錯，提醒你要趕快注意。

腳踏車 *Bicycle*：

在夢的解析當中，任何一種形式的運輸工具，都是代表你用什麼方式在過你的生活。腳踏車的行進速度跟走路相當接近，但又比走路快。騎腳踏車讓人感覺愉快，而且需要平衡感才能順利前進。作這樣的夢，可能是代表你回到童年時期的知覺感受，如果你夢到自己是一個狂熱的自行車手，那表示你可能很希望擁有過去帶給你的愉快感受。夢見腳踏車也可能是在告訴你，要稍微加快移動的速度，但基本上仍必須靠自己的手腳來前進。

罪犯 *Criminal*：

代表你內在人格的某部分正在做出不顧後果的選擇。如果夢中出現一個犯罪的人，你應該將他（或她）視為你內在真我的其中一面。儘管犯罪行為非常多樣，而且牽涉到各式各樣的犯罪活動，但無論犯下的是普通罪行或是滔天大

罪，所有的犯罪都有一個共同點，那就是：違反法律必須承擔後果。從這個角度來說，如果你選擇無視社會的共同約定，那可能表示你並不在意這些後果。犯罪行為的本質就是反社會，因此在夢的世界裡面呈現出來的罪犯人格面向，就是陰影的具體素材。藉由檢視你夢中出現的那個犯罪行為的本質，你就能發現，它要透露的是你潛意識的哪一個部分。而那個犯罪行為和動機的嚴重程度，就是代表你目前情緒狀態的陰暗程度。

傷 *Wound(s)*：

過去經驗所留下的這個證據，正在向你顯示你目前有多麼堅強或脆弱。傷痕代表已經發生過激烈和危險的事情。它不僅是事件本身的證據，也象徵著過去的傷害事件可能讓你現在依然心有餘悸。雖然身體上的創傷本質上是屬於肉體的，但它們也可以代表情感上、心理上以及精神上的創傷。夢中出現傷痕，在解夢上最重要是要考慮它在你身上留下的影響。風險愈大，你要為夢中那件事情付出的代價也愈大。受傷處如果出現發炎感染現象，代表那個舊傷正在潰爛，讓你感到疼痛和不舒服。如果是傷口在流血，那表示你正在失去或缺乏生命的熱情與活力。

傷口／割傷 *Cut(s)*：

傷口就是受傷的證據；保護傷口是人的一種本能。皮膚是人體器官當中體積最大的，一共有三層組織。它的主要功能是將身體外部和內部做出區別，為皮膚下的組織提供一層溫和柔軟的保護殼。表皮割傷會阻礙這層保護效果，使得身體必須對任何傷害做出迅速反應。傷口留下的疤痕記號，代表那個地方曾經受過傷。夢到傷口，無論這個傷是在夢中才發生的，或是實際生活中早就有的，都是代表你正在面對和處理生活中的某些傷害。（參見傷／Wound(s)）

傷痕 *Welts*：

　　傷痕是一種證據，代表過去曾經做過錯誤行為、遭受過攻擊，或是原本潛藏的問題現在開始浮現。身體哪一個部位出現傷痕，是解夢的關鍵。手臂代表力量和行動，雙腿代表移動和動機。手部代表創造力，臉部跟你想要展現於外的性格角色有關。此外，也要考慮，身體露出的部位有傷痕，代表別人可以看見你的傷。如果是被衣服蓋住的部位有傷痕，代表你有能力，也希望隱藏你的傷痕。

跨性別穿著 *Cross-Dressing*：

　　衣物服裝對應的就是我們的個性，以及我們選擇想要用什麼樣的形象讓世人看見。夢裡面如果跨越了性別界線，那麼解夢的主題應該是要放在陽性能量或是陰性能量的整合，至於是往哪個方向做改變，則視個人情況而定。穿上異性的服裝，可能意謂著你想要讓人們更加注意到你身上的異性特徵。一身男性打扮的女人，可能是想要讓人看起來更有攻擊性或是更有力量。一身女性打扮的男人，或許是想要讓人覺得容易接受，希望人們覺得他們是敏感細膩的人。

跳舞 *Dancing*：

　　你正在尋找一種更優雅、更流暢的方式，來面對你生命的各種複雜關係。跳舞也是一種精美設計過的求偶儀式。它是社會普遍可以接受的交際行為，目的是為了促進舞者雙方的親密感，並進一步發生性行為。就算一個人獨舞，也是一種感官性很強的活動，目的是為了彰顯一個人在空間中的移動能力。它會給人帶來一種肉體上的感官經驗，暗示著這個人準備要做出各種跟性有關的表現。如果是團體舞蹈，比如芭蕾舞團或現代舞團，這種帶有象徵意義的對話則會擴大為行動詩歌的概念。

跳蚤市場 *Flea Market*：

跳蚤市場是販賣二手物品的市集，它是象徵一種概念，代表一些老舊的點子可以拿來換成錢，或是釋出一些我們已經不需要的東西，騰出空間讓新的東西可以進來。

跳傘 *Skydiving*：

跳傘的重點在於，因為意識到墜落地面的風險，致使腎上腺素激增。假如你夢在自己在跳傘，那表示你期待生活中能夠多一點興奮感。這種刺激興奮感是來自你墜落時放棄控制。因此，跳傘意謂著放掉你對於某些事情的控制。

節食 *Diet*：

節食是透過限制食物的攝取，來控制你的身材體型。節食這個動作可涵蓋的意識範圍非常廣，從單純為了身體健康、均衡的自我保健，到較為深層帶有破壞性和強迫性的自我設限都有可能。因此在解夢時，一定要把你個人跟食物之間的關係考慮進來。無論你是屬於哪一種情況，節食主要都是一種對於某樣東西的克制和控制，而那個東西基本上是能夠帶給你養分的。你是不是一直在否定自己，只為了想要得到某樣東西？這樣做對你真的好嗎？如果你夢見自己在節食，那不妨問問自己這些問題。

節日慶典 *Festival*：

代表你可能需要把你所有的資源集中到某個具有創意的方向，讓你的努力被大眾看到。慶典就是一大群人為了某樣特定目的而結集起來的活動。在象徵意義上，它是代表你的意識聚焦在某個特定的表現上。在我們生活中，大多數慶典的核心都是放在藝術或農作物豐收等這類主題上，因此，夢到慶典，意謂著你內在有更多的創意正在被激發。夢中這個慶典的主題是什麼，也會關係到這個夢代表的意義。

碗盤 *Dishes*：

碗盤是我們用餐時使用的器具，表示我們是以文明的方式來攝取養分。食物代表的是你用各種不同的方式來滋養自己，而碗盤就是承裝那個養分的容器。在夢裡面，你是在什麼狀況下、用什麼方式來使用那些碗盤，那就是代表你目前用什麼方式在照顧自己。

溝渠 *Ditch*：

溝渠是人們特意在地面下挖出來的通道。如果地面之上是象徵我們的表意識，那麼任何在地面之下的，就是代表我們覺知意識表層之下的東西。大部分的溝渠都是為了隱藏或改變某樣東西的流向而建造的。因此，溝渠代表的就是一種先行的自我探究，它是為了讓某些事情可以順利進行，無須當場再去偵測或藉助其他工具策略。在目前的表面生活之下，你對生命的真正看法是什麼呢？

溺水 *Drowning*：

夢見自己溺水，表示你內心深處有一些感受把你壓得無法呼吸，你可能需要去釐清你的一些情緒問題，學習如何好好處理它們。很多人對於自由漂浮都存在著一種焦慮，很怕自己會溺水。如果你是這樣的人，那麼當你夢到自己溺水，可能表示你在平常生活中經常無法心平氣和隨緣處事。從象徵符號的角度來說，無論你內心對於實際上可能發生溺水存在的恐懼有多深，如果你能回到你的水性，讓自己去溫柔擁抱你在水中的無重力狀態，你就能體會到那個平靜感。溺水就是代表死亡。死亡就是代表你犧牲掉自我的一部分，來讓自己重生。因此，夢到溺水是一個非常美妙的轉化經驗，因為代表你能夠完全接受人生中必然會面對到的情緒過程，讓你能夠用一種新的方式活在世上。如果夢到溺水，而你表現得很驚慌，可能是代表你在抗拒眼前面臨的情緒轉變。很多人也常夢見自己可以在水中呼吸或是至少可以正常活動。雖然溺水的夢一般來說並不常出現這種場景，但這樣的夢境也代表你在面對情緒重荷時，依然能夠優游自在。

鼓 *Drum*：

　　所有的樂器都是代表內心情感的展現。鼓聲是最接近人類心跳的一種聲音。如果在一個夢境裡面，鼓是主要焦點，那表示你想要以基本的、官能性的方式來展現你的生命節奏。

農場 *Farm*：

　　農場代表著透過大量生產食物來提供眾人營養。寧靜與純樸的農場景象，不禁讓人緬懷起過去人們與土地的關係，在當前的文化和歷史中，這種與土地緊密相連的感覺，似乎已經快要被遺忘。如果你是夢到自己在農場工作，那可能是在提醒你要有所行動，要負起責任、更辛勤去耕耘，來滿足你自己的需求。夢見自己擁有一座農場，代表你覺得自己有責任滋養自己，而且很可能別人也要依靠你，來滿足他們的相同需求。假如你只能食用你自己耕種和照顧的東西，那麼農場代表的就是你能否為你個人的需求負起責任，並把一切安排妥當。如果這個農場是生產特定作物，那麼在解夢時可以再把這層涵義加上去。生產牛奶乳酪品的酪農場，可能跟情緒方面的問題、母親的問題，以及小孩子的問題有關。屠宰農場則比較是屬於物質方面、生活照顧上的問題。屠宰和犧牲獻祭的意象是代表你必須先放下某些東西，才能再接收其他東西，以此來達到平衡。有機農場則是代表採取激進的手段來敦促自己，以較為健康的方式滿足自己的生命需求。

葬禮 *Funeral*：

　　你正在經歷一個重大改變或轉換。葬禮的主角是某個已經死去的人，但葬禮本身卻是為生者而設的。葬禮是力量非常強大的一種儀式，透過集體悼念的方式來幫助人們度過失去親人的艱難過程，接受亡者已然逝去的事實，重新展開自己生命的篇章。如果你夢見自己出現在一場葬禮上，那麼解夢的重要關鍵就是這個死者的身分。如果把這個人視為你內在人格的一部分，你可以思考的

是，是不是你內在的某一部分自我已經對你無益，它已經被犧牲了。如果是這樣，那麼你的轉化只完成了一半，因為葬禮標示的是死亡，而不是隨之而來的重生。很多人夢到葬禮時，發現他（或她）參加的是自己的葬禮。如果是這樣，那麼就代表這個改變或轉換是比較廣泛性的，而且可能跟人生的發展階段有關，或是表示這個改變的幅度非常大，因而必須用自己死掉這個意象來表現。另外一種可能的解釋是，葬禮的夢是代表目前你感覺自己缺乏熱情或生命力。（參見死亡／死者〈Death〉，第78頁）

遊戲之夜 *Game Night*：

一群人聚在一起，在歡樂的氣氛當中享受比賽的精神，這就是遊戲之夜的核心涵義。作為一個夢境符號，它是代表我們內在那股想要與人競爭、贏得勝利的根本動力，但是用一種不會帶來傷害、又好玩有趣的方式表現出來。夢到遊戲之夜，可能是代表你內心已經累積了一些壓力和動力，需要用具有建設性的方式將它釋放出來。

遊戲競賽節目 *Game Show*：

是透過媒體播出、考驗玩家技巧和運氣的一種娛樂性節目。觀看節目的人是透過玩家去代替他經歷這個比賽。假如你夢見自己正在觀看一齣遊戲競賽節目，那麼解夢的重點應該要放在「替代性」（另一個人代替你去做一件事）這個元素上。假如你本身就是那個玩家，那表示你很想要利用機會去獲得可能的利益。

遊戲紙牌 *Playing Cards*：

夢裡面出現遊戲紙牌，代表的是：當你了解生命運作的潛在結構，你就能熟練地打出該打的牌組花色和序數排列。紙牌上有數字和花色，當你在玩這些不同類別的紙牌，你會發現它們存在著無窮的可能性。這跟生命本身的運行變化很像。因此，紙牌遊戲就像一個試驗場，你可以在其中訓練自己，成為擅長生活遊戲的高手。

遊行 *Parade*：

遊行經常是代表在你人生馬不停蹄往前邁進的過程中，一個值得歡慶的時刻。你可以是這個遊行隊伍的旁觀者，代表你是被動的，沒有主動參與，只是剛好遊行隊伍經過。或者，你也可以加入這場遊行，跟著生命之流移動。無論你在夢中跟這支遊行隊伍是處於什麼樣的關係，這場遊行都可以代表為你帶來讚譽和公眾認可的活動。

遊樂場 *Playground*：

遊樂場是一種充滿童趣的場所，它本身就是歡樂喜悅的象徵。如果你的夢境場景是發生在遊樂場，那表示你想要與你自己的本性有更深的連結。如果這座遊樂場就是你童年時期去過的地方，你或許可以檢視一下，你生命中是否存在某種特定模式，藉以了解，你是否有能力在某些情況下依然保持輕鬆愉快的心情。

閘門／城門 *Gate*：

閘門是一個有邊界的封閉空間的開口之處。柵欄或是圍牆這類符號背後的意義，都是象徵在不同意念想法或意識區域之間建立起區隔。因此，閘門代表的就是你選擇進入新的領域。假如夢中那道閘門是鎖起來的、擋住你的去路，那表示你正來到一個抉擇的十字路口。如果你人是在閘門內，那麼你可能是在考慮，如果你選擇把門打開，可能會暴露太多自己的感覺。壞掉的閘門代表你失去了用適當邊界來保護自己的能力。

葡萄 *Grapes*：

葡萄是財富和富裕的最佳象徵，不僅因為它們是一種需要大量種植栽培的果物，更因為它們可以製成葡萄酒，這是地球送給人類最慷慨大方的禮物之一。夢到葡萄，代表你作夢當時覺得你的人生非常豐盛富足，因此用這個夢境

來表明這件事。如果是夢見自己在種葡萄，那表示你願意為打造繁榮富足的生活而付出努力。假如夢見在吃葡萄，那表示你希望能夠享受到勞動之後的成果。

葡萄園 *Vineyard*：

葡萄園是生產葡萄的地方，夢中出現葡萄園，它的象徵意義就是跟葡萄所代表的力量直接相關。葡萄酒是歷史悠久的飲料，通常跟慶祝和儀式，以及想要逃避和狂歡的欲望有關。葡萄園是所有這些生命元素的根源所在。

葡萄酒 *Wine*：

葡萄酒是葡萄所釀製而成，是世界上最古老的發酵飲料之一。葡萄酒中的酒精成分，也代表了逃避現實和過度放縱。不過，人們對葡萄酒還是抱持著崇高的敬意，因為它經常出現在靈性慶典的儀式當中。你可以從夢境的前後內容看出，該從哪個方向來解釋這個夢。（參見葡萄園／Vineyard）

獅子 *Lion*：

叢林之王也是一種貓科動物，因此也與陰性能量法則相呼應。勇氣、果斷、領導力以及力量，是這個動物圖騰的象徵意義，這些特質在動物圖騰世界中也是屬於最凶猛等級的。夢中出現獅子，代表你正受到這些力量的祝福。

獅身鷹首獸 *Gryphon*：

這是一種神話傳說中的生物，牠擁有獅子的身體及老鷹的頭。獅子是萬獸之王，而老鷹是眾鳥之王，這種組合使得獅身鷹首獸在整個動物王國擁有領導統御的地位。既凶猛又威嚴的形象，使得牠成為看守寶藏者的標誌。這個圖騰符號的力量非常強大，如果牠出現在你夢中，那表示牠正在把力量、領導力、以及統御力帶來給你。

鉤子／掛鉤 *Hooks*：

　　鉤子是一種用來將某樣東西懸掛（附著）在一個地方的工具。因此，鉤子代表的是你意識裡面可以讓外在想法附著在上面的東西。為了讓你能夠接受別人提供給你的想法，首先你自己要先有一個鉤子，可以讓別人的想法附著其上。無論那個想法是正向還是負向，是對你有益，還是對你有害。夢裡面出現任何一樣被掛在鉤子上的東西，或是鉤子本身，都是代表你已準備讓某樣東西附著（懸掛）在那裡。

溫泉 *Hot Spring*：

　　天然溫泉是大地的一個開口，它連接的是一大片由地底下的地熱系統加熱的含水層。因此，溫泉最主要就是象徵高度熱情的情緒感受經驗，而且它是從意識表層底下冒出來的。尤其，溫泉總是跟放鬆和健康有關聯，因此也成了一個非常正向的符號，意思就是，如果你能允許意識表層底下的感受緩慢而有條理地表現出來，那麼你就能獲得益處。

溜冰鞋 *Ice Skates*：

　　冰代表的是情緒冰冷到凍結的地步。因此，溜冰鞋或溜冰的象徵涵義就是：當你缺乏溫暖和熱情時，你是否依然有能力認清人生道路的方向。冰又硬又滑，因此溜冰鞋也象徵著你有能力在嬌弱易碎的棘手環境中優雅地移動，「如履薄冰」這句話就是這個意思。

溜滑梯 *Slide*：

　　溜滑梯是一種遊樂設施，能夠讓人體驗短暫的速度感。玩溜滑梯時，首先你要爬到溜滑梯上，然後從上面溜下來。在象徵意義上，這也代表你可以在付出過努力之後將它放下，同時也表示你需要重返童年的純真狀態。

亂倫 *Incest*：

在平常的實際生活中，這是一個非常複雜的問題，而且在象徵意義上，當它作為一種普通概念，以及假如你自己曾經是亂倫的受害者，但是夢到亂倫的話，這兩者背後存在著非常大的差異。如果你是屬於後者的情況，夢到亂倫可能是你在面對和療癒這段傷痛非常重要的一部分。不過，如果你並非亂倫受害者，但夢中卻出現這種令人不舒服的行為，可能就需要從象徵符號的角度來解釋，而非單單從字面上去理解。在夢的解析上，任何跟性行為有關的經驗，都是象徵意識之內不同元素的統合與融合，因此，性行為其實是一個非常強大且正向的符號，即使參與其中的人可能不是你的伴侶。以亂倫來說，涉及這個性行為的是你的家族成員。因此表示，你現在要整合的人格面向，一定是跟家族特徵、價值觀，以及在夢中出現的家庭成員的實際性格有關。

綁架 *Kidnap*：

綁匪把小孩綁走，為的是拿到贖金。因此，小孩這個符號就是代表寶貴和有價值之物（比如純真無邪或是潛能）的象徵。贖金則意謂著，你被迫用這個寶貴之物作為犧牲品，來換取某些較為物質取向的東西。當你感覺自己好像必須拋棄自己原本重視的價值，為了達成某個目標而做出妥協時，你就會作這種綁架的夢。如果你身為父母親，這樣的夢可能是在反映你對於父母親這個職務角色的焦慮。

葉子 *Leaves*：

葉子是植物的呼吸系統，也是將陽光轉換成能量的構造。因此，葉子這個符號代表的就是來自地球源源不絕的生命力量與豐盛。解夢時，也需要考慮葉子的狀態和結構。如果你看到的是一株植物或是一棵樹的葉子，那就是象徵生命自我維生的能力，以及你自己身上的這種能力是否足夠。如果是夢到葉子正在掉落、變色或是腐爛，那是代表生命的循環轉換過程。葉片本身有受損，代表你接收能量並將它轉換為可用資源的能力已經受到破壞。

會議 *Meeting*：

會議是商業世界的標準產物。它象徵的是意識共同想法或是不同意見主張的結集，以邁向某個共同目標。在夢中，所有出現在會議中的人都可以解釋成是你內在人格的不同特質，他們需要被集合起來，來完成目前你人生的某個目標或計畫。這是一個比較屬於理性思維的符號，因此它出現在你夢中，可能也是在呼喚你本性中善於計畫、安排、組織，以及執行的那部分能力。

微波爐 *Microwave*：

微波爐的原理是透過加快分子的運動速度來製造出熱度。熱度象徵的是能量的提升、熱情、改變，以及力量。夢到微波爐，代表你渴望讓事情趕快發生，比它正常發展的速度還要快。這樣做可能對你有好處，也可能沒好處，而且你還必須考慮到，不讓事情照正常速度發展，可能帶來的後果。

微笑 *Smile*：

微笑是一種跟愉快感受有關的反射動作。愉快心情是會相互感染的，如果有一個人在笑，常常另一個人也會跟著笑。因此，在象徵意義上，微笑就是同時代表這兩種概念：心情感到非常快樂，以及很容易相互感染散播。如果你夢見自己在笑，那表示你非常開心，開心到滿溢出來，或是你覺得自己需要也希望多點快樂的心情。如果夢中是別人在笑，這個人也是代表你內在性格角色的一部分，表示這個部分的你有能力讓自己更開心。

蛾 *Moth*：

在夢的解析上，蛾代表的涵義跟蝴蝶是一樣的，差別在於，蛾跟這些涵義的陰影面比較有關連，因為牠是一種夜行生物。（參見蝴蝶／Butterfly，第304頁）

搬家 *Moving*：

　　代表你的自我認同和意識想法正在發生改變。家這個符號是真我意識的最強大象徵，搬家的過程就是代表你對自己的看法正在發生改變。改變的過程勢必出現混亂場面，因此這個夢可能是在提醒你，你生命中某些部分因為正在發生急劇轉變，以致讓你感覺一切似乎分崩離析。請相信，這只是過程，到最後每一件事情一定會重新回歸正軌。

塗料／顏料 *Paint*：

　　代表你想要藉由覆蓋過去和重新開始來改變你的生活。如果夢裡面的塗料比較像畫家在使用的繪畫顏料，那表示你內在有一股想要創造事物的衝動欲望。塗料本身就是執行這種改變的媒材。從象徵意義來說，它就是代表你去執行這種改變的原始材料。你是否有辦法精準掌控這種液態媒材，也代表著你是否能夠有效運用你手頭上目前的創意資源。你的掌控力愈好，就愈能展現出你想要的東西，也愈貼近你原本渴望的意圖。

鉛筆 *Pencil*：

　　這個夢是代表溝通內容的多變與無常。鉛筆在象徵意義上跟溝通有關。在夢的解析上，必須再加上一個重要元素，就是鉛筆的筆跡是可以擦去的，因此也代表缺乏承諾性。使用鉛筆時，你所施加的壓力大小，也會創造出不同的陰影效果，因此作為一種夢境符號，它代表的就是這個溝通內容涵蓋了不同層次的細緻度與內容涵義。如果你夢見自己正在使用鉛筆，這樣才能把寫錯的東西修正，那代表你想要收回或撤銷某件不符合你原始初衷的事情。不妨檢視一下，你生活中是否有哪些地方你很想要加以清理和修正。也可以思考一下，最近你與他人的溝通是否有秉持真誠正直。用鉛筆把一句話擦掉，表示你希望自己不曾講過那句話。

新聞媒體 *Press*：

　　新聞代表我們世界正在發生的事。在過去，新聞媒體是一股公正的力量，主要在於呈現客觀事實，但時至今日，媒體已經變成一種侵害隱私、傳播受到操控之訊息的工具。由於這是緩慢發生的文化改變，因此你的年齡可能是一個重要因素，會決定你如何看待媒體這個工具。無論你對媒體的看法是什麼，它都是代表你的公眾面，而非個人隱私面，同時也代表你所選擇的行為可能對公眾帶來的影響。

傳教士 *Priest*：

　　傳教士是一個人格原型，代表我們內在對於靈性教條法則極端虔誠的那個部分。因為大眾媒體傳播之故，使得傳教士這個意象成為代表精神奉獻的共通符號。也拜媒體之賜，這個符號同時帶有大量的潛在涵義，光譜涵蓋範圍極廣，從受到極高尊崇，到不敬嘲諷，甚至極度厭惡反感。你個人實際生活中跟傳教士的關係，也會影響你如何解釋這個夢。從光譜上最嚴肅虔敬的一端來說，傳教士代表基督在世上的化身，也象徵現代文化中一種難得的奉獻精神。以這個角度來看，夢中的傳教士人格面向，代表的就是你內在本性中最堅定不移的精神信仰，你願意為這個信仰做出犧牲。無可迴避的是，在當今，神職機構也捲入了不當性行為的深度爭議之中。此外，傳教士的禁慾角色，對於這個夢境的解釋也是相當重要的一個角度。如果在你的夢裡面傳教士是一個重要角色，那麼這個夢很可能跟性慾或是性的表現／性的自由度之問題有關。

暖氣機 *Radiator*：

　　暖氣機是一種用於室內取暖的機器，在夢的解析上，它象徵你渴望讓你的生活變得更有熱度。這個熱度可能代表情感情緒方面的事情、熱情的提升，或是增加對某些事情的渴望等等。汽車的散熱器則代表相反的涵義——表示某些事情需要冷卻下來，才能運作得更有效率。

路 *Road*：

夢中出現道路，就是代表你的人生方向或路徑。你個人的人生道路，是由過去做過的選擇加上目前的環境條件，以及你未來決定走哪一條路，全部加起來組合而成的。夢裡面出現路這個意象，就是代表你目前的人生道路。它可以代表你目前所在的位置，以及你此時此刻對於你人生旅程的感受的一張快照。夢中這條路愈是偏僻，就愈是代表跟你私人生活和個人問題有關。如果夢到公用道路或是寬敞的大道，本質上則跟公眾議題比較有關。

路上被軋死的動物 *Roadkill*：

在夢裡面看到路上被軋死的動物，代表這椿暴力事件已經發生了。有動物死在半路上，代表你因為生活步調過快，而犧牲了某些純真無邪的東西。如果你可以清楚辨識這隻被軋死的動物是什麼，那就可以根據這隻動物所代表的涵義來解釋這個夢。

滑板 *Skateboard*：

滑板等於是在你的腳底裝上輪子，來提升你的移動力。在夢的解析上，滑板代表你想要更快速地移動，同時也代表青春的反叛。如果你平常實際上有在玩滑板，那其實不太需要去在意這個夢代表什麼意思。

煙霧 *Smoke*：

事情正在發生變化，但目前狀況尚未明朗。就像有句話說：「有煙之處，必定有火。」火代表劇烈改變，因此煙霧就是暗示著改變正在發生，但不一定有辦法清楚看到改變的真正源頭在哪裡。煙霧會導致缺氧窒息，因為它會阻擋肺部接收氧氣，因此，夢到煙霧可能意謂著你生活中的某件事情讓你感到窒息，但你並沒有意識到，因此藉由這個夢對你發出警訊。煙幕彈是一種用來遮掩某些事情的手段；它是第一次世界大戰時發展出來的一種戰爭技術，因此煙幕彈本

身就代表了危險和暴力。現在它已經變成我們生活中的常用詞彙，用來暗指一個人刻意掩蓋自己的真實企圖，或是轉移對方的注意力，來遂行他想要做的壞事。如果在夢裡面你被煙霧遮住視線，不管是哪一種煙霧，都代表你可能要去檢視一下，目前你生活中是否遇到什麼困難，阻擋你去看清事情的真相。問自己，你是否有專注於真正重要的事，不致因其他事情而分心。

達人秀／才藝表演 *Talent Show*：

跟達人秀有關的夢，涉及兩個主題。首先，它是將自己的天賦和才能公開展示在大眾面前。其次，它是一種競賽、一種冠軍爭奪戰。作這樣的夢，可能代表你內心有一個強烈欲望，希望你的天賦和才能可以被世人認可。次要涵義是：這樣的認可是帶有競爭性的——因為冠軍只能有一個。

塔 *Tower*：

塔可以為防禦堡壘提供有利位置，因此，在象徵涵義上，塔就是代表與更高層次的思想意識連結。或許，你正在追求更高的理想。不過，高塔也是監獄的同義詞，如果你的目光過於短淺、思慮不夠深遠，你可能會被鎖在塔裡面。在實際生活中，是不是有某個想法把你囚住了呢？

塔羅 *Tarot*：

塔羅是一群力量強大的原型概念，每一張牌都有各自不同的涵義。如果你對這種占卜工具非常熟悉，可仔細看一下你夢中出現的那些牌面圖案，因為那是來自你內在智慧要提供給你的指引。如果你跟塔羅不熟，而你卻夢到塔羅，那也許是你的靈魂在提醒你，要仔細去留意這種靈性表達方式的深奧涵義。

睪丸 *Testicles*：

睪丸是陽性能量的泉源。夢中出現睪丸的特寫，代表的是男性生殖力以及散播大量創造能量的能力。它可能帶有性的意涵，也可能沒有。

雷聲 *Thunder*：

你正在見證戲劇性的靈性開悟時刻。雷聲是閃電出現的聽覺證明。如果閃電代表瞬間頓悟並帶來永久改變的靈性開悟與覺醒，那麼，打雷就是伴隨著這個閃光時刻而來的轟隆聲響。有一種古老的方法，藉由計算閃電與雷聲相隔的秒數，就可以計算出一個人與雷擊的距離。如果打雷和閃電同時出現在夢裡面，那這個夢的涵義就會更複雜，解夢要考慮的要素也比較多。它也代表了瞬間頓悟以及它所帶來的影響，這兩者是有差別的。

塞車 *Traffic*：

交通工具在現代生活中扮演非常重要的角色，作為一種夢境符號，交通工具（車流）也可以代表你在這個世界當中不斷移動的社會經驗，結果導致了混亂感。因此，交通阻塞這個符號代表的就是，由於這種移動太過頻繁，然後事情就全部積在一起了。你是不是常常想要同時做很多事？是不是有些事情你很想要趕快完成，但卻受到其他事情的阻撓（比如責任或義務）？

暗門 *Trap Door*：

你可能窩藏了一些祕密。暗門（活板門）意謂著在這道門之下有另一片風景，是跟你目前的意識狀態區隔開的。這也代表有某些事情是一直被隱藏起來的。你的任務是去確定那個被你藏起來的東西是什麼，如果有的話；你知道那是什麼嗎？你對於這種隱藏著可能風景的構造有什麼感受？暗門也可能突然被打開，然後抓到某個人，因此也代表隱藏著風險和欺騙。

暗流 *Undertow*：

　　水是情緒的象徵，同時也是屬於潛意識心靈的範疇。海浪代表來自隱密和神祕地帶之物，與陸地所代表的意識心靈不斷來回互動。暗流是海面下一個非常深的地方，在那裡，衝向海岸的海浪與離岸的海浪同時撞在一起，因此海流非常強勁有力。暗流是一股看不見的力量，如果你不小心進入這個區域，又對這個潛在危險地帶不熟悉的話，甚至你整個人會被它捲走。暗流代表的就是你害怕被潛意識心靈中的東西吞沒。

腫瘤 *Tumor*：

　　當細胞分裂的速度超過正常狀態時，腫瘤就產生了。因此在象徵意義上，腫瘤代表的就是：當事情變得非常混亂，以致完全失去控制，損害就發生了。這種混亂會隨著時間而呈現非常嚴重的後果，在損害被發現之前，通常這種混亂都已經累積很久了。在夢的解析上，腫瘤代表的就是：某件事情一直在表面底下暗中進行了一段時間，但它造成的損害一直到現在才被注意到需要治療。

圓頂小帽 *Yarmulke*：

　　在猶太傳統中，圓頂小帽是代表奉獻和崇敬，將這頂帽子戴在頭上，代表對於上帝的敬畏。它也是外界識別猶太信仰者的一種符號。因此，圓頂小帽象徵的就是這種內心的奉獻感與外在的認同感。每一個人對這個夢境符號的解釋，很大程度取決於他自己跟這個宗教的關係。

瑜伽 *Yoga*：

　　瑜伽法門是地球上最古老的教導之一。它的根本原理是：身體在空間中移動，然後維持在某個特定體位一段時間，來刺激我們身體的器官和腺體系統。需要有堅定的毅力，不怕困難，才能長時間維持一個姿勢，這也是瑜伽練習成功的基礎。夢到做瑜伽，代表你生活中在某一方面被迫離開你的舒適圈。

酸液 *Acid*：

　　酸液之所以能夠腐蝕東西，是因為它有辦法侵蝕到許多物質內部，引起化學反應，破壞該物質結構的完整性。夢中出現酸液的腐蝕場景，代表你感覺自己「正在被吞噬」，比如憤怒、嫉妒、怨恨，或是任何一種具有破壞作用的深層感受。當你把這些感受投射到另一個人身上，它是會把人灼傷的。

演員 *Actor*：

　　演員可以扮演各種性格的人物，而且演得唯妙唯肖，就像那人真的存在一樣。夢到演員，可能表示你在生活中正在扮演各種不同的角色，而且會根據不同的情況和不同的人，而有不同的應對方式。這樣的夢可能是在告訴你，你對人需要再多點真心、需要更表裡一致些。

演說 *Speech*：

　　夢中出現演說場景，可以從兩個角度來解釋，從其中一方來說，演講的主要意涵在於，致力於投射出單一想法，來創造大眾的心理認同。正在進行演說的這個人，其實就是代表你意識的一部分，主要也是代表這個概念。聽演講的人，代表的就是你意識當中其餘的思想模式部分，它們正在接收單一演講者發出的概念。你是不是企圖想要說服自己什麼事情？從另一個角度來說，由於很多人都很害怕公開對大眾演講，因此，如果你夢到對大眾演說，或許意謂著你正準備去面對一些跟公眾有關的事情，而你感到很害怕。

截肢／四肢殘缺 *Amputations/Missing Limbs*：

夢到截肢，可能暗示著我們的能力或能耐降低了。因為四肢健全，我們才能自由和靈活行動，手腳若有殘缺，我們的行動力就會大大受到影響。夢到四肢有殘缺，不論是缺了整隻手、整隻腳，甚至只缺了手腳的小指頭，外表上的肢體殘缺或截肢，都反映出你對自己生命方向的掌控能力受到了某種侵害。夢中你是失去哪一隻手腳，不妨思考一下這隻手腳的用途，它會提供你更多解夢資訊。

閣樓 *Attic*：

房屋的最高樓層對應的是智慧和想法；而閣樓通常是用來儲藏東西的。因此，閣樓也象徵著我們人生當中所累積的記憶、資訊以及知識。你夢中的閣樓是什麼樣的情況，也代表著目前你跟你的想法與回憶之間的關係狀態。在一棟房子裡面進行探索，也象徵你對自己的探索。夢見閣樓代表你正在回顧你過去的一些想法。

銀 *Silver*：

銀算是一種次級的貴金屬，代表財富、豐盛以及富裕繁榮。由於很多神聖物件都是銀製的，因此銀這種金屬也代表我們希望自己的俗世生命可以得到提升。可以看看你夢中這件銀製品是什麼物品；除了這件物品本身的涵義之外，還要再把銀製的意義加上去。

銀行 *Bank*：

講到銀行，就不免令人聯想到金錢、權勢力量，以及經濟上的安全感。銀行是現代社會才建構出來的一種概念，代表對於一般人在財富上的保護。如果我們更仔細、更深入去審視它的象徵意義，銀行其實是代表對於金錢的恐懼，

以及想要囤積財富以應付未來所需的一種欲望。夢到銀行，表示你可能在擔心你的財務，想要牢牢守住你的財產。

銀河 *Galaxy*：

銀河有點像是一種度量衡的概念，是我們用來描述已知宇宙的一種單位。現代人都知道，我們的太陽系其實是屬於一個更大、更複雜星系的一部分，這個星系就稱為銀河系，而且有數十億個同樣龐大規模的星系，遍布在宇宙當中。夢到銀河，代表你正在思考生命的複雜與龐大。它可能是一種對於現實生活的感想，也可能象徵你的生命有一幅更大的願景圖像尚未展開。

銀器 *Silverware*：

銀器是文明與菁英文化的象徵。食物是我們的維生之物，代表滋養與自我照護。藉由使用一種器具來與食物產生關聯，這也是人類和動物的分別之一。銀器代表的涵義必須結合兩個要素，一個是為了生存而吃東西的原始本能，以及代表社會規範和優雅禮儀的約束行為。也因為這兩個原因，父母親往往都要非常努力賺錢來讓他們的小孩使用銀器，這樣他們既可以餵飽自己，同時又能被社會所接受。一個人愈是在菁英圈生活，就愈需要為銀器努力奮鬥。從這裡也可以看出銀器代表的意義是跟文明與文化階級有關。夢見自己使用銀器，代表你願意遵從禮儀和社會規範。

熊 *Bear*：

現在，你需要保持耐心和保存體力；冬眠過後就是你的行動時刻。古代有所謂「熊之藥」（Bear medicine）的說法，意思就是，為了讓我們的真實力量可以得到適當發揮，一段長時間的寂靜不動是必要的。當行動的時刻到來，你內在那股像熊一般巨大的力量就會成為你的最佳資源。夢中出現熊，可能是要提醒你去想一想，目前是你主動出擊的最佳時刻嗎？還是你該暫時退回來等候最佳時機。

熊貓 *Panda*：

　　熊貓是代表財富和繁榮的強大象徵。熊貓吃竹葉維生，而竹子象徵幸運和吉祥；熊貓吃竹葉時總是慢慢吃，而且好像永遠停不下來，因此熊貓也代表源源不絕的財富。熊貓這種美麗可愛的動物，也經常讓人聯想到慈悲與耐心。如果熊貓造訪你的夢境，那表示你正在被一個非常強大的圖騰所指引。

蜜蜂 *Bee*：

　　蜜蜂可說是所有動物當中最具有集體意識的一種，牠們是群體溝通和社區組織的專家。透過複雜的社會結構，蜜蜂製造出自然界最精緻絕美的產品之一：蜂蜜。蜜蜂作為一種藥石圖騰，代表的就是牠們所創造出來的這種精密、組織化的結構，再加上本身勤奮工作的特質，因而能夠製造出無比甜美的東西。夢中出現蜜蜂，可能是在提醒你，要更有條理、更有組織地去從事自己的工作，這樣才能得到甜美豐碩的成果。

嘉年華 *Carnival*：

　　是社會邊緣人的一種緊密連結形式，嘉年華能夠創造出歡樂的氣氛，讓所有來參加的人暫時脫離現實，得到解脫。夢中出現嘉年華場景，可能代表實際上正在舉行的那場嘉年華活動，也可能是代表負責規劃這場活動的人。如果在夢中你感覺自己是這場嘉年華的客人，那就要從玩樂的角度來解析這個夢。假如夢中比較像是拆解活動幕後真相的感覺，那可能表示你正在連結你個性中叛逆的那一面。（參見馬戲團／Circus，第183頁）

鳳頭鸚鵡 *Cockatoo*：

　　所有的鳥類都跟訊息傳遞功能有關，同時也代表我們的思維過程和想法意念的運轉。鳳頭鸚鵡跟其他種鸚鵡比起來，羽毛顏色並沒有那麼鮮豔，因此也代表某些比較柔和暗淡，但卻又充滿活力的東西。跟這種鳥類最直接相關的特

徵，就是牠們的嘴喙很硬、發出的聲音非常洪亮刺耳。因此，如果你的夢中出現鳳頭鸚鵡，可能代表在溝通上比較尖銳苛刻。（參見鳥／Birds，第202頁）

餅乾 *Cookies*：

你可能希望得到一點獎賞，讓你的生活有更多甜美的感受。餅乾是象徵母性的滋養照顧，即使你家裡並沒有一個很會做餅乾的媽媽。每次努力把工作完成之後，我們就會想要吃些甜點來犒賞自己。因此，夢到餅乾可能代表你正在追求這樣的獎賞。夢見餅乾，也可能代表我們在某些事情上有過度的傾向；吃完一片餅乾，感覺很棒，然後不知不覺就吃得太多。任何事情都要適度，否則它就會透過夢境告訴你，你太超過囉。

遞送／投遞 *Delivery*：

收到快遞送來的物品，表示你先前想要的某樣東西終於送到你手上。因此，夢見自己收到快遞，可能是在提醒你想一想，你是不是很期待得到什麼東西。這種便利的遞送貨物方式，最根本的涵義就是代表強大的意識力量，以及你有能力獲得你想要的東西。

舞蹈 *Dance*：

舞蹈是一群人的集合，在夢境世界當中，這群舞者應該被視為你的表意識當中針對一個概念而產生的各種思維想法的集合。而這裡所指的概念就是：透過舞蹈這個象徵手法來展現熱情和性能量。如果你夢見一群人在跳舞，那代表你的意識當中有一個很強烈的渴望在醞釀，你希望生命中能夠多一點熱情。

舞蹈課 *Dance Class*：

你可能希望你的生命中有更多的熱情、更多的創意表現，而且你願意去學習更多你需要知道的一切，來達成這個目的。

舞台 *Stage*：

舞台是一種用來展示的結構設施。作為一種夢境符號，舞台代表的是你生命中某個時刻，你希望（或是被其他人要求）在大眾面前呈現某個特定想法、概念，或是你人生的新方向。由於舞台上呈現的東西都是經過製造的現實，因此夢中出現舞台，可能是要提醒你去思考，你是否真心面對你目前的人生。

舞台表演 *Performing on Stage*：

人生經常就像一場表演。因此，舞台表演這個夢境意象是意謂著，你的潛意識正在向你透露你對於目前生活的感受：你覺得自己受到公眾的審查。這是一種相當常見的夢，當你感覺自己好像暴露在大眾面前，或是害怕自己的表演達不到應有的水準，常常就會作這種夢。兩者的微細差別在於，當你站在舞台上，你是感覺自己毫無防備、可能會受到傷害，或是你得隱藏自己真實的感受來做一場「表演」。你可以根據你作這個夢當時生活中發生了哪些事情，來判斷這個夢是要向你表達什麼。你是否覺得自己沒辦法面對生活中的某項挑戰，或是覺得自己已經做好萬全準備，可以做出最佳呈現？非寫實的表演可能意謂著你在某些方面不夠真心。從相反的角度來說，它也可能代表原創性非常強。夢到自己在舞台上忘詞，可能代表你對某些角色感到不自在，或是你為了獲得別人的認同，而勉強去擔負一些角色。人生經常就像一場表演。這個夢給你什麼情緒感受，也代表了你當下這個時候對自己的人生演出是否滿意。

骰子 *Dice*：

　　骰子就是代表運氣，如果我們心中有某個想要的結果，那骰子就是代表那個結果會是隨機出現的。我們所生存的人世間，每一件事情的發生，有一半是神的計畫，另一半其實是靠隨機的運氣。骰子代表的就是這個矛盾方程式的後者。夢到骰子，可能是在提醒你，要接受那些你無法掌控的結果。

蜻蜓 *Dragonfly*：

　　這個動物圖騰代表的力量是改變和轉換。蜻蜓的幼蟲時期非常長，這表示，在改變發生之前，必須經歷漫長的蟄伏期。蛻變為成蟲的蜻蜓，就可以伸展出美麗的五彩羽翼，在空中自在飛翔。蜻蜓的幼蟲是在水中生活，因此也代表這個轉化是發生在潛意識的層次。當牠完全羽化為蜻蜓，表示改變已經完成，牠伸展美麗翅膀飛翔的能力，代表我們靈魂深處所要傳遞給我們的揚升訊息。這是一個代表改變、轉換以及智慧的有力圖騰。

夢中夢 *Dream within a Dream*：

　　在夢境中，我們的意識仍然是有很多層次的，因此你有辦法在睡著的時候夢見自己醒來。這種情況在清醒時刻的現實生活中也是一樣，但比較沒有那麼明顯，比如，你可能突然發現自己沒有專心在眼前發生的事情上，你突然間失神了。如果出現夢中夢的情況，那可能代表你對於更高意識層次的覺知力正在提升。

夢魔（男）*Incubus*：

　　夢魔（或稱夢淫妖）是神話故事中的一種生物，他本身其實就是夢的一個化身。夢魔是以男子形象呈現的夢境妖魔，據說是一種妖怪，會從交媾的對象身

上吸走精氣。如果你夢見自己睡覺時跟這種夢魔交媾，不妨檢視一下，你生活中是不是有一位男人，或是其他事情，正在把你的熱情和精力榨乾。

夢魔（女） *Succubus*：

女夢魔（或稱女淫妖）是神話故事中的一種生物，她本身其實就是夢的一個化身。女夢魔是以女性形象呈現的夢境妖魔，據說是一種妖怪，會從交媾的對象身上吸走精氣。如果你夢見自己睡覺時跟女夢魔交媾，不妨檢視一下，你生活中是不是有某個女人，或是其他事情，正在把你的熱情和精力榨乾。（參見夢魔（男）／Incubus）

夢魘／噩夢 *Nightmares*：

夢魘對我們非常重要，因為能夠幫助我們在面對壓力和恐懼時依然能維持情緒和心理上的平衡。噩夢通常都非常嚇人而且讓人印象深刻，它會讓你半夜驚醒然後整個人感到非常焦慮。雖然有一些夢魘是潛在的神經系統因素造成的，但對大多數人來說，噩夢是很平常的經驗，每個人多多少少都做過噩夢。關於噩夢的原因，有許多新興的理論都提到神經系統結構問題，也有一些認為是跟壓力和心理平衡有關。不過，這些理論並沒有解決人們最想知道的答案，那就是：究竟是什麼原因讓人作噩夢呢？當然，這個問題的答案就是，目前我們仍然不清楚究竟是什麼原因讓人作噩夢。就我們所知，的確有一些藥物會影響我們作夢的品質和強度，包括噩夢發生的頻率。西方有很多跟噩夢有關的傳說故事，比如你在睡前吃了紅肉或是油膩難消化的食物，就容易作噩夢。有些人甚至相信，睡覺時躺的方向也會導致噩夢。不過，這些都只是傳說，沒有任何科學事實可以證明，多年來我做過幾千個夢的解析個案，也都無法驗證這些傳說的真實性。噩夢往往讓人難忘，而且它所殘留的情緒，往往會比愉快的夢更在我們心中縈繞不去。不過，也正因為噩夢讓人難忘，所以我們才更容易藉由噩夢來做自我探索的工作。有時候人們會非常想要了解那些噩夢代表的

涵義，正是因為噩夢讓他們感到困擾。如果夢確實是來自潛意識的訊息，噩夢當然也是它對我們傳訊的一個方法，是要提醒我們去注意，潛意識裡隱藏的陰影。它是在告訴我們，有一些很重要的事情是我們該知道的。

旗子／旗幟 *Flag*：

旗子本身就是一種象徵符號，經常用來代表一個國家、一個州，或是一個機構組織。在夢境裡面，旗子可能代表一種思想，也可能是一種感受，端視這面旗子的本質而定。看起來或感覺上是代表政府官方或政治團體的旗子，可能跟你實際上的生活經驗有關。如果夢見白色旗子，表示你可能需要在某件事上舉白旗投降。紅色旗子則是一種警告，代表有些危險經常被輕忽。

蒼蠅 *Flies*：

大部分的昆蟲都是象徵潛伏在我們內心，那些令人厭惡或是想要排拒的觀念和想法。蒼蠅會攜帶病菌，而且經常會讓人聯想到糞便和腐敗變質的東西。從這個角度來看，夢到蒼蠅，可能表示你附近有令人覺得反胃噁心的東西存在。因此，牠也代表了我們不想去靠近的那些事物的陰影面。

精靈 *Genie*：

跟精靈有關的神話告訴我們，假如你放他自由，他就會幫你實現願望。用這種輕鬆的方式解決生活難題，總是會有你想像不到的後果。而且，大多數精靈故事裡面的那個精靈角色，最後都只會帶來混亂和破壞。夢到精靈，可能表示你內心希望你所處的環境可以瞬間改變，不需要你費盡心思去努力。把精靈從瓶子裡放出來，很可能是在給你自己找麻煩。

精液 *Semen*：

精液是男性身體流出的體液，目的是為了在生殖行為中幫忙傳送精子。從符號的核心意義來說，精液代表的就是與創造力有關的陽性能量法則。不過，精液本身也帶有性慾和情色的意涵，因此也象徵男子氣概和權力的展現。夢境的前後內容以及你本人實際的性別，在解夢時也要一併考慮進去。

精子 *Sperm*：

精子代表的是人類終極創造力量之中的陽性面向。作為一種象徵符號，如果從陽性法則的角度來看，精子是代表陽性能量創造過程的最基礎元素。而陽性能量是屬於行動和決斷力的範疇。如果你夢中出現精子的特寫，那表示你期待自己的行動力能量可以進一步得到提升。

綠色 *Green*：

綠色代表通行、前進。綠色也是心輪的顏色，它跟西方文化情人節常出現的紅色心心圖案有時會混淆。不過，綠色是光譜中間區段的顏色，而心臟則被認為是我們肉體和情緒體的中心點，因此跟綠色連結對應的就是愛、療癒，以及一切和心有關的事情。假如你把綠色想成是地球與大自然母親之間在談戀愛，你就會更容易了解這個顏色的涵義。若以交通號誌來做比喻，綠燈時你就可以通行，就像跟隨你心的渴望往前走。如果心受傷了、很痛，綠色就會變成充滿嫉妒的危險之物。（參見色彩／Color，第77頁）

綠寶石／祖母綠／翡翠／*Emerald*：

祖母綠是一種貴寶石，顏色接近深綠，在象徵意義上代表安心舒適、奢華以及繁榮富有。這種美麗的綠色寶石，對應的是我們心輪的療癒能量。在水晶的知識傳說裡面，祖母綠被認為是幸運和財富的象徵。此外，這種美麗礦石本身帶有的綠色色彩，也代表成長和自性本質的擴展。

綠洲 *Oasis*：

綠州是沙漠中非常稀有的水域，代表在一大片荒涼貧瘠之中唯一能提供養分的地方。如果你夢到綠洲，那可能要檢視一下，生活中有哪些地方讓你感覺極度匱乏。綠洲的出現，意謂著你人生旅途中迫切需要的東西會突然出現，幫助你度過最艱難的時刻。也許是愛、金錢、感情，或是休假等等。

槍 *Gun*：

槍象徵著我們想要將權勢力量施加在別人身上。擁有槍的人，就擁有掌控權。槍與陽性能量法則相關聯，它是以一種極端的形式來展現男性導向力量。陽性能量法則對應的是行動以及促使事情發生的能力。任何一種類型的槍，都是代表陽性能量的展現，而其火力強度，則是代表這個內在能量是否失衡或者受到壓抑。雖然槍枝的出現可以讓你在混亂狀況中擁有掌控感，但由於它本身帶有致命和不可預測的性質，隨時可能破壞原有的穩定，帶來致命危險。解夢時，重點是放在這把槍的類型，因為它會牽涉到這股力量的大小。手槍代表的是個人所擁有的權勢力量，而且應該被解釋成單一個人所能使用的力量。有些槍種的火力比較強大，比如自動武器自動步槍，則代表比較屬於社會層次的力量。在夢中，你跟這把槍的遠近距離，則代表這股力量目前所在的地方。作夢者自己手上握著槍，代表這股力量屬於他個人，但他是否有自信去使用這股力量，也是另一個要注意的問題。夢見有一把槍指著你，代表你內在人格當中的某個角色面向要求你要傾聽他、正視他。如果你作的是這種夢，那在解夢時就還需要注意是誰拿著槍指著你。手上拿著一把槍在揮舞，可能表示你覺得自己在某些方面的能力需要被人看見。暗藏的槍枝，則代表這股力量難以捉摸、很難掌控，雖然它並沒有明顯露出。

墓穴 *Tomb*：

墓穴是給亡者居住的房子。任何一種建築物，都是代表你的思維過程或你意識的某個結構。因此，墓穴也是你的思想意識的一部分，代表那些不可能再被活化、已經死去或被埋葬的東西。夢到墓穴，可能是跟過去的事件有關。

墓石 *Headstone*：

參見墓碑（Tombstone）。

墓碑 *Tombstone*：

墓碑是一種記號，代表有人被埋葬在這個地方。在夢的世界中，一個人的死亡通常是一種徵兆，代表實際生活中的某件事情已經無法再對你有益，因此需要被犧牲掉，讓新的成長與拓展可以誕生。墓碑也代表一種需要或渴望，你想要與你心靈中的某個部分保持連結。如果要解釋得更詳細，可以看看這塊墓碑是誰的；不管這個人是誰，它都是代表這個人生前所具備的個性特質。墓碑也代表一件事情已經發生。

網 *Net*：

網是一種結構，是用來收集某些東西，然後讓其他東西通過，比如漁網可以用來抓魚，同時讓水通過。因此，網這個符號的涵義就是：把你想要的東西和跟它無關的東西區分開來。你要用這張網子來撈住什麼東西，以及這張網原本的用途目的是什麼，也是你在解夢時要注意的部分。夢中出現網子的意象，通常代表一種意圖：想要抓住一項珍貴的物品。

網路 *Internet*：

　　網路的出現，讓人們生活中的人際互動產生了非常劇烈的改變。透過網路，人們可以跟與自己想法相同的人互動，同時接收到來自大眾分享的資訊和想法。因此，網路可說就是今日人類集體意識的象徵。網路發展的速度確實令人驚訝，而且已經形成一種全球文化，對於它的運作規則，我們的理解能力顯然已經跟不上。如果在夢中，網路以明顯的特寫畫面出現，那就是在邀請你去檢視，你的人際關係在這二十年當中是不是正在發生變化。假如你在實際生活中精通網路，而且在夢中你的網路帳號也處於登入狀態，你可能不會覺得這個意象有什麼特別之處；這時，不妨以另一個角度去思考這個符號，它代表的可能是你的思考正在擴展和加速。但是，如果你本身很抗拒網路，那麼這個夢就是在邀請你仔細看清楚，你生活中哪些方面是不是已經超出你的能力負荷，或是變動得太快，讓你感到不舒服。這時，網路可能就是焦慮和混亂思想的象徵。如果是夢到你用網路作為一種工具，你可能需要去檢視，你生活中哪些方面需要提高運作的水準，或是加快思維的速度。

網路攝影機 *Web Cam*：

　　這是一種相對較新的發明，它可以讓我們透過網路跟全世界直接聯繫。由於這種聯繫是透過科技的方式，因此也代表我們在意識上開拓了一個新的層次。網路攝影機就是這種意識的「新眼睛」。在這個被創造出來的新世界裡面，你允許自己用什麼樣的方式被看見呢？你想要透過它知道別人的什麼事情呢？如果你夢中出現網路攝影機，你不妨問問自己這些問題。

實驗室 *Laboratory*：

　　實驗室是知識晉級的場所，也是對於原先隱而未知的重要事物進行確認辨識的地方。講到實驗室，通常最容易讓人聯想到健康和疾病，因此，如果夢中出現實驗室的場景，可能代表你渴望得到你生命中某些事情的更多資訊。表示你正努力從科學和方法學的角度來探究，想要對某些事情的真相追根究柢。

實境秀 *Reality Show*：

　　這種相當新穎的媒體演出型態已經主宰了整個電視圈，由真人演出的無劇本實境秀給人帶來非常大的娛樂效果。不過，這種演出型態的重點在於，事實上這些人演出的內容都是已經被操控過的，是為了想要讓觀眾接收到特定畫面，而事先給出提示，是早就編排好的。在夢中出現實境秀，那可能是在提醒你，你正在被什麼東西操控，或是對某件事情過度情緒化，或者，你在實際生活中感覺自己受到某些事情的操控。如果你是夢到某個你曾經看過的某個實境秀演員，那表示你可能太入戲了。

語言 *Languages*：

　　這個符號代表的是目前尚無法破譯或理解的潛意識訊息。不過，這個解釋僅限於你夢中出現的是你不認識的語言，或者這種語言是在夢境世界之外被創造出來的。如果你本身會講不只一種語言，那麼在你夢中出現的各種不同語言，其實就是你目前實際生活的反射，而你聽不懂的那種語言，則是代表你的過去。言語文字是一切思想與一切現實的基礎。夢中出現你聽不懂的語言，代表潛意識正在刻意藉由改變語言規則來掩蓋某些訊息。你可以根據夢境的前後內容，來找出它真正的涵義。有兩種方法：第一，去了解你的潛意識想要表達什麼訊息；第二，當你無法解譯那種語言的字面意義時，你可以根據你的情緒反應來理解。假如你能透過聲音和節奏認出夢裡面的那種語言，那麼便可將它對應到跟那種語言相關聯的文化，來解釋你的夢。假如這種語言聽起來好像是編出來的，而且你能想得起來任何字句、聲音或詞彙，就可以把它們拿來跟你所認識的語言做比對。夢裡面那些聽起來像是無意義的字句，可能都有它們自己的節奏或音調。不用擔心你的理解會不會太過表面。假如夢裡面有另一個人在對你說話，那麼這個訊息就是來自你的深層潛意識。如果是你自己對自己說外國語，那可能代表你內在已經整合了一些新的資訊。在你能夠了解和運用這些被顯露的資訊之前，你可能需要再多做一些探究。

熔岩 *Lava*：

熔岩是從地底下湧出的熔化岩漿。因此，熔岩這個符號象徵的就是跟陸地有關的、一種全新的純粹潛能。陸地代表我們的表意識，所以熔岩就是代表某種「前意識」(pre-consciousness)，剛剛開始被我們察覺，但它的形式還相當原始粗糙，還帶著某種危險性。夢中出現熔岩這種東西，代表你正在連結這種初始的創新過程，有時候這也是人類生命進化的一部分。

漏油 *Oil Spill*：

石油本身是財富、繁榮、權力、巨大財產的象徵，但是當它當作燃料來使用，或者發生漏油事件時，就會帶來巨大的負面後果。漏油事件是以負面的形式來表現對於財富的反英雄式抵抗，因為當發生漏油事件時，我們才會清楚意識到它對環境帶來的危險與毒害。夢到漏油事件，可能是在提醒你，要去思考所謂繁榮、財富、權力這些東西對你的真正意義。

腿 *Legs*：

雙腿的主要功能是站立和行走。因此，在象徵意義上，雙腿代表的就是你必須為自己挺身而出、表達自己對某些事情的立場，或是為他人的權利挺身而出。在移動的功能方面，雙腿代表的是你在生活中如何移動前進，你的行動力量以及將言語化為行動的實際效能。要解析這個夢，你要考慮的是，在夢中你的腿或是別人的腿發生什麼事，然後從上述所提的幾個象徵原則來進行解析。夢到一隻腿骨折，可能代表有某件事情壓制了你在生活中的移動能力，但最終仍會得到復原。夢見雙腿太過虛弱、沒力氣站起來，代表這個時候你無法提供自己所需的穩固基礎。

漂浮 *Levitation*：

身體漂浮起來，主要是跟擺脫重力有關。重力代表的象徵意義是羞愧、沮喪，以及使你無法在生活中自由移動的下沉力量。漂浮也帶有一種精神上的意涵，表示你能夠擺脫重力的束縛，達到自由的狀態，主要是跟神祕經驗有關。夢到自己的身體漂浮起來，可能意謂著你在這段時間是把焦點放在靈性探索和覺察上。

圖書館 *Library*：

知識的世界正在向你發出呼喚。你內在有強大的能力，可以去連結世間一切智慧，只要你決心去探索你的內在本性。夢境場景發生在圖書館，代表你內在意識本具的知識訊息現在受到高度重視。這樣的夢是在提醒你，要向內深入探究更多資訊，好好做功課，去找到你追求的答案。

蜥蜴 *Lizard*：

蜥蜴代表我們內在最原初的本能。爬蟲類動物的大腦，代表我們人類大腦當中控制我們基本衝動的部分。在夢的世界裡面，蜥蜴所代表的療癒意義是適應力和生存能力。

磁鐵 *Magnet*：

磁鐵的核心象徵意義就是吸引力。如果你夢到磁鐵，那表示你正在探索如何將你想要的東西吸引過來的這個概念。不過，有時候磁鐵也會用它的力量將你不想要的東西拉過來。因此，要看這個夢的前後情境，才能判斷你夢中出現的這塊磁鐵到底是對你有益，還是對你無益。

裸體 *Naked*：

　　你生活中面臨到某種情境，讓你感覺自己似乎完全暴露在大家面前，你感覺自己毫無防備、隨時可能受傷。幾乎每一個人在某些時刻都會做這種夢。它其實是代表我們在某些情況下還沒準備好，因此心裡感到害怕，覺得自己好像脫光光，隨時會受傷。在西方文化中，尤其是美國，一般大眾還是對裸體感到不自在。在現實生活上，我們習慣將裸露的真我遮蓋起來，因此當我們夢見自己裸體，通常表示我們生活中有某個部分覺得曝光了。夢中，你是在什麼場合裸體？對著什麼對象裸體？這些都是解夢的線索，可以讓你知道這個夢代表什麼意思。

鼻子 *Nose*：

　　鼻子與嗅覺相關聯，這是最古老的一種感官，而且是爬蟲動物的大腦才有的感官機制。嗅覺是原始本能，而且是你的一種根本能力，可以讓你更了解周遭環境。因此，夢裡面出現的鼻子，可能就是代表你對目前生活處境的直覺判斷能力。鼻子的另一個意思是愛管別人的閒事，因此我們常會說某人「大鼻子」，意思就是指一個人愛管別人閒事、喜歡八卦。夢到鼻子，可能代表你超過界線去管別人閒事，或是別人越界來干涉你。

障礙 *Obstacles*：

　　夢到障礙物，就是代表你實際生活中遇到阻礙。這是人們很常作的一種夢，而且這個夢的涵義實際上就是如夢境本身所示。人生可以說就是一個不斷面對障礙的過程，我們必須超越眼前的阻礙，才能到我們想去的地方。這是我們每天都要努力面對的挑戰。夢的功能常常就是在幫助我們平衡這種面對特殊挑戰時，可能產生的挫折與絕望感，這是所有人類共通的經驗。當我們在解釋這類夢境時，可從兩個元素去思考：是什麼原因造成你無法前進，以及你身體的哪個部分或是哪一種行動受到阻礙。其中比較重要的是第二個問題：是你身體

的哪個部分受到阻礙。如果是你的雙腿或雙腳被卡住，那可能跟你的人生選擇有關。腳能夠引導我們走在我們選擇的方向上，因此，如果你夢見自己無法走路，那是在反映你沒辦法做出新的選擇，或是你無法在你想要做的事情上找到你堅定的立足點。如果是你的雙腿很明顯被東西擋住，那代表你的方向可能很清楚，但是有東西擋住你，讓你無法往前走。如果受到阻礙的是你的手臂，比如被網子或繩子綁住，問題可能是出在你的能力上。如果是這種情形，可能表示你在生活中某些事情上無法施展你的執行力或創造力。有些夢則是跟臉部器官的障礙有關，比如視力、聽力、發聲的能力。如果是這類障礙，你可能要檢視一下，你在生活中哪些方面無法真正表達自己的需要。另一個關鍵問題是：是什麼原因造成你前進的阻礙。比較常出現的是網子、流沙、黏腳的地板、地上有洞以及雙腳很沉重。如果你可以找出這些東西的代表涵義，就可以把它加進你對這個夢的解釋中。

管弦樂團 *Orchestra*：

管弦樂團是由一群演奏家所組成，他們各自演奏不同的樂器和內容，但以相同的情感表現相互結合。這個符號的象徵意義跟音樂一樣，都是人類情感的一種表達，但它的感情更為強烈，因此爆發出更高層次的展現。此外，管弦樂團也代表將各種不同的思想相互校正協調，集中成為單一意圖的那股力量。

管風琴 *Organ*：

任何一種樂器都是代表我們內在深層情感的展現。管風琴的聲音非常有力量，大多數是用來演奏宗教音樂，因此，夢中出現管風琴，可能反映的是你對於宗教的看法。

管子 *Pipe*：

　　管子是埋在地底下引導液體流向的管道，從表面無法看見。因此，它是象徵能夠輕鬆流動的能力。大部分的管子都是為了引導水的流動，因此在象徵意義上也和情感或情緒有關。在夢裡面這根管子的狀態，可能就是在反映你的情緒表達系統是否健康、流暢。管子也是一種用來吸食菸草或大麻的工具，因此也可以象徵吸菸之後帶來的放鬆和舒適感。

摺紙 *Origami*：

　　這種複雜的摺紙法最後會產生非常美麗的作品。紙張是象徵潛在的、尚未具體成形的思想和點子。繁複的摺紙作品，則是代表為了達到終極目標，可能需要先在思想和心態上做出改變。

對大眾講話 *Public Speaking*：

　　這個夢要呈現的是，當你在對大規模群眾進行語言溝通交流時，內心所感受到的壓力。在公開場合對大眾說話，對大多數人來說都是一種挑戰。對某些人而言，那個挑戰非常巨大，甚至會帶來一種恐怖的焦慮感。由於演講這個符號本身經常就是代表字面上的意思，如果夢境裡面出現對大眾講話的場景，通常就是代表你實際生活中面對到類似的溝通場景。一個會對著大眾公開講話的人，通常代表他具有某種程度的權威性。因此，如果夢見自己在對大眾說話，可能表示實際生活中你的權威所在正在受到考驗。如果在夢裡面你是聽眾，正在聽另一個人公開演講，那請將這個人視為你內在人格的一部分，看看他是否有什麼話想要說。它很可能是代表你潛意識當中對於權力和權威的渴望，透過這個角色出現在你夢中。

監獄 *Prison*：

　　你所做的每一個選擇都有其後果，有些選擇甚至會對你帶來某種約束。如果你選擇違法，你就會被送進監獄。雖然在現實生活中，你必須做出犯罪行為才會入獄，但事實上我們在很多事情上都會有一種「受到監禁」的感覺，你會覺得自己受到某些人、某些地方、某些事情的監禁，感到非常不自由。事實上，我們常常會用「像在坐牢」這句話，來形容一個人因為受到責任義務的約束而感到非常不舒服。看守所和監獄不同，尤其如果你的夢境場景發生在這兩種看似相似的地方，其實在意義上是不同的。看守所是有人被懷疑可能有犯罪嫌疑，而且犯罪程度比較輕微，暫時關押的地方。監獄是一個人犯了重大罪行，經過審判之後被判服刑，以此來償還社會債務的地方。如果在夢裡面你可以很明顯區別出這兩種地方，那看守所就是代表一種暫時性的束縛，而監獄則是代表這個問題非常嚴重。監獄的根本象徵意義在於：你做了什麼事情而被關到那裡去。導致你入獄的那個「煽動事件」，其實也是你自己選擇的結果，在當時你可能認為那樣做不錯，但它的結果是讓你失去自由和舒適的生活。如果夢中出現監獄的場景，那你可能要去檢視一下，你的生活中是不是因為過去做了某項決定，導致你現在感覺像被關在監獄中無法逃脫。

監視錄影機 *Security Camera*：

　　監視錄影機背後的主要意義在於，它是用一種隱蔽的方式來拍攝事情發生的當下狀況；它通常是放在隱蔽、不容易被發現之處。因此，監視錄影機所拍攝的內容，通常不打算長久保留。在夢的解析上，監視錄影機代表的是被監視感，以及對於你所做的決定給予潛在的評斷。它本身對於良心這件事並沒有太大要求。如果你覺得自己受到監視，你會做什麼事？或是不做什麼事？這樣的夢可能代表你生活中某些部分的隱私受到侵犯。

種子 *Seeds*：

種子是最能代表潛力與可能性的象徵符號之一。從一個非常微小、微不足道的東西，卻能誕生出生命的壯麗風景。種子本身是不起眼的；但如果你將它們放在一個對的環境裡面，奇蹟就會發生。關於種子，最重要的事情之一就是它們的特異性、獨特性。每一種不同類別的種子，都有它獨一無二的表現。如果你種的是白蘿蔔的種子，就不可能期待它長出紅蘿蔔。每一顆種子都有它自己的意識，只要給它適當的環境條件，它就會知道自己是什麼，知道自己該做什麼事。全世界的人都知道，種子代表潛能，但比較少人提到，種子還有另一層涵義，也就是：成長的獨立性。如果你每天都去把剛剛種下的種子挖出來，看看它長得怎樣，那你絕對不可能期待你的花園能長出東西。你必須讓種子獨自去做它們本性該做的事。因此，對未來的一切可能性保持耐心，也是這個符號的重要意義。

綿羊 *Sheep*：

天真和脆弱就是綿羊的標誌。如果你夢見綿羊，表示你正在連結自己內在更為溫柔的一面。不過，要小心，不要放掉你的意志，因為綿羊也象徵著沒有個人信念，只是一味跟風、隨波逐流。因為「數羊」這句常用詞彙的關係，綿羊也經常跟睡覺或是沉靜的禪定狀態連結在一起。

睡覺 *Sleeping*：

睡眠是一種未達清醒之態的意識狀態。夢見自己在睡覺或是夢到別人在睡覺，首先要注意的是，這個睡眠狀態是在意識的哪一層。這跟夢中夢的概念沒有什麼不同，但它同時也是「陷入沉睡」這個概念的同義詞，表示對於事物的覺知意識不足。你在生活中哪些地方因為覺知意識睡著，以致錯失了關鍵事物呢？如果你夢見另一個人在睡覺，那代表你內在有一個部分需要被喚醒。如果你就是那個正在睡覺的人，意思也一樣，差別在於它是指你的整體狀況——現在該是你清醒過來或是採取行動的時刻了。

慢動作 *Slow Motion*：

你可能希望自己的生活步調可以放慢一些。除了減輕壓力，也能讓你把事情看得更仔細。注意一下你夢裡是什麼事情出現慢動作畫面。夢的前後內容會讓你知道如何解釋這個夢。（參見跑步／Running，第244頁）

蜘蛛 *Spider*：

蜘蛛結網，然後耐心等待獵物上門，牠相信自己所需要、渴望的一切，都會來到牠面前。因此，蜘蛛這個動物圖騰所攜帶的療癒涵義就是創造力與耐心。這是一個力量非常強大的女性符號。雖然不是大多數人都如此，但確實有很多人都很討厭蜘蛛，這也讓蜘蛛成為一種陰影意識的產物。夢到被蜘蛛咬傷，代表有女性能量的注入，可能有助於目前正在進行的生意，可以獲得成功。被蜘蛛咬傷也可能帶來刺激、疾病或是死亡，代表這個時候你可能要在情感層面做出一些犧牲。

蜘蛛網 *Spider Web*：

蜘蛛網是象徵創意領域的深厚能力。蜘蛛網可說是一種奇蹟工程，一種無與倫比的美。它具有雙重功能。一個是與滋養看顧有關，它就是一個家。不過，它也是一種捕獵武器——一個用來抓捕、殺死以及吞食獵物的陷阱。蜘蛛網也可以代表你正在編排一些創意想法。同時也代表，為了要達到成功，需要一段時間的耐心等待。

聚光燈 *Spotlight*：

戲劇場景裡的聚光燈，主要是用來將畫面聚焦在某個特定點上，通常是打在一個人身上。因此，它也代表你內心有一種渴望，希望自己的某些成就可以被世人注目、被人看到，或是需要證明你自己在某些方面的價值。你是希望別人知道你在做什麼事情呢？

領帶 *Tie*：

領帶是一種裝飾品，代表你個人自我的展現。領帶是圍在脖子上，因此在象徵意義上也跟溝通以及強烈表達自我主張有關。夢到領帶，也可能代表你感覺受到某種責任的拘束。

維京人 *Viking*：

你夢到的是一種代表強大深層力量的原型象徵。維京人是一個由貿易商和探險家組成的強悍民族，在上個世紀早期，他們的足跡幾乎橫跨整個大西洋和北歐。至今，透過集體潛意識，我們依然能夠與北歐之神奧丁為主的強大神話力量連結。在現代媒體所創造的神話裡，維京人就是凶猛的戰士和征服者。夢到維京人，代表你的潛意識在呼喚你，要在你生活中的某些情況中表現你性格中陽剛力量的這一面，要更果斷、更有行動力。今日大多數人對維京人的共同印象，就是他們是性格粗獷的海上航行者，身材高大，各方面都力大無比。如果一個維京人角色出現在你的夢中，代表透過集體意識的力量，你正受到這個神話當中某些東西的召喚。

維他命 *Vitamins*：

夢中出現維他命，表示你在擔心自己的健康，而且正在尋找快速解決的方法。維他命算是一種營養補給品，可以幫你補充你身體可能缺乏的東西，因此，夢到維他命，表示你可能需要讓自己更加平衡、更加健康。

嘔吐 *Vomiting*：

夢中明顯出現嘔吐的畫面，代表你需要拒絕和驅逐一些有害的情緒或想法。身體會有一種自然反射作用，將進入消化系統的有害物質加以排除。當我們的身體感應到毒素或毒物的存在，這個功能就會啟動，引發肌肉收縮，將不需要的物質排出體外。雖然造成嘔吐的原因可能有很多，比如吃到受汙染的食

物、病毒感染，或是透過自我誘導等等方式都有可能造成嘔吐，但根本的象徵意義是相同的：都是為了擺脫我們認為不好的東西。由於嘔吐物和食物也有關聯，因此嘔吐也可能跟營養與自我照顧有關。如果你夢見自己在嘔吐，代表你照顧自己的方式可能出了問題。（參見作嘔／Gagging，第103頁）

漩渦 *Whirlpool*：

夢中出現任何跟水有關的畫面，都是代表你的情緒感受。漩渦代表的意思是，你的注意力被集中在一個焦點上，不斷在上面反覆來回盤旋，最後產生一種動能，將你往下拉向滅亡。有時，當你遇到某種挑戰，它會讓你產生一種情緒反應，不斷出現一些想法和感覺，在那上面反覆環繞不停。夢到漩渦，或許是在提醒你去想想，什麼是你無法放手的東西。

◆ 十五畫 ◆

墮胎 *Abortion*：

胎兒是一種象徵，代表一個點子、一項計畫、新方向，或是創意想法即將成形，但仍在孕育中。墮胎則是一種選擇，為了騰出空間給更新的東西，而選擇拔除那個可能性。在我們的社會，墮胎是衝擊性很強的議題，因此，你對於夢中出現墮胎場景的解釋，應該會反映出你個人對於墮胎這件事的觀點。不過，純粹從象徵符號的角度來說，墮胎在本質上就是選擇取消一項行動，因為你尚未準備好承擔責任。（參見胎兒／Fetus，第149頁）

鬧鐘 *Alarm Clock*：

這種時間的提醒裝置，代表著控制和做準備。對重要事情要求準時，往往會引發嚴重焦慮，夢到鬧鐘可能代表你非常希望自己對於重要事情能夠做好完全的準備。

鋁箔 *Aluminum Foil*：

通常我們會把易腐爛的東西用鋁箔包起來加以保存，因此，夢中被你包在鋁箔紙裡面的那樣物品，可能代表你意識中很想好好保存的東西。這樣東西對你來說可能很珍貴，也可能並沒有太大價值；把珍貴的東西包起來，可以延長它的保存期限，不過，把東西包藏起來也可能意謂著，某個想法或感受如果被解開來或許會比較好。鋁箔也經常用在烹調上，把食物包在鋁箔紙當中可以讓食物更易均勻受熱，達到更好的烹調效果。因此，夢見鋁箔也代表你要提升自己的能力來接受培育和養分，給自己更多的照顧。

箭頭 *Arrow*：

箭頭作為一種符號，可以有兩種涵義，一個是代表目標，一個是這枝箭降落的方式。當我們想要特別強調某一點，你會在那個地方畫一個箭頭，這時箭頭代表的是你集中心思在一個想法或點子上的能力。在一個方程式當中，箭頭代表的是概念的貫穿、演進。夢到你在射箭，表示你想要聚焦在一個想法上，去強化它實現的力道。如果夢見自己被箭射中，表示你突然冒出一個想法。

穀物 *Grain*：

穀物是基礎和基本食物來源，事實上，也是這樣東西使得人類文明得以蓬勃發展。因此，穀物就是代表維持人類生命存續、豐盛以及富足的一個原型。

穀倉 *Barn*：

　　穀倉是一種建築，它的本質與你意識的某些結構有關。穀倉是建造在農場上，因此在涵義上也跟有機的（官能的）知覺有關。在現實生活中，穀倉可以有很多功能，但通常它就是用來儲存穀物和畜養牲畜的地方，這兩者在深層意義上都跟維持生命、養育以及自我照顧有關。夢到穀倉，可能表示你需要注意一些更務實、屬於物質層面的東西，回歸基本生存需求面。你目前需要的資源是跟大自然和有機物相關的東西。

蝙蝠 *Bat*：

　　夢到蝙蝠，表示你正在探索你本性當中更深藏、更陰暗的一面。蝙蝠能夠在夜間靠聲波導航飛行，不需要借助視力；因此，蝙蝠也代表你意識的其中一部分，當你能夠信任你本性中較陰暗的那一面，你就能夠察覺它。在夢的解析裡面，陰影（通常以夜間來表現）是最有價值的區域，可以讓你了解真正的自己，因此，夢到蝙蝠也代表，探索內在的未知領域幫助你更加認識自己。

蝴蝶 *Butterfly*：

　　蝴蝶代表的療癒意義是復活、復興，以及承受巨大轉變的能力。毛毛蟲代表的是我們先前的意識狀態所帶來的束縛和重荷，而蝴蝶代表的，就是當我們臣服於未知因素帶來的改變之後所得到的自由。夢中出現蝴蝶，可能是在提醒你，要信賴這項正在發生的改變，因為不久你將獲得自由。

潛水 *Diving*：

　　潛水者潛入水中，通常是象徵他（或她）衝進情緒和潛意識這兩個世界裡面，因為水可以代表情感情緒，也可以代表潛意識領域。潛水成為這件事情的儀式化表達，不僅是指一個人具有這樣的意圖，同時也意指此人在這件事的創

意表現上非常傑出。因此潛水象徵的，就是一個人已經準備好大膽去探索隱藏在他（或她）自身本性之下的深層領域，不僅實際上這樣做，而且還非常厲害。

潛水艇 *Submarine*：

潛水艇能夠在極深的海底世界潛行。由於海洋是代表我們的潛意識，潛水艇能夠進入這個地帶，就是代表我們內在潛意識非常深的那些地方，終究還是能夠以某種特定方式來進行探索——比如思想、記憶，以及平常被我們深埋，但偶爾可以被我們探知的那些東西。夢到潛水艇，代表你正在進行深度探索，這樣的夢所揭露的任何訊息，對你來說都非常重要。

影片光碟 *DVD*：

DVD 已經成為人類現代生活中可以快速取得的一種娛樂資源，讓我們得以暫時逃進電影的世界裡得到放鬆。作為一種夢境符號，影片光碟象徵的是，我們內心想要暫時從日復一日的生活中逃離，沉浸在輕鬆愉快的氛圍中的一種欲望。

墜落 *Falling*：

這是一種與失去控制力有關的夢。墜落是人們最常作的夢境之一，幾乎所有人都曾作過這種夢。在夢中，這種墜落的經驗是非常恐怖的；但是，真正的危險並不是墜落的過程，而是最後落地的那一瞬間。因此，下墜的夢所引發的恐懼，真正的根源是在於最後可能發生的那件事，以及在下墜過程中，我們因為無法控制整件事情的最後結局，而產生的焦慮。墜落夢的更深層涵義是，面對任何困境，最高明的解決之道就是：臣服於你無法掌控的那件事情。面對任何一件你無法掌控的事，放下是你唯一能做的有力選擇。大部分的墜落夢最後其實都沒有掉在地上，這進一步證明了墜落這個夢境意象，跟放下、臣服有很深的關聯。你最後掉在哪裡以及是用什麼方式落地，也跟你往下掉時的品質直接相關。墜落的過程你愈從容優雅，最後的結局就可能對你愈有利。回想一下，

你在夢中是以什麼方式落地，你就會更明白這個夢境的微妙涵義。面朝上、背朝下往下掉，表示你看不到你目前的人生方向。面朝下直直往下掉，表示你可以看到你正在面對什麼事情，但是對於整件事情你是無能為力、無法掌控的。以螺旋狀旋轉的方式墜落，那個無法控制的感覺會更強烈，因為旋轉會讓我們完全失去控制力。你在夢中所感受到的恐懼感有多大，就代表你潛意識當中壓抑的恐懼有多深。如果下墜的過程你感覺很輕鬆、順暢，沒有任何抵抗，那這個夢可能是要告訴你，你已經準備好要放下自己，去面對某些狀況。此外，夢到自己往下墜，也可能是一種補償作用，表示你生命的某些部分已經發展得太高，高過你目前的環境狀況應有的狀態或是發展階段。

摩天輪 *Ferris Wheel*：

作為一種遊樂裝置，摩天輪象徵的是逃避現實的短暫時刻，以及想要生活有所改變的這樣一種希望。這種特殊的遊樂裝置，它最大的特點就是可以升到高空制高點，但因為會再次下降，如此上下周而復始、循環不斷，因此本質上也無法提供任何真正實際的東西。如果你夢見自己卡在摩天輪上，可能表示你內心很想要看得更高更遠，但是你卻沒有採取任何實際行動來拓展你的意識。在遊樂場中，摩天輪通常是最搶眼的裝置，遠遠就可看見。也因此，它也代表歡樂和嬉戲的象徵，是可以讓你心情愉快的東西。

摩天大樓 *Skyscraper*：

摩天大樓這個意象意謂你的意識覺知擴展到更高的層次。任何一種建築物，都是象徵人類的意識狀態。在夢的解析上，如果一棟房子是象徵個人的真我意識，那麼，樓層愈往上加疊，就是這個意識的向上擴展。因此，摩天大樓就是代表人類意識從地上往天上發展的終極體現。摩天大樓也是一種非常美國式的標誌符號，代表了現代社會邁向都市化的蓬勃象徵。鋼鐵建材的大量生產，也促使都市發展逐步邁向繁華。摩天大樓愈蓋愈高，也象徵人類覺知意識與智力運作正不斷向更高層次推升。

摩托車 *Motorcycle*：

任何一種交通工具，都是代表你如何過你的人生。摩托車跟車子很像，都是代表你每天日常生活中的社交與公眾經驗。不過，如果是夢到摩托車，那在解夢時就還要加上速度、馬力，以及你的興奮心情等元素。當你渴望在人生旅途中有這些元素出現時，摩托車可能就會出現在你夢中。

膠卷底片 *Film*：

膠卷底片是一種幾乎快要過時的東西，它除了可以讓我們把創意刻印在它上面，同時也滿足了我們想要捕捉瞬間、讓剎那成為永恆的那個欲望。由於數位媒體的興起，膠卷底片也慢慢被取代，作為一個象徵符號，膠卷底片代表的是一種想法，但是在你可以看到它所捕捉到的影像之前，必須先經過一番處理。因此，夢到膠卷影片可能是在提醒你，在你看到事情有所發展之前，要保持耐心。

膠水 *Glue*：

膠水是一種具有黏性的物質，目的是為了讓已經破掉，或是想要永遠相連的東西可以接合在一起。在夢的解析上，膠水意謂著有某樣東西已經破掉、分裂四散，而你想要去做修補。它也可以代表你渴望將你生活中的兩種元素結合起來。反過來說，也許是代表有某樣東西黏上你了，但你卻不希望一直如此。

膠帶 *Tape*：

膠帶種類有很多，但功能都一樣：是利用膠帶的黏合效果來修復受損的平面，或是將兩塊裂開的物體重新黏合在一起。膠帶使用起來很方便，而且隨手可得，因此在象徵意義上就是代表：有某樣東西需要修補，而且解決的方法很簡單。檢視一下，你生活中是不是有些東西是很容易就可以修復。

噴水池 / 噴泉 *Fountain*：

代表你的情緒感受是在一種受到控制的範圍內盡情噴發。在夢境中，水的出現都跟情緒有關，而噴水池這種建築構造，就是同時考量到感官上的美感和精神上的愉悅感，而特別設計出來的一種水流結構。噴水池愈大，代表它所處理的情緒愈多。夢見公共空間的大噴水池，是代表你內心有一種需要和欲望，想要去控制你對外的情緒表現。房子裡面的小噴泉流水，也是代表同樣的意思，只是規模比較小。壞掉的噴水池，可能意謂著你需要去注意你的情緒表達方式，因為很可能你用的方式對方接收不到。你可能必須去探討，你對於這個噴水池的控制機制，是否真的符合你的最佳利益，或者只是你用來避免讓自己情緒混亂崩潰的一種方式。

噴射引擎客機 *Jet*：

噴射客機是目前人類所能經驗到速度最快的一種運輸方式。飛機代表一種重大改變或轉換，因為你在一個地點登上飛機，在很短的時間之內就可以到達遠方另一個地點。噴射客機是所有交通工具當中速度最快的，因此也意謂著你的生活會在很短時間內快速發生變化。

噴漆 *Spray Paint*：

噴漆是塗鴉藝術常用的工具，因為方便攜帶、隨時隨地都可使用。作為一種表現形式，噴漆可以讓人用一種帶有反叛意味且充滿創意的方式，將內心的欲望表現出來。

墳墓 *Grave*：

象徵你過去的一種思維；或是你從前的一個自我認同，現在已經不再適用於你，因此你選擇讓它們長眠地下。會出現墳墓，代表有人死去。墳墓中的這個人，如果你認識，他（或她）就能提供你一些線索，讓你去思考他們究竟是代表你內在的哪個人格面向。也或許你正在為某件事情的逝去或某人的離世而哀悼、哀傷。此外，從大眾媒體上我們也可看到墳墓代表的另一層涵義。墓園也是所有跟死亡有關的陰暗事物的家，比如：食屍鬼（吃屍體的人）、地精妖怪、吸血鬼，還有其他晝伏夜出的生物等等。夢中出現墓園這個場景，可能代表你對死亡很恐懼，也代表你目前的意識處在陰影狀態。

豎琴 *Harp*：

所有的樂器都是代表內心情感的展現，雖然豎琴本質上是屬於比較空靈的樂器。如果你夢中的主角是豎琴，那表示你可能需要更多的靈感，以及連結更高層次的召喚。豎琴也會讓人聯想到天堂，因此，夢到豎琴很有可能是在反映你的靈魂層次正在提升。

熱水池 *Hot Tub*：

只要是夢到水，都是跟你的情緒感受經驗有關。熱水池／熱水盆是一個既溫暖又可讓人放鬆的地方，作為一個符號，它代表的是一種力量強大又有益處的經驗，如果你能允許自己舒舒服服地享受熱情和激情的感覺。

熱水器 *Water Heater*：

任何與水有關的意象，都跟你的情緒感受有關。而熱水意謂著有額外的憤怒或其他激烈的感受。請記住，熱水器還有一個功能是讓你的生命得到撫慰和潔淨。健康的情緒表達也具有這個功能。夢裡面這台熱水器的狀況，也代表你如何面對你的情緒波動。

劈腿／不忠 *Infidelity*：

劈腿是象徵你用一種迂迴的方式去滿足自己的需要，以及逃避一些重要的事情。沒有任何一種親密需求，是不能在元配關係中得到滿足的。為了性或愛情而婚姻出軌，或是男女朋友劈腿，只不過是用一種迂迴的方式來滿足原始需求；同時，也是在逃避某些潛在問題。因此，劈腿這個夢境意象是同時代表以一種迂迴的方式去達到親密關係，以及逃避面對現實問題。假如你夢見自己劈腿，你可能會想要思考一下，你生活中是不是有哪些方面你逃避照顧自己的感受。假如真實生活中你確實有外遇，那麼你可能要檢視一下你的生活狀況，你是不是想要去操縱什麼東西，或是用一種迂迴的方式來滿足你的內心需求。如果是對方出軌被你抓到，反映的是你的潛意識中其實是想要造成一些改變；如果是對方發現你劈腿，可能代表生活中在某些方面你想要改變。總之，如果作了這類的夢，通常是跟責任問題有關。生活中有哪些事情你不允許自己去負起行為的責任？假如夢裡面還包括了出軌發生的細節，你可能要去檢視一下，你在生活中是否真實向對方表達出了你的渴望，以及實際上去滿足這種渴望，包括你們的情感關係以及生活其他方面。在生活中有哪些事情你其實不夠真誠？你是不是背叛了自己的需要？當然，你也可以假定，這個夢就是代表你真實生活中實際存在的親密關係問題，無論作夢者已婚與否。它很可能就是確實代表出軌事件，如果你實際上有發生外遇，或是深信你的伴侶有劈腿。

樂器 *Instrument*：

任何的樂器都跟音樂有關，而音樂就是代表熱情和高度創造力。樂器就是用來表現這種熱情的工具。如果你夢中出現樂器，它們其實都是在呼喚你，要好好發揮你的創造力，提升你的熱情。

熨斗 *Iron*：

熨斗是用來消除衣物上的皺褶的一種工具。作為一個夢境符號，皺褶是代表某樣東西不平整。因此，熨斗就是代表可以讓的生活恢復平順、平整的一種能力。

廚房 *Kitchen*：

廚房是一棟房子當中負責提供營養的主要地方，因此廚房代表的就是我們自性的本居地與核心。廚房也是一個家庭聚在一起用餐的地方。親友聚會時，人們也會聚集在這個空間。由於它是以家庭結構來呈現，因此在象徵意義上，它就是代表母性與陰性能量法則的領地。廚房也是保存食物、烹調食物的地方，因此，在夢裡面廚房也象徵靈魂的食物。夢見廚房，或許是要讓你知道，你是用什麼方式在餵食自己的靈魂。如果你實際生活中的家人、母親以及廚房都跟你夢中的型態完全不一樣，那在解夢時一定要把你自己的情況（平常固定出現的模式）考慮進去。舉例來說，很多的家庭暴力都是發生在廚房裡，因此，當你在解析廚房的夢時，應該把這些關聯性考慮進去。夢中，你在廚房進行的一切活動，都是在反映你目前對於滋養、自我照顧以及療癒等這些議題的內在觀點。夢中出現的每一個人，也都在這些議題上扮演關鍵角色。如果他們都是你認識的人，可以用「角色面向技巧」來進行解析；如果不是你認識的人，那請盡量回想他們在夢中的所有細節。任何一個夢境，只要它的主要場景是發生在廚房，你都可以將它視為你個人最內心狀態的呈現。試著用它來檢視，你對於自己的滋養是否夠健康？或是在這方面需要做點調整？

標籤 *Label*：

　　標籤能夠在我們辨識事物時提供我們見解和架構。因此，當我們要去理解一件事物時，通常很依賴標籤。夢到標籤，代表的就是你對於這種理解架構的依賴程度有多高——是非常需要依賴它？還是可以完全不受它的影響。如果在你的夢境中，標籤是以特寫的方式出現，那表示你可能很想尋求更有效的方式，去了解你生活中的某些事情。如果在夢裡面，你因為某些原因看不清楚標籤上寫什麼，那意謂著你必須在隱而未知的情況下去進行某些事情。

數學 *Math*：

　　數學是全宇宙共通的語言。目前我們所知道每一種跟生命有關的要素，都可以用數學方程式來表現。數學重分析和左腦傾向，因此在象徵意義上也代表思考。在夢的解析上，從一般世俗的層次來說，夢到數學可能表示你需要多多使用你的邏輯性，來幫助你處理一些生活狀況。而從較深層的神聖幾何層次來說，夢到數學代表你正在思考存在本身的意義。要得到正確的解釋，必須根據夢境的前後內容而定。

數字 *Numbers*：

　　你正在運用你的結構性思考，釐清一切現實情境的組成架構。生命究竟是如何建構起來的，其背後原理其實就是數學和數字。地球、月球以及其他行星的運行，本質上就是屬於一種幾何學。音樂也是一種用音調來表現的數學。數位技術是將各種數據簡化為數字，然後再將它轉換回原本的形式。我們有描述物理現象的需求，因此創造出九個整數，讓它們依不同順序排列，就可以表現出萬物的存在，從重力到光速，甚至到識別街上哪一棟房子是你的，全都可以用數字來表現。夢中出現某個數字的特寫，背後通常具有豐富的象徵意涵。你可以運用生命靈數來了解夢中那個數字的可能涵義。如果出現超過一個數字，你可以把所有數值相加，最後得出一個單數。比如，在夢裡看到緬因街 115 號

這個地址，你可以把1、1、5三個數字相加，最後得到7這個數字。數字順序的原型解析是一個優雅的演化過程，甚至可以說就像一趟人生旅程。我們從永恆中獨自展開這趟旅程（一）、發現二元對立與相對性（二）、開展創造力（三）、建造一個根基（四）、展現自由度（五）、與另一個人結為夥伴（六）、進入內在追尋靈性（七）、然後從外在世界得到成就並樂在其中（八），最後來到人生終點（九）。你可以參考每一個數字的條目，來進一步了解個別數字的涵義。

模特兒 *Model*：

模特兒是某種美學的體現，因此也是許多人嚮往的理想人物形象。這個意象在解夢上遇到的挑戰是，人們對於這個理想形象有很多錯誤認同，而且你的解釋必須包含你個人對於美學的看法，以及你對自身魅力的感受。夢中的這位模特兒，除了是你內在的一個人格面向，也代表了你所嚮往的美女帥哥形象，但同時也意謂著根本不可能達到這種理想。

駝鹿 *Moose*：

駝鹿體型魁武威嚴、力大無窮，這種形容對駝鹿來說，都算是太過保守。除了靜止不動，我們很少看到駝鹿有其他姿勢，但牠凶猛起來，殘暴的程度可是難以計量的。駝鹿這個符號的象徵意義就是：受克制的力量與攻擊力。駝鹿體型非常龐大，但行動卻非常優雅。這些相互矛盾的特質，恰恰就是這個動物圖騰的療癒力量之所在。夢到駝鹿，表示你開始見識到所謂「巨大力量」可以到達何種境界，它其實比較接近一種潛在力量之功能，而非實際上展現暴力。

豬 *Pig*：

豬其實是一種相當聰明，而且非常愛乾淨的動物。不過，拜大眾媒體和一些文學作品之賜，豬已經成了暴飲暴食和貪婪無度的代名詞。因此，如果你夢見豬，代表你生活中某些方面已經過度放縱。

撲克牌 *Poker*：

撲克牌是一種跟機率和技巧有關的遊戲，它的核心概念就是虛張聲勢、嚇唬人，因此我們常會說某人「撲克臉」，就是代表那人內心的真實意圖是藏起來的。玩撲克牌需要極大的耐心和戰略性的等待，才能得到你想要的結果。如果夢中很明顯出現紙牌遊戲，不妨仔細看一下，你是不是把你必須拿出來的東西藏了起來，藉此來獲取你想要得到的結果。

撕東西 *Rip*：

撕東西這個動作，是將某樣由纖維組成的東西之完整性加以破壞。在這裡，它象徵的是某樣東西由於結構遭到毀壞，因而呈現破損的狀況，或是變得不堪使用。如果你夢裡有某樣東西已經被撕裂，那表示這個不愉快的時刻是發生在過去。如果是夢見自己正在撕東西，那表示你現在可能為了某件事情而感到憤怒，以致需要去破壞東西。如果是夢到別人在撕東西，那請將這個人視為你內在人格的一部分，然後看看此人正在撕什麼東西，來找出這個夢的意義。

儀式 *Ritual*：

儀式是一種帶有深層用意的活動，而且它本身常常就已經是某樣東西或是它本身的一個象徵。如果你的夢境感覺像在進行某種儀式，那可能是一種呼喚，要你轉向你內在的精神面，以及關注生命中讓你感覺神祕玄奧的部分。有些出現儀式場景的夢，感覺起來都有點陰暗或是恐怖，那是因為你對於那些你不太容易了解的事情感到不知所措。

輪式溜冰鞋 *Roller Skates*：

輪式溜冰鞋可以加快你生命的前進速度，而且在你行進的過程中為你帶來歡樂。如果你夢到輪式溜冰鞋，那代表你可能希望人生前進的速度可以加快一

些、順暢一些。此外，如果你溜冰的技術不太好，姿勢不太優美，那這樣的夢可能意謂著，此時你覺得自己失去平衡，因為事情發展的速度有點太快了。

輪胎 *Tires*：

輪胎能使交通工具與地面產生摩擦力，讓它能夠平穩行駛在道路上。夢裡面出現的輪胎的狀況，就是代表你在這條人生旅程的道路上是否走得踏實、平穩。夢到爆胎，代表你的行動暫時受到阻礙。輪胎不見了也是代表相同意思，差別在於這個困難更大，行動受到延誤的時間更長。

輪子 *Wheel*：

圓形是幾何學中最純粹、最完美的形狀。輪子的功能性，大大改變了人類的文明，貢獻甚至超過其他發明。因為有輪子，人們才能到處旅行，人與人之間的連通性也呈指數級增長。因此，輪子就是我們生命強大移動力的基礎結構。你夢裡面這個輪子的狀態，也反映了你有多強大的能力，在人生道路的進程上創造你想要的東西。

輪椅 *Wheelchair*：

當運動能力受到限制或挑戰時，輪椅可以提供輔助的運動能力，來消除某種程度的殘疾感。因此，輪椅就是戰勝逆境的象徵。此外，當你覺得有必要或希望用比較不費力的方式在人生道路上前進時，也可能會夢到輪椅。

銷售員 *Salesperson*：

銷售員是當你在買東西時，在旁協助你做決定的人。作為一個性格面向，銷售員代表的是當你在考慮某項決定時，你內在人格中的這個角色就會出來幫你找理由，讓你安心做出選擇。請讓這個夢境的前後內容來告訴你，這個角色

面向的意圖是否值得信賴，畢竟很多時候銷售員並不一定會真心為客戶的利益著想。你是否正在嘗試說服自己做出不符合你利益的決定呢？

衛星 *Satellite*：

由於人類彼此間的競賽已經擴及到太空，我們的意識也隨之擴展到包括那些圍繞地球軌道的物體。作為一種符號，衛星代表的是全球集體意識的一部分，而事實上，衛星早已被用來當作另一種型態的溝通方式，這個事實也證明了確實可以這樣解釋衛星的象徵涵義。如果你的夢中出現衛星的特寫，那代表你與這種集體意識的擴展有所連結。你可以從這個夢境的前後內容判斷出，是你個人生活中的哪一部分受到這種全球意識的影響。

衛星接收器／小耳朵 *Satellite Dish*：

這種碟型小耳朵是架設在地面上的一種裝置，可以讓你從家中接收來自衛星的全球意識訊息。作為一種符號，它象徵的是你個人與世界接軌的能力。由於通常透過這種碟型衛星接收器傳送進來的資訊，大多屬於娛樂性質的節目，因此這個符號的象徵涵義，也帶有逃避現實的意味在內。

衛生棉條 *Tampon*：

衛生棉條的功用在於阻止經血流出體外，這反映出你內心希望這種自然的生理現象可以表現得比它原本的自然狀態還要整潔、乾淨一些。你生命中是不是有什麼事情，你想要去阻止它自然流動，因為它讓你感覺羞恥或禁忌？還有一種有趣的隱喻，就是用某種像陰莖的東西來改變某些跟陰道有關的事情；找找看，在你生活哪些方面，你覺得用陰柔方式處理會更貼近真實，因此選擇不用陽剛的方式。

鞋子 *Shoes*：

雙腳可以讓你穩穩踩在地上，同時也代表你人生的前進方向。從你夢裡面的鞋子可以看出，你在這條人生路上是否走得安穩。由於鞋子可以修飾我們的腳，因此也代表一種自我個性的展現，以及你對於人生前進方向的選擇。「穿著別人的鞋子走路」（意指同理他人的處境），這句話的意涵在解夢上也非常重要。夢到自己正在試穿一雙不同款式的新鞋子，可能是代表你需要去發掘新的生活方式。夢到自己穿了不一樣或是兩腳不成對的鞋子，表示你對於自己的下一步方向感到困惑。夢到鞋子不見了，代表你需要找到方法讓自己穩定下來，同時也是在提醒你，你可能還沒完全準備好要進入新的人生方向。

蝸牛 *Snail*：

大部分人一想到蝸牛，就會想到這是一種行動非常緩慢的動物。夢裡面出現蝸牛，可能是在提醒你，要去思考放慢行動速度的價值。

暴風雨 *Storm*：

暴風雨是混亂情緒的象徵，因為大部分的暴風雨都夾帶著水氣，而水就是代表情緒。雨水象徵眼淚和悲傷，風代表思想和智力。當這兩種人類狀態的元素以一種非常暴力的方式結合在一起，暴風雨就產生了。夢到暴風雨，表示你的人生即將面臨某些艱難挑戰，或是這個艱難挑戰就快要過去了，就像所有的暴風雨從來不會停止它的移動腳步，困境也終有結束的一天。

蝌蚪 *Tadpoles*：

青蛙是兩棲動物，可以同時棲居於代表意識的陸地以及代表情緒的潛意識這兩個領域。蝌蚪這種中間狀態，意謂著事物的自然秩序最初皆起於內在領

域，然後才向外進入空氣中冒險。此外，蝌蚪還代表一個概念：你必須在你心靈的培育池中努力游動，然後才能躍出水池，實際付諸行動。

審判 _Trial_：

審判的核心要義在於「是與非的法則」，以及判定何者為真的過程。當你對某件事情感到愧疚，或是你實際上是無辜但卻被指控有罪，你可能就會做這種跟審判有關的夢。英文的「trial」這個字還有另一個意思是「試煉」，也就是指極為艱難的挑戰，因此，夢到審判，也可能代表你生活中正面臨到讓你感覺極為繁重且困難的事。

樓上 _Upstairs_：

建築物的樓層，就是代表我們思想和意識的各個不同層次。樓層愈高，代表我們的意識覺知層次，以及我們對於意識向上提升的抱負也愈高。往較高樓層移動，就是代表我們對於向上提升的渴求。

蔬菜 _Vegetables_：

「多吃蔬菜，對你好處多多」，這句話可能是西方世界最廣為流傳的育兒金句之一。因此，在象徵意義上，蔬菜代表的就是：要負起責任，去做對你有益的事。基於相同的脈絡，夢裡面出現蔬菜，可能就是代表對你生命有益處的那些選擇，你夢裡面的蔬菜是以什麼樣的方式出現，也代表你跟這些選擇是處於一種什麼樣的關係。

◆ 十六畫 ◆

遺棄 *Abandonment*：

這類夢境反映出你對自身價值的恐懼。人類的原始天性就是害怕被孤單遺棄，這種恐懼在嬰兒時期就已根深柢固。如果這種失落感深到某種程度，此人的情緒反應就會掉入歷史創傷的深水庫裡面，在往後人生當中變成一種痛苦的遺棄經驗。夢到被遺棄的場景這個主要母題，很可能是一種補償作用，表示你平常清醒時也在擔心自己會被遺棄，無論你自己是否有意識到。藉著在夢中處理這種感受，我們就比較能去面對清醒時的世界。請特別注意在夢中是誰遺棄你，因為這是解夢的重要關鍵。

遺失的物品 *Lost Objects*：

你的夢意謂著你將注意力放在你的匱乏和局限上，因為我們通常會去追求某些我們已經擁有的東西。你在尋找一件重要物品，但卻找不到，這種感覺是很難受的。從符號的象徵意義來說，它也代表人類共通的一種深層恐懼：我們每一個人在生命中時時刻刻都必須面對追尋生命意義的艱辛過程。從表面來看，尋找遺失物品的夢可以幫我們紓解一些壓力，讓我們在翌日起床之後，繼續帶著健康的心情面對生活。所有不斷重複發生的夢，在本質上都帶有這種功能和目的。假如你經常夢見自己在尋找遺失的物品，那代表你的潛意識是用這種簡便的方式在幫你處理日常生活的壓力。解夢時第一個要考慮的是，你在尋找什麼東西。你個人跟那件物品的關連，會透露你目前對哪一件事情感到有壓力。如果仍然有疑惑，你可以問自己：「這樣東西有什麼作用？或是有什麼用途？」鑰匙代表你能夠開啟你生命中各個不同區間。錢包代表財富以及你滿足世間外

在需求的能力。如果是屬於比較私人的特殊物品，那就要思考那樣東西對你個人的意義。如果沒有特別在找什麼特定東西，或是你並不清楚自己到底遺失了什麼，那代表你覺得自己沒有為生活中的某件事情做好充分準備，因此感覺不踏實。此外，你在什麼地方尋找失物，在解夢上也有另一層意義。在你自己家裡代表你個人的真我意識。其他地點也各有其涵義；你覺得你是在哪裡遺失那樣東西，可能也代表你覺得自己生活中那些方面並不完滿。

遺囑 *Will*：

遺囑出現，代表有人已經死亡。從象徵符號與解夢的角度來說，遺囑是代表你最近剛剛發生某種變化，你讓你的某些性格面向死去，以使改變發生，比如放棄舊有的習慣、信念，或是一些行為方式。遺囑就是代表你做出這些改變之後得到的禮物和利益。勇於挑戰困難絕對是值得的，夢到遺囑或許是在告訴你這件事。

橡實 *Acorn*：

橡實是最能代表潛力的東西之一，因為它雖然是一顆種子，但最終會長成一棵高大的橡樹。因此，橡實也代表了從一個微小的想法演變成偉大事物的能力。

橡皮擦 *Eraser*：

當你不想要先前寫下來的東西繼續存在，你可以用橡皮擦把它擦掉。因此橡皮擦也代表剷除錯誤、決定哪些東西已經不再對你有益的一種能力。

螞蟻 *Ant*：

一般來說，螞蟻大概是我們日常生活中最常見，而且體積最小的生物吧。因此，螞蟻也代表了我們意識最底層正在運作的各種微小思想念頭。夢中只要出現動物，大致上都跟我們的本能直覺和思想模式有關。地面上所出現的螞蟻

數量，以及這群螞蟻彼此間的權力從屬關係，也代表了我們內在的焦慮狀況，以及在我們意識底層蔓延爬行的思想念頭，而且是會惹怒我們、讓我們心生困擾的那種。

戰役 *Battle*：

戰爭（war）和戰役（battle）不同。戰爭是一個持續進行的變動狀態，戰役則是在這個持續變動狀態當中發生的一小部分動亂和變化。如果你夢到自己參與了一場戰役，你可能要檢視一下，你生命中某個部分可能正處於高度防禦狀態。或者，你外在周遭環境的疆界是不是正在改變，當然還有你內心世界的疆界，因為有很多戰役都是你跟自己的戰鬥。

戰爭 *War*：

夢到戰爭，代表你的邊界正在發生劇烈動盪和變化。戰爭的目的是讓一個實體取得另一實體的土地和（或）資源。因此，在夢的解析上，戰爭意謂著這個變化非常之大，大到必須使用武力大軍來完成。我們的世界是由一群有邊界的組織所組成，也就是我們所稱的國家。我們的心靈也是類似這樣被區分成數個部分。這些邊界終極來說其實是流動不居的。事情總是在變化——有時充滿戲劇性，非常激烈——這讓我們感到無比脆弱。當變化發生得非常突然而且劇烈，我們的潛意識可能會用戰爭夢來讓我們知道，我們的內部正在發生巨大轉變。

橋 *Bridge*：

橋的本質就是連結兩個各自獨立的實體。夢見橋，表示你正在試圖跟自己的意識做連結。夢中的主體如果是一座橋，表示有某種變化正在發生，或是你正在尋求一個解決方法，來化解看似無解的難題。由於橋可以把你從一個地方帶到另一個地方，因此也代表生命的過渡期。橋也是一種橫跨在水面上的東西，因此也跟情緒有關，代表你內在可能潛藏著一些衝突。

駱駝 *Camel*：

駱駝是一種沙漠動物，可以長時間不喝水，依然活得很好。此外，駱駝也是種負重能力很強的動物，幾千年來一直在遊牧民族的生活中扮演重要角色。因此，駱駝所代表的療癒涵義就是力量和動力，它能幫助你專心致志於實現你的目標。如果你夢到駱駝，那表示你得到了這份代表堅毅的禮物。

糖果 *Candy*：

夢見糖果，可能表示你希望生活中多一點甜蜜美好的感覺。或是代表你比較重視即時的滿足。糖果是一種食品，可以將大量的糖分送進我們體內，使身體迅速產生化學變化。我們的大腦也會對這個變化即時做出反應，一開始我們會很有精神，但是不久就會出現反彈效果。糖果所象徵的意義，大多數都跟這種物理現象有關，因為吃完糖果後的感覺會讓人上癮。先是吃了一些，然後我們的身體就會想要再吃更多。或許你現在很渴望談戀愛，因為送人糖果通常被認為是一種浪漫示愛的動作。如果夢見自己收到糖果作為一種獎勵，那你可能要想一下，在工作上是不是很想要獲得別人的肯定？

糖霜 *Icing*：

糖霜通常是撒在蛋糕或甜點的表面，作為一種點綴，因此它象徵的就是一種額外添加的利益，所謂「好上加好」，就是這個意思。如果夢中出現糖霜的明顯特寫，可能代表你正在尋求一件事情的額外好處。

貓 *Cat*：

在夢的世界，貓代表的是陰性能量法則的無條件之愛。不管是哪一種貓，代表的都是強大的女性能量，包括接納、創造力、敏銳知覺，以及寂靜不動的能力。貓是天生的狩獵者，而且通常在夜間行動，剛好對應夜晚的陰性特質。

跟貓陰性特質相反的，就是擁有陽性特質的狗，在包含陰陽特質的人類心智特質中，貓象徵的是自我信賴與獨立。人類在三千年前就開始飼養家貓，長久以來，貓最受人尊敬的地方就是，牠們有能力控制齧齒動物的數量，讓人類種植收成的穀物能夠得到保存，對人類文明的興起做出重大貢獻。一直以來，貓總是讓人聯想到魔法和巫術，尤其是黑貓，可說是迷信思想的最佳代表。

貓頭鷹 *Owl*：

你正在與你智慧的陰影面接觸。貓頭鷹是一種夜行動物，有強大的夜視能力，擅長在黑暗中獵捕食物。因此，在象徵意義上也跟人性當中的黑暗面、潛藏面有關連。它們能夠幫助我們辨識我們人性當中無法被肉眼看見的部分。長久以來，人們也經常將貓頭鷹跟直覺和神祕主義做連結，某些傳統甚至認為貓頭鷹代表一種預兆。如果你夢見貓頭鷹，那代表這個動物圖騰將為你帶來強大且珍貴的療癒力量。

錢幣 *Coin*：

錢幣是一種金錢貨幣，因此代表的是豐盛、財富，以及有辦法換取自己所想要的東西的這種能力。不過，如果你在路上走路突然發現一枚錢幣，那就要再加上另一層解釋，代表好運氣。許願的時候我們會把錢幣丟進噴泉裡，因此錢幣也跟願望實現有關聯；這時候它可能就是代表一種帶有精神本質的神聖物件。（參見金錢／Money，第123頁）

錢包 *Wallet*：

錢包是用來裝錢和身分證的東西。因此它也代表你可以隨時取用你的財富與自我覺知意識的象徵。如果夢見你的錢包不見了或是被偷，代表可能這個時候你無法感受到豐盛感以及自我認同的自信感。如果你夢到的那個錢包是別人的，你可能需要檢視一下，用新的方式與你的豐盛感和自信感重新連結。

螃蟹 *Crab*：

　　螃蟹是一種水生動物，因此對應的是我們的感覺、情緒以及陰性能量。螃蟹通常是棲息在潮間帶，而這個地帶象徵的就是我們的表意識與潛意識交界的地方，而且跟月亮的運行週期有關。由於牠們身上有夾鉗，我們很難徒手去抓，因此好像很難跟療癒的概念有所連結。如果夢到螃蟹，可能表示你的潛意識深處有些什麼訊息要告訴你，要了解那個智慧，最好是讓自己安靜下來，對一切保持開放和接納。

頭皮屑 *Dandruff*：

　　負面思維造成了看似輕微但卻明顯可見的不良後果。可能表示你目前對於自己的價值和吸引力有所懷疑。

頭髮 *Hair*：

　　通常，頭髮都是用來象徵女性的美貌和魅力，但它也可以代表力氣及權力，就像在參孫的神話裡面，參孫的頭髮就是他展現巨大陽性力氣的祕密所在，是他力氣的來源。參孫的大力氣，只有在他的男性身體與女性能量完全融合時才施展得出來，而那個女性能量就藏在他的頭髮裡。頭髮也可以代表覬覦的心態，從一個現象就看得出來：擁有自然捲頭髮的人，都希望他們的頭髮可以變直，而擁有直髮體質的人，都希望他們有自然捲。多虧現代化學技術，讓我們可以在極短時間之內改變頭髮的樣式，夢裡面頭髮的顏色，也具有強烈的象徵意義。改變髮型或髮色，其實代表的是潛意識的欲望，我們想要改變自己的外表形象。不同的髮色也帶有不同的象徵意涵。金髮看起來最有魅力，但也代表缺乏智力。因為深色頭髮是聰明的象徵。紅髮則代表熱情和魔法力量。由於頭髮是長在頭上，因此頭髮這個符號也跟思想意念有關聯，而且同時包括意識和潛意識。夢到長頭髮，代表內心有一種渴望，希望自己看起來更漂亮。把頭髮綁起來或盤起來作出某種造型，反映出我們潛意識裡面可能存在著某種束

縛。夢到頭髮被剪掉、頭髮掉落，或是其他頭髮上的劇烈變化，可能表示你內心有一種需要，想要改變你對於外表魅力的看法。假髮代表你想要積極創造出一種跟你原來的自己不一樣的形象。

頭部 *Head*：

頭部是我們大腦所在的地方，因此也象徵我們思想與思維的本居地。如果看到夢中出現一顆特寫的頭，那就是代表擁有這顆頭的那個人的想法和意念。如果出現你自己的頭部特寫，那可能代表你「頭腦裡裝了太多東西」，休息一下、不要過度思考，可能對你比較有幫助。頭部也是我們臉部所在的地方，因此也代表你的人格，以及你對外如何展現你自己。夢到自己的頭和臉，可能是要讓你知道別人是如何看你。我們常說：「想把某人的頭扯下來」，這代表我們非常生氣，所以如果夢到一顆脫離軀體的頭，可能表示你心裡藏著很深的憤怒沒有表達出來。

頭盔 *Helmet*：

頭盔是一種可以提供保護作用的東西。由於它是戴在頭上，因此這個符號的象徵涵義主要就是跟思想和意念有關。在夢裡面，如果頭盔跟某項特定活動有關係，比如運動，那就是代表你希望可以在安全無虞的情況下，盡情享受生活的歡樂美好。解夢時還要多加入一個思考：當你面對新想法出現時，你之所以使用頭盔來作為保護，到底是出於必要，還是出於恐懼、不願意讓自己受傷。

辦公桌 / 書桌 *Desk*：

如果你坐在辦公桌前，那你肯定是正在做某樣工作。因此，辦公桌象徵的就是這種工作意識狀態。工作對每一個人都具有不同的意義，因此辦公桌這個符號跟工作的連結程度，也跟每一個人實際上是不是坐在辦公桌前工作有關。辦公桌這個符號連結的是左腦知覺感受，以及在生活中對於組織和結構的要

求。你平常會坐在書桌前做什麼事情，解夢時也要把這件事考慮進來。如果夢中有一個人跟這張辦公桌有關聯，那在解夢時就要把這個人視為你內在人格的其中一面，表示你內在這個性格面向對於條理組織的要求程度更高，他會從一個較為務實的角度來看問題。

辦公室 *Office*：

辦公室是一種工作場所，主要是涉及架構、時程、剛直僵化等概念，以及跟左腦有關的一切事物。夢中的場景如果發生在辦公室，那你可以把這個夢視為你表意識的一部分來思考。任何發生在夢中這個辦公室裡的事情，都是代表你需要去關注你本性中的意識面。夢見你在辦公室裡工作，很單純就是表面上的意思；在睡眠中夢見自己在工作，是一種很常見的、代表壓力的夢。

龍 *Dragon*：

龍有兩種截然不同的象徵意義：在東方，龍代表超凡的領導魅力和幸運；在西方，則代表貪婪、貪欲以及過度保護。在西方神話當中，龍是寶藏和處女的守護者。但這兩樣東西對龍來說一點用處也沒有，龍這種生物，根本不需要用錢來得到牠想要的東西，龍也無法跟一個人類女性發展出圓滿的愛情。儘管如此，龍還是以牠強大凶猛的力量來面對一切挑戰，考驗這些勇士們的決心和勇氣。因此，在象徵意義上，我們或許可以說，龍就是代表你正在跟一些對你無用的東西奮戰。夢中出現龍，可能代表你在生命的戰場上，正在為一些無法取得勝利，或是根本不需要去奮戰的事情在戰鬥著。或者，你可能必須在內心跟自己奮戰，去面對你內在貪婪的那個部分。有沒有可能，你內心裡的那隻龍正在阻止你去接受你值得擁有的愛情，以及你想要獲得的豐盛生活呢？夢到龍，通常也代表你有一些事情需要去面對、去戰鬥。在你實際生活中，你需要為什麼事情而戰呢？你正在辛苦奮戰的東西，是不是根本不是你需要的，或是對你根本一點用處也沒有的呢？

龍捲風 *Tornado*：

　　你的意識當中可能正在醞釀一股破壞性的力量，它是來自你內在兩股相互衝突對立的能量。龍捲風這種天氣現象具有猛烈的破壞力，而且完全無法預測它們的移動路徑。龍捲風肆虐過的地方幾乎是一片混亂，但也隱含了重新創造的可能，因此，在象徵意義上，龍捲風就是代表一種形成事物的力量。龍捲風是兩股不同溫度的空氣相互輻合碰撞所產生的結果。當正確氣候條件形成，這兩股空氣系統相會合，誰都想迫使對方臣服於自己的運動方向，兩相衝突的結果，便形成了第三股能量系統，它同時結合了這兩股力量，龍捲風就出現了。因此，這個符號意象的核心涵義就是「抗拒」，如果你夢中出現龍捲風，可能要去檢視一下，你是不是在抗拒什麼事情。此外，龍捲風經過之地通常會帶來極大混亂，因此也象徵著我們生活中遇到的混亂情境。這個夢可能是代表你對於生活中一些不可預測的事情所產生的一種潛意識反應，尤其是那些跟你的期待完全相反的事情。

鴨子 *Duck*：

　　所有的鳥禽類都是代表某種訊息的傳遞者。鴨子是水禽，因此這個夢境符號是跟我們的情緒感受有關。在冬天，鴨子會往南飛，這也表示牠能夠憑藉本能直覺往暖和的地方移動。因此，鴨子這個圖騰的療癒象徵就是：知道如何往擁有資源的方向移動的這種內在智慧。

鴨嘴獸 *Platypus*：

　　鴨嘴獸是一種看起來相當不協調的生物，牠有一張鴨子的嘴，但卻是哺乳動物的身體，而且是卵生哺乳類動物。因此牠的療癒力量也在於這種全然的原始特性。鴨嘴獸是半水生動物，但牠在水下會閉上眼睛，然後靠肌肉收縮產生電力脈衝這種複雜的電磁感應系統來捕食和前進。這代表牠們本身就擁有優異

的直覺與自我引導的力量；因此，鴨嘴獸也是最能代表靈視力和心電感應力的一種動物圖騰。夢到鴨嘴獸，代表你可以大膽信賴你自己的直覺和內在引導系統。

整容 *Facelift*：

對臉部進行任何的變動，意思近似於，想要對我們展現在世人面前的這張面具施以某種程度的控制。如果這個變動是透過外科手術，那麼變動後的結果就是被操縱的、非自然的。通常人們會去進行整形手術，都是為了讓自己看起來更迷人、更有魅力、更受人喜愛。你不妨問自己，當你在跟別人交往互動時，是不是夠真心、夠真誠。這個夢或許是在提醒你，你所感受的和你所投射出去的，兩者已經失去平衡。

整形手術 *Plastic Surgery*：

任何對於你身體外觀的改變，都是想要對外人眼中的那個你施加某種程度的控制。這種改變在本質上就像外科手術一樣，它所呈現的結果都是被操控的，而且是沒有生命的。當人們想要讓自己看起來更有魅力、更受人喜愛、更被人接受時，他們可能就會選擇做整形手術。不妨問問自己，你跟別人互動時，是否夠真心誠意呢？這個夢可能也是在提醒你，你對於自己的感受與你所投射在外的形象，兩者是不平衡的。

螢火蟲 *Firefly*：

螢火蟲象徵一閃即逝的靈感。凡是在空中飛的東西，都可以代表頭腦思維，像是念頭想法。螢火蟲尾巴發出一閃一閃的亮光，就是牠存在的證明，牠四處飛來飛去都沒有被發現，但突然尾巴一亮，大家就看到了，就像一個念頭突然在你意識頭腦中閃現，然後稍縱即逝。夢到螢火蟲，可能是在提醒你，要更仔細留心注意那些稍縱即逝的靈感念頭，它們會瞬間從你意識中飛過，然後一閃而逝。

壁爐 *Fireplace*：

所有跟火有關的符號，都是代表改變和轉換。壁爐是一種人造建築結構，目的是用來生火，並讓火成為一種動力能量，來提供其他各種不同服務。火本身是代表大規模的變革和轉換。但是，當它被局限在一個安全、耐燒的結構內，那個改變的力量就會被集中起來，發揮出極高的效能。這股可供人使用的火力，被封在一個建築結構的小窗口內。雖然很小，但只要一不小心，它還是存在著安全上的威脅，會帶來巨大破壞。因此，壁爐就是代表一種組織過的能量，而你可以駕馭這股力量，來完成一個特定的目標。

壁毯 *Tapestry*：

壁毯是用數千條不同顏色的細線和棉紗編織成的巨幅圖像，畫面通常非常雄偉壯觀。這其實也隱喻生命本身，一幅美麗的作品，一次只能用單一條線慢慢建構起來。檢視一下你夢中的這幅壁毯，看看它是如何反映你目前對自己整體生命的感受。

壁蝨 *Tick*：

你正受到叨叨絮絮的負面想法所糾纏，這些想法正慢慢耗盡你的意志和生命力。壁蝨是一種昆蟲，牠會咬住動物的皮肉然後吸血，來維持自己的生命。血是生命力與熱情的象徵，一點一點慢慢失去血液，代表很多惱人的負面想法最後很可能將你的幸福感消耗殆盡。夢到感染壁蝨，就是代表這個臨界點已經出現，你已經快要被你的負面想法壓垮。

壁紙 *Wallpaper*：

牆紙是為了讓房間看起來更美觀、讓人心情更好，不過，如果作為一種象徵符號，則是代表它正在覆蓋某樣東西。如果你夢到壁紙，請檢視一下，你實際生活中是不是正在隱藏，或想要隱藏什麼東西。

親吻 *Kiss*：

　　在夢裡面，親吻往往代表一種溝通方式，無論那是你所渴望的、你需要的，或是實際上你已經這樣在做。親吻能夠激發人的感情，因此夢到親吻可能表示你需要有一些新的刺激，或是需要在你平常的溝通風格當中添加一點不同品質的東西。解夢時要考慮的是，夢裡面是誰在親吻另一個人？如果是你，那麼你所親吻的那個人，可能是代表你內在某個人格部分，需要你的喚醒。如果你親吻的這個人在實際生活中是你喜歡的對象，那表示你很想要對他（她）表露你的感情。如果你是旁觀者，看見兩個人在親吻，你可以找出這兩個人的特徵，然後問自己，如果將這兩個人所代表的特質加以融合，這樣的溝通會得到什麼結果。

瓢蟲 *Ladybug*：

　　瓢蟲是一個象徵幸運的符號，代表革新與再生。夢到瓢蟲，表示你得到好運的庇佑。

燈 *Lamp*：

　　在象徵意義上，「光」代表的是想法概念、以及將事物看得更清楚的能力。燈就是少量的光，目的是為了照亮一個較小的區域，讓特定事物可以被看得更清楚。燈本身是可以被攜帶移動的，因此也代表你有能力將意識之光聚焦於各種不同領域，讓需要被探索或是凸顯的東西呈現出來。夢裡面你看到的燈是什麼狀態，也代表了你目前能夠看清自己生命中某些事情的能力究竟有多強。

燈泡 *Light Bulb*：

　　人們對於燈泡這個意象最直接的聯想，就是代表新的想法、聰明的點子。這種聯想在現代媒體當中可說相當常見。因此，夢到燈泡就是代表你有能力激

發出新的想法。如果夢裡面這顆燈泡功能正常、很明亮，那表示你的思考非常順暢。如果燈泡壞掉、不亮，或是哪裡損壞，表示這個時候你的靈感和智慧受到中斷。

燈塔 *Lighthouse*：

最終，你將受到指引、脫離混亂地帶，雖然你可能不是很清楚自己會往何處去，至少，在心情上是安定的。燈塔通常設置在暗淡無光的海岸線上，為往來船隻提供照明和方向。起霧的時候，燈塔會發出光芒和聲音，為往來的旅人導航，使他們免於陷入危險地帶。要了解這個符號的核心涵義，首先我們要知道燈塔是設置在什麼樣的地方。海洋代表人類心靈中潛意識的深層情感部分；陸地則是代表我們內在的意識覺知。海岸線就是這兩種地帶的交接處。由於這兩種地帶在本質上截然不同，因此，陸地和海洋的邊界也成了帶有危險性和陰險性質的地點。在真實世界中，海岸線就是陸地和海洋的交接。在象徵意義的世界中，這兩個截然不同本質的元素分別代表了人類內在的黑白二分經驗，它們以一種戲劇化，而且有時候非常粗暴的方式在相互接觸。燈塔就在這樣一個處處充滿危機的地帶，為你帶來安全和安心感。

嘴唇 *Lips*：

這個夢代表溝通和親密，還有你掌控生命中這兩個元素的能力。嘴唇是負責溝通以及交換親密的感官守衛。所有進入到我們體內的營養物，都是由嘴唇進行第一線控管，所有從我們口中而出的溝通內容，也是由它們做最後一道管控。嘴唇的顏色變化從藍紫色到紅色等不同程度，前者代表身體失溫，後者代表充滿生命力與熱情。當一個人的嘴唇變成藍紫色，表示他的身體逐漸失溫，最終可能死亡，因此這個意象也代表了此人面臨很高的生命風險。如果夢中畫面的主要焦點在嘴唇顏色，那在解夢時就要考慮這些細節資訊。你對於溝通內容的掌握度有多高？你有多高的意願和別人保持親密？也會透露在夢中嘴唇的

顏色上。嘴唇這個符號的根本涵義在於親密連結，無論是透過語言和外在世界連結，或是透過親吻和另一個人連結。在現實生活中，嘴唇與嘴唇相碰觸，就會有體液的交融，也意謂著兩人非常親密。在夢中也是一樣，夢見兩人嘴唇相接，代表我們需要或渴望與人融合，進行另一種形式的溝通。嘴唇太鬆開、不緊閉，代表讓口中語言隨意脫口而出、溝通不謹慎；嘴唇抿得太緊，代表有所保留。你的嘴唇是否真的有必要緊閉，或只是因為內心有所恐懼和（或）抗拒，則必須由你自己來判斷。

龍蝦 *Lobster*：

龍蝦是一種水中生物，因此隱含的意義也跟我們的潛意識有關。龍蝦在牠的整個生命週期都會不斷生長，失去的足肢也會再生。因此，在動物圖騰意義上，龍蝦代表了精神上的再生能力以及不斷增長的智慧，因為它會不斷自我探索。夢中出現龍蝦，可能是在提醒你，要從更深的層次去看事情；而且要願意去探索那些縈繞在你潛意識之下的東西。

機關槍 *Machine Gun*：

機關槍的威力在於它有辦法在很短的時間內，快速重複執行它的掃射任務。子彈準確擊中目標，這個畫面代表的是猛烈的穿透力、激烈攻擊某個要點，或是受到某些想法、意念以及某人行為表現的攻擊。而機關槍能夠自動重複襲擊目標，更把這種攻擊的力道提升到另一個境界。夢到你在使用機關槍，表示你的憤怒高漲，或是想要報復的心理正在加劇。

機器人 *Robots*：

你似乎卡在無止盡的生產活動，以及毫無感情、缺乏生命力的生活型態之中。機器人是一種非人實體，它的目的在於重複執行某種程度的人體功能。夢到機器人，可能顯示出你個人對於成就這件事有什麼樣的情緒反應。另外一件

事情也很重要：你可以問問自己，生活中是不是有哪些事情讓你覺得自己像是一個機器人，你的活力和快樂都快要被榨乾了。

頸部 *Neck*：

頸部是我們的發聲中心，因此，夢中出現跟頸部有關的影像，都是在讓你知道，你目前是用什麼方式在表達你自己。如果夢見自己頸部受傷，表示你的對外溝通受到阻礙，你很難讓自己的聲音傳達出去。夢見頸部上面戴著裝飾品，或是其他引人注目的東西，都是在提醒你，要肯定你的信念是有價值的，要勇於挺身而出，說你想說的話。

橘色 *Orange*：

橘色是代表改變和轉換的顏色。橘色也代表跟性有關，但比較是屬於親密與轉化的陰性能量。橘色也是最能代表創造力的顏色（參見色彩／Color，第77頁）。

橘子 *Oranges*：

水果的本質是種子，因此在象徵意義上是代表一種潛能，它可以運用它本身蘊含的養分創造出一個全新的東西。除了這層涵義之外，橘子也是代表美好和豐盛的符號，因為在過去，橘子是只有有錢的皇宮貴族才能享用的水果。在現代，橘子也被用來代表可以帶來健康和活力的象徵，因為它富含豐富的維他命 C。夢到橘子，可能就是代表以上這些涵義的其中一種。

器官 *Organs*：

我們身上的大多數器官，都可以解釋成是身體系統維持生命力運作的其中一部分。如果你夢到自己身上的某個器官，你要去思考的是那個器官的功能是什麼，藉以了解這個夢的更深層涵義。你是用什麼方式在面對生命的挑戰以及每天的生活呢？

鴕鳥 *Ostrich*：

鴕鳥最為人所知的，就是牠會把頭埋在沙裡，但其實這是一個迷思。夢裡面出現鴕鳥，表示你要去檢視一下，你的生活中有哪些地方可能正在逃避現實。

選美比賽 *Pageant*：

選美大會是一種文化體驗，在比賽場上，每一個人都本著競爭的精神來展示自己身上的與眾不同。當你感覺你的能力受到審查、被物化時，你可能就會做這種夢。由於選美比賽通常比較是在評判一個人的表面價值，因此這樣的夢可能是要讓你知道，你似乎覺得自己生命中有某些事情不允許你展現自己真實的全貌。

褲子 *Pants*：

褲子屬於衣物的一種，既可以保護身體，也是代表自我個性的展現。雖然在現代社會，褲子已經不是男性專屬的服裝，但在原始象徵意義上，褲子仍然是陽剛能量的象徵，因此，夢到自己穿著褲子，也代表果斷、採取行動，以及實現目標的能力。長久以來，「穿著褲子的人」總是暗示一個人擁有權力地位，因此，這種意象也可能會反映在你的夢中。夢裡面這件褲子的狀態、樣式、顏色，以及跟褲子有關的其他要素，在解夢時也都必須考慮進去。

鋼筆 *Pen*：

任何一種書寫工具都是代表自我表達的動作。鋼筆是一種幾乎快要過時的物品，是屬於早期人們的交流形式尚處於緩慢時代的工具。用鋼筆書寫出來的字跡很難抹去，因此也代表你表達出去的想法無法收回。

鋼琴 *Piano*：

你正在發揮你的創造潛力。鋼琴是一種以陰柔形象呈現的創造力。鋼琴本身代表的是你的創造潛力，因為它必須得到彈奏者的全心關注，才能發揮出它的潛力。由於從它身上發出的音樂，可以從最簡單的鋼琴曲《筷子》到複雜的蕭邦，千差萬別，因此在象徵涵義上，鋼琴也代表對一件事情相當精煉純熟。任何人都可以藉由敲擊一個琴鍵來讓鋼琴發出聲音，但唯有技巧純熟的鋼琴大師可以讓它真正昇華飛揚。音樂的精髓之所在，就是歡愉喜悅的神奇力量，而鋼琴就代表這種處於休眠狀態的潛能，耐心等待有人來將它解放。看見一架鋼琴，而且想要去彈奏它，代表你內心有一股想要表現潛能的欲望。夢見自己真的在彈鋼琴，暗示著你將會有一段非常愉快的時光。

隨堂測驗 *Pop Quiz*：

代表你在沒有預期的情況下接受到一個小規模的考驗，內容跟知識、經驗或是智慧有關。（參見參加考試／考試〈Taking a Test／Exams，第 226 頁、82 頁〉）

餐廳 *Restaurant*：

夢境的場景發生在餐廳，通常都是跟自我照顧以及慶祝的主題有關。任何跟食物有關的夢境畫面，都是代表滋養、養育的概念。尤其，如果這項食物是出現在餐廳，等待上餐和接受服務也是一種自我照顧的形式。去餐廳用餐的花費，通常會比你在家自己準備食材煮食還要高。在夢中，餐點的品質也代表財富以及你的品味。精緻的餐點透露的是，你確實很謹慎小心確保你自己的生活所需無虞，這也反映出你認為自己值得過豐盛的生活。不過，如果你夢到餐廳送來的食物讓你不悅，那表示你在這方面可能已經有點失衡。如果你夢到餐廳送來的食物有毒，那你可能需要更仔細檢視一下你的心態。

餐桌 *Table*：

由於餐桌的主要文化意涵跟用餐吃飯有關，這個符號的本質其實就是代表群體與情感聯繫，而且主要是強調家庭成員的連結。如果你的夢裡面出現一張餐桌，那可能是代表你個人生活中與這個結構有關的一些特質。如果你夢裡面有一群人圍著餐桌而坐，你可以從那些聚集的人身上找線索，藉以了解目前你需要去培養的特質和技巧是什麼。餐桌的形狀在解夢上也頗重要。圓桌最早可追溯到亞瑟王的神話，它代表了人類歷史上最早以民主方式領導眾人的雛形。如果夢見餐桌壞掉或是有破損，則意謂著無法凝聚內在力量。

鋸子 *Saw*：

鋸子的主要功能是用來切割木材，然後製造出某樣物件。從象徵意義上來說，鋸子本身代表的就是你改變某個想法、概念或意識之形式的能力。當你使用鋸子時，這樣一種工具雖然非常有效率，但也帶有危險性。請讓你的夢來告訴你，該往哪個方向去解釋較為符合你的情況。

學校 *School*：

學校是我們學習各種事物、提升智力的地方。在夢的解析上，學校代表我們對於增長和拓展智慧的需要與渴望。很多人都會作這種夢，夢見自己回到年輕時候的學校，這樣的夢通常是跟內心的焦慮與責任感有關。如果你夢見的不是你小時候的學校，那就是代表你有很多的生命課題需要學習。

雕塑 *Sculpture*：

雕塑是一種三度立體空間的藝術作品。在象徵意義上，它代表的就是我們能夠從各個角度去思考事情的能力。任何一種藝術作品都是代表你的創意表現，而三度立體作品代表的，就是如果你能夠從各個角度去看一件作品，你也

會有能力去了解你人性中的這個部分。如果你夢見的雕塑品是人物雕像，那在解釋上就要再加入另一層涵義，它代表在某個時刻，你的創意表現被困在單一形式當中，你感覺自己受到某種程度的局限和束縛。

雕像 *Statue*：

雕像的力量在於那件物體本身靜止不動。有很多雕像都是在描繪人體的各種型態。因此，夢到雕像可能代表，你覺得自己的某個感官覺受好像被局限在一個特定形式之中。

樹木 *Tree*：

樹木代表你這一生的成長過程，樹根代表你誕生的根源，以及你的生活經驗是否扎實穩固。樹幹這個部分最能代表你的個人經驗和身體狀況。樹枝代表你人生過程中做出的各種不同選擇，包括你的感情生活、你與家人的互動，以及各種不同型式的抉擇。透過「家族樹狀圖」我們知道，樹木也是代表你與原生家庭以及祖先的連結。樹木往地底下深深扎根，同時也往上向天空伸展，因此，夢境裡出現樹木，也代表你的直覺本能與智性思維之間的平衡。

隧道 *Tunnel*：

你正在通過意識的較低層次，期待得到轉化。隧道是建造在水面下或其他地形地勢內的一條安全通道。人在隧道內移動，代表你的生命正在過渡到一個全新領域。我們通常會用隧道來代表一個轉變過程中最艱難的部分，因為那段時間你會感覺自己好像迷失了，不知往哪個方向去才好。很多時候，當你身處在這個象徵過渡期的隧道裡，可能連自己從哪裡進來的都不知道，更可怕的是，你根本不知道何處才是盡頭。這個時候，我們最常尋找的一樣東西就是隧道盡頭的光，這是在不確定當中僅存的一點希望。

獨角獸 *Unicorn*：

　　獨角獸這種神奇的生物是最能代表魔法和精神純淨的象徵。這是一個古老的符號，但卻比其他生物更常出現在現代媒體中。獨角獸全身純白，因此代表純潔與生命的最高振動頻率。獨角獸還可以在天空飛，更增加了牠的「精神揚升」意涵。從某些方面來說，「獨角獸」這個名字本身就帶有圖騰的力量在內；獨角獸只有一隻角，這代表它已經超越二元對立，來到萬物合一的境界。在夢裡面遇到獨角獸，是一個非常強大的療癒象徵，代表你正在接受強大靈性力量的指引。

錄影帶／影片 *Video*：

　　這種現代的影片拍攝型態，由於相當輕便且隨處可操作，因此在我們的文化中開始大量普遍出現，這使得「錄影帶」這個概念所涉及的涵義變得相當廣。本質上來說，影片拍攝代表我們有能力去創造出我們自己人生經驗的畫面。我們拍攝影片，然後那些影片成了我們人生旅程的一種永久紀錄。曾經只屬於高不可攀的電影殿堂，只有少數特權人士才能拍攝的電影，因為影像拍攝技術普及的緣故，變成了人人皆可靠近的大眾化現象。當這個符號出現在夢境裡，可以考慮從兩方面來解釋。第一，它代表你想要去捕捉一個生命片段的創造動力正在開展。其次，如果你有辦法進行錄影、暫停、前後快轉，以及在閒暇時觀看影片的動作，其實也代表你擁有某種控制權。

◆ 十七畫 ◆

膿腫 *Abscess*：

膿腫代表有一個潛在的問題尚未被處理。夢中的那個膿腫出現在你身體的哪個部位，表示那個地方可能藏著問題。膿腫代表某樣東西需要被打開來，這樣裡面的有毒情緒才能被清理乾淨，療癒才可能發生。

錨 *Anchor*：

錨跟水流有關，因此也代表跟情緒感受有關的經驗。錨本身的設計是為了讓你在一個地方固定不動，而且它不是屬於自然生成的穩定狀態。因此，夢到錨代表你需要或很想要把某些情緒壓下來，不讓它爆發。夢中出現錨這個意象，可能代表對你有益的事，也可能對你是壞事，你要自己去判斷，看這個錨是要幫助你穩定心志，還是你因為曾經受傷或陷在悲傷情緒中，而自我設限無法往前進。

嬰兒 *Baby*：

嬰兒象徵著新的想法、關係、事件、方向、計畫等等。嬰兒作為一種符號時，他的核心涵義就是代表新生命。嬰兒會逐漸長大成人，但在嬰孩時期就已經擁有所有潛能，只是尚未表現出來。因此，夢中出現嬰兒可能代表你即將展開新的人生篇章，只是尚未完全實現。從夢中這個嬰孩的年紀也可以得知，這個嬰兒所代表的新興意識是在多久前誕生的。比如，這個嬰孩如果是一歲，那表示早在你這個夢出現之前一年，你的人生已經開始有了新的變化。

隱形人 *Cloaked or Hidden Figure*：

這是一個力量非常強大的原始人格面向，也是一個來自潛意識的使者，通常我們會認為這就是死亡的原型。隱形人這個意象的本質是，他是沒有名字的人，你永遠不會知道他是誰。如果他代表的是我們內在的一個人格面向，那他就是來自我們的潛意識（無意識）心靈，他可以進入我們的夢中，給我們帶來一些訊息。從整個夢境內容，你會知道那個訊息是什麼，或至少可以知道要從哪裡開始追尋這個訊息。不過，假如夢中出現的這個隱身人物看起來很像是已經死掉的人──面容模糊不清、在世間徘徊漫遊、好像要把活人抓到未來世界去──那麼你很明顯就是做了一個死亡的原型夢。

隱身人物 *Hidden Figure*：

夢中出現任何隱身的人物，都是代表你內在尚未被你察覺的某個性格特質、角色面向或是技能。看不見的人影總是像幽靈一樣讓人害怕，事實上，你應該把隱身人物視為你還無法接受的一種內在性格，或是你人格中需要具備的部分。

鴿子 *Dove*：

鴿子象徵和平與愛，夢見鴿子，可能代表你正在與這兩個概念法則相連結，同時接收這種動物所帶來的療癒之藥。鴿子也可以象徵羅曼蒂克的愛情。

麋鹿 *Elk*：

麋鹿是鹿科動物的一種，因此，任何跟麋鹿有關的象徵，都帶有優雅、美麗、警覺的涵義在內，而且代表有能力在我們的潛意識森林裡保持絕佳的方向感。麋鹿的體型比水鹿（deer）大，但是比駝鹿（moose）小，作為動物圖騰時，麋鹿算是一種擁有中等力量的動物。如果你夢到的那隻麋鹿有帶角，那麼牠所

擁有的醫治力量會比沒有角的麋鹿更大。不管有沒有帶角，夢見麋鹿都代表你正在接受指引，進入一趟祕境之旅。

臉 *Face*：

我們都是用臉來面對這個世界，而且，我們內在意識當中的每一樣東西，不是顯露在我們臉上，就是藏在我們臉上。不論你夢中出現的是自己的臉或是別人的臉，在解夢上都代表一件事：你在你的平常生活中是否有辦法表露真實的自我。其次，你夢到的那張臉，如果臉上有東西，那也要把它納入解夢的範圍。比如臉上有記號、疤痕、青春痘，或是長疔子等等，那都是在不經意洩露，這張臉表面之下的陰暗本性。

臉書 *Facebook*：

這種新興的社群媒體，提供了我們一種即時展現日常生活經驗的機會。臉書也算是社群的一種，在這個社群裡面，你可以選擇你要用什麼面貌呈現在世人面前。因此，作為一種符號，它象徵的是我們想要去控制別人如何看待我們，以及看待我們的人生。臉書也可以代表我們想要跟別人保持連結關係，但這種連結可以不需要去面對實際親密關係的脆弱性。

糞便 *Feces*：

參見大便／Defecation，第25頁。

檔案櫃 *File Cabinet*：

表示你需要整理、組織自己的想法和觀念。夢中出現的那個檔案櫃是什麼狀況，會反映出你的這個需要有多迫切。從夢裡面的其他脈絡細節，也可以幫助你去了解，你生活中是哪些事情需要你更仔細地關注和釐清。

檔案文件 *Files*：

這個符號代表的是針對特定事項有關的各種想法，依據一個特定的組織原則，把不同的點子或意見匯集起來。夢見檔案文件，意謂著先前針對某件事情所得到的想法意見，全部被收集起來，歸檔收存以備將來之用。從這個夢境中出現的其他元素，你會知道是你生活中的哪一件事情正在以這種方式被集中起來，受到特別關注。

颶風 *Hurricane*：

颶風是狂風加上暴雨，非常恐怖的一種自然現象。風代表思想和意念受到搧動，到一種狂妄的地步；雨則是代表這個經驗的本質也是屬於情緒的。如果你夢中出現颶風，那你可能要去檢視一下，你的生活中是不是有某些人或環境正讓你感到非常痛苦、悲傷、憤怒。這樣的夢也是在反映，你的生活正面臨重大且極具壓力的變革。

鍵盤 *Keyboard*：

鍵盤能把你的手指變成一種精巧的溝通工具。手指代表的是敏捷與創造力。在溝通的領域裡，語言文字就是一切。鍵盤則是讓你進入廣大網路世界的一個工具。因此，夢裡的主要畫面如果是聚焦在鍵盤，那代表你正在連繫這個存在於你指尖的廣闊世界。夢到鍵盤壞掉或受損，代表你感覺自己無法跟你的世界做有效溝通。

蕾絲 *Lace*：

這個符號代表的是精密的複雜結構。它是陽性能量的工程學和陰性能量的耐力與創造力之完美結合。作為一種夢境符號，蕾絲代表的是你正在融合本性當中陰柔與陽剛這兩種面向，並且用這份力量創造出真正美妙的東西。

購物中心 *Mall*：

這是夢境裡面經常會出現的場景。購物中心、大賣場提供各式各樣的零售商品，因此，它一方面是代表你擁有某種形式的豐盛、財富以及自由度；另一方面，在夢的解釋上則是意謂著缺乏精緻感、不夠細緻。在購物中心裡面，你有很多選擇性，這也是這個符號的一個強力象徵意涵。假如你的夢境場景發生在購物中心，表示你正在探索你生命中對於豐盛和財富的選擇意識，但那些想法可能是以一種非常特殊的方式得到財富，因而受到一些社會壓力，不一定與精神靈性的豐盛相契應。

購物 *Shopping*：

購物是為了補足生活所需而從事的活動。作為一種符號，它代表的是願意採取行動來照顧自己、支持自己、讓自己過豐盛的生活。購物可以是平衡而且健康的活動，也可能失衡，反映出某種程度的逃避現實。在夢裡面，你購買的那樣東西所代表的涵義，以及你對購物這件事情的感受，也可以幫助你釐清這個夢代表的真正意義。

購物車 *Shopping Cart*：

購物車的主要功能是讓你暫時放置你正在雜貨店裡購買的東西，因此，它也代表你接納豐盛、為照顧自己的生命而做出選擇的能力。購物車還有第二層涵義，主要是作為群體意識的象徵，意謂著無家可歸，以及因為失去一切而感到絕望。如果你夢中的購物車是以這種方式出現，那可能代表你擁有貧窮意識。一個人推著一台購物車出現在你夢中，這個人可視為你內在的一個性格面向，代表這個部分的你社會功能較為低落，而且害怕自己可能會失去一切所有。

薪水支票 *Paycheck*：

對大多數人來說，薪水支票就是安全感的象徵，代表你可以繼續過豐盛的生活。支票本身代表你知道你的需要將會被滿足。夢中出現任何跟薪水支票有關的事物，在解夢時你應該將它當成焦點所在。如果你夢見薪水支票遺失，表示你感覺自己的安全受到威脅。支票毀損，也是類似的威脅感，但表示這件事剛剛發生不久。夢見找到薪水支票，代表你發現了能為你帶來安全感的新源頭。

磷光 *Phosphorescence*：

這種令人驚嘆的效果來自一種會發出冷光的藻類，它甚至可以照亮整片海洋。這種現象若以動物界來比喻，就是住在水中的螢火蟲。潛意識通常被認為是陰暗漆黑的地帶，而這種不可思議的光則是代表一種神祕能力，可以將光亮灑在原本接收不到光的地方。在夢裡面，磷光代表靈性的顯現，照亮我們心靈中原本陰暗無光的角落。

賽車 *Race Car*：

汽車是象徵你人生過程中的生命經驗之品質，特別是在你的社交和社群經驗方面。賽車的馬力比一般汽車更強，能夠帶給人極致的速度感和精湛的方向操控感。夢見賽車，可能代表你希望在人生道路上能以更快的速度往前進；如果你的人生確實正在飛快前進，那麼夢見賽車或許可以帶給你一種支持，讓你能夠在這個時候掌握好你的方向盤。

賽車道 *Race Track*：

如果賽車代表你的人生正在加速前進，那麼賽車道可能是意謂著，雖然你能夠以飛快的速度前進，但其實你被限制在這條車道上，哪裡也去不了。

縫紉 *Sewing*：

縫紉是用非常細小但強韌的縫衣針將織物縫合在一起。在象徵意義上，它是代表我們有時需要去建構一些概念、選項，以及意識上的擴展。你的經驗或許有其遠大的志向，但沒有經過這些微小的漸進步驟，任何東西都無法保持凝聚力，這就是縫紉代表的涵義。如果你是用機器來縫紉，那表示你有更大的權力、力量，以及協調性可以來做這件事。徒手縫紉，表示這個時候你需要展現個人的獨特性，而且要更專注於這件事的細節。

螺旋 *Spiral*：

螺旋其實就是一切生命運動的最真實樣態。無論是植物、花朵，甚至太陽系本身，都是以螺旋方向在運行移動。假如你夢中出現螺旋體的形狀，或是某樣東西以螺旋方式在運動，表示你在夢中看到了生命本身的神聖幾何圖形。你正在體驗一種新層次心靈能量的爆發。從這個夢境的前後內容，你會知道你是否有能力掌控這股新爆發的能量，或是被它吞沒。

戲院／劇場 *Theater*：

戲院唯一的使命就是將人們創造的故事演繹出來，在夢的象徵意義上，劇場是代表一群人聚在一起分享共同經驗的地方。夢裡面出現任何建築物，都是象徵你的一個概念或信仰系統。而劇場跟其他建築的不同點在於，它是集體共有的一種信念，而且一定是符合社會準則或群體約定的信念。如果你的夢境場景發生在戲院或劇場，那表示你正在探索你實際生活中的社群或社會經驗。

聯合國 *United Nations*：

這是一個代表世界和平的象徵符號。如果你夢中出現聯合國標誌的特寫畫面，表示你正在連結一個集體能量，這個能量所關心的議題是地球整體的發

展。如果是從比較個人的層次上來解這個夢，這個意象符號也可以解釋成，你內在有各種不同的想法和信念，雖然根本上是矛盾的，但最後都可以被整合起來，你內在所有的不協調，最後都可以達到和諧。

牆 *Wall*：

牆壁是代表一種邊界，將原本開放的空間劃分成具有特定功能的場域。我們也會在我們的頭腦中將想法和概念做區分，好讓我們的想法和感受可以得到更有效的管理，而牆壁就是象徵這種意識運作的結構。你夢中出現的牆壁，就是代表這種劃分的能力；而牆壁本身的狀況，則是代表這個劃分的過程是否順利或是困難。

優酪乳 *Yogurt*：

這種美味的食物，其實是將一種菌加到乳製品當中做成的。這種矛盾的組合，就是優酪乳這個符號的核心涵義，因為它提醒了我們，如果你把批判的心態拿掉，你也會體驗到酸味的美好。夢到優酪乳，或許是在提醒你，要你接受某些你討厭的東西，並且相信一切都有其美善之意在其中。

殭屍 *Zombie*：

夢中出現殭屍，表示你可能缺乏熱情或生命力。殭屍的定義是：已經死掉的人又爬起來走路，到處尋找人肉來吃。這種「活死人」也象徵了我們生命中的某些時刻，我們已經感受不到任何喜悅或活力，但卻依然活著。夢裡面出現殭屍，可能是一種預示，代表這段時期你的生命能量非常低，或是因為某些事情導致你能量耗盡。殭屍真正危險的地方在於，它們會讓被咬到的人也變成殭屍。因此，它們也代表長期抑鬱、疲勞和久坐不動的生活方式所累積造成的影響。此外，殭屍也可以代表你生活中的某個人或某一群人，他們用自己的負面消極性格剝奪了你的快樂。

◆ 十八畫 ◆

雜技演員 *Acrobat*：

雜技演員可以在空中優雅舞動，這個意象相當能夠代表我們的心智運作過程。生活中你是否有辦法靈活運用你的想法、感受並且行動敏捷，在這些事情上你受到眾人的注目，尤其是在想法方面。還有一個與 Acrobat 這個詞彙有關的雙關語，是一個叫做 Adobe Acrobat（奧多比）的著名電子文書處理軟體，因此，若你夢中出現這個軟體意象，可能表示你想要好好掌握你的生活，讓它符合你想要的樣子。

雜貨品 *Groceries*：

雜貨品就是你從市場買回來的特定物品。作為一個符號，雜貨代表的是源源不絕的豐盛與富足，它也是所有人類與生俱來的權利。你跟夢中出現的雜貨品的關係，也代表了你是否能滿足自己的所有需求。你的人生是否有所匱乏？還是供應無缺？如果你夢見自己在逛街購物，那表示你正在積極補充生活所需的養分。假如你夢見自己把雜貨品帶回家，那表示你很快就會接收到生命的豐盛。不過，如果你夢中那些雜貨品好像出了什麼問題，那可能是反映出，你不相信世界會把你所需要的一切源源不絕提供給你。

雜誌 *Magazine*：

雜誌代表當代流行文化。它反映的是對於雜誌內容相關的那些生活領域的感知力。你平常跟雜誌是維持什麼樣的關係，在解夢時也應該考慮進去。一般來說，雜誌是一種良性逃避的象徵。

雜草 *Weeds*：

你內心那些紛亂的思緒，比如憂慮、懷疑和焦慮，可能太過猖獗，讓你失去了感受快樂的能力。雜草是一種討人厭的植物，因為當我們在花園裡種植我們喜歡的漂亮花朵和野菜時，雜草會破壞整個花園的和諧感。如果你放著雜草不管，它會不斷蔓生，甚至扼殺掉我們原本種植的植物。在夢裡面，雜草就是代表這種無處不在的紛亂思想、習慣以及模式。

藍色 *Blue*：

藍色是代表溝通的顏色，與身體部位的連結是喉嚨和甲狀腺。甲狀腺負責調節我們身體的新陳代謝活動，因此也代表我們與他們溝通的效能。我們透過聲音與他人溝通，但我們與周遭環境的溝通則是靠能量。還有另一種溝通概念跟這個顏色有關，那就是藍圖，它是對於某樣未產出之物的一種溝通架構。醫院急診室也有所謂的急救代碼，稱為 code blue，代表病況危急，需要緊急救助。手冊或雜誌在印刷之前，會先印出一份最後的設計版本來供校對，就是所謂的「藍（線）圖」（blue line）。當我們體溫下降、血液循環不良時，我們的嘴唇會變成藍紫色，溝通就會受到阻礙。以上只是舉出一些跟藍色有關的例子，不一定跟特定圖像有關；總之，如果在你夢境中藍色特別明顯，那麼你可能要往「溝通」這個方向解夢。（參見色彩／Colors，第77頁）

藍鳥 *Blue Jay*：

所有的鳥類，都被認為是來自高階意識和其他次元的使者。藍鳥很特別的地方在於，牠是一種喜歡講話的鳥，因此也經常被用來代表溝通。藍色是喉輪的對應顏色，因此藍鳥也成了能夠提升溝通敏銳度的療癒象徵。藍鳥來到你的夢中，表示你現在需要好好檢視一下你與外界的溝通方式是如何。（參見鳥／Birds，第202頁）

藍圖 *Blueprint*：

藍圖代表的是一件事物的結構，以及將一個想法付諸實現的意圖。你現在是處於人生計畫的哪一個階段呢？夢到藍圖，可能表示你很想要創造、實現某些事情。

獵豹 *Cheetah*：

所有的貓科動物，在夢的解析上對應的都是陰性法則的力量。貓的形體愈大，這個圖騰擁有的力量就愈強。獵豹跟其他貓科動物的差別在於牠的速度；牠是所有大型貓科動物中行動速度最快的。夢到獵豹是在提醒你，當你面對生命中的轉變，要保持靈活機動、迅速敏捷的行動力。

獵鷹／隼 *Falcon*：

所有的鳥類都是代表某種信使，但是獵鷹這個圖騰所帶有的療癒力量卻非常特別。牠們既凶猛又力大無比，在許多歷史久遠的神話中，也都可以看到獵鷹的蹤影。牠們最大的強項就是擁有高超的視野和眼力，如果你夢見獵鷹，那表示有人從極高的地方在指引你方向。你可以藉助獵鷹的視野和眼力來達到你人生的目標。這種鳥類也非常會狩獵，而且攻擊性很強，因此，獵鷹不僅能夠指引你方向，還能賜給你力量，去追求你想要的一切東西。

雞 *Chicken*：

雞肉是西方人最大量食用的動物肉品，因此雞的象徵涵義也直接讓人聯想到豐盛、財富以及滋養哺育。有句俗語說：「像一隻被砍掉頭的雞」（like a chicken with its head cut off，譯注：中文意思引申為毫無目標盲目亂闖），則是帶有無知和愚蠢的意思在內。夢到雞，可能是跟這些涵義的其中一個有關。在中國的占星術裡面，公雞也帶有一些精神上的意涵。（參見公雞／Rooster，第39頁）

櫃子 *Closet*：

　　你試圖把某些東西藏起來。可能是想要隱藏什麼事情，或是想要躲避什麼。櫃子是存放東西的地方，放在櫃子裡的東西通常有三種：一種是經常用到的物品，但是為了看起來整潔有條理所以收在櫃子裡；另一種是先暫放，之後還會用到的東西；第三種是目前已經用不到了，所以一直收在櫃子裡，甚至放到忘記。夢中出現櫃子或是櫃子所在的位置，可能必須從這幾個方向來思考。如果夢見櫃子裡放了很多東西，可能跟羞恥感有關。羞恥感的程度高低，可以從這些東西被掩藏起來的樣子，以及／或者讓你感到害怕的程度看出來。請記得，櫃子也是我們用來儲藏一些平常已經用不到的東西的地方。我們過去的一些想法、情緒感受或是生活態度，需要被重新拿出來檢視，或是將它們丟棄，這樣才能騰出空間，讓自己有所成長。還有一個跟櫃子有關的用語：「出櫃」，通常是用來表示一個人不再隱藏自己的性別取向。總之，在夢的解析當中，櫃子也可以代表一個人所隱藏起來、不想為人所知的那一面。你在櫃子裡發現的東西，就是代表你想要隱藏起來、不想去面對的事情。

醫生 *Doctor*：

　　夢中出現的每一個人物，都是你內在心靈的一部分，而醫生就是代表你內在具有診斷和醫治能力的那個部分。對於某些潛在的問題和挑戰，你可能正在尋找答案，你夢中的那位醫生或許可以幫你把那個病醫好。

醫院 *Hospital*：

　　這個夢是在告訴你，你需要療癒，讓身體恢復健康，無論這個健康是字面上的，還是象徵意義上的。醫院往往會引起人的強烈情緒反應。這種不舒服感，讓大多數人在想到這種治療場所的時候，往往會忽略掉它具有的慈悲本色。通常人們一想到醫院就覺得害怕，這也為我們與治療之間的關係增添了一種諷刺意味。治療是一種改變、一種轉化，任何重大改變的第一步其實是分

解，之後才是突破。由於分解是非常恐怖的過程，我們總是想要逃避它，就像有些人在平常時候總是避免進醫院。我們很容易忘記這件事，外科醫生為了要治療病人，必須先將病人的身體切開，先製造一個傷口。再加上並不是每個進到醫院的人都有足夠的幸運可以步出醫院，因此醫院很自然就會讓人聯想到對於死亡的恐懼以及死亡。不過，請記得，死亡之後隨之而來的就是重生。因此，如果你夢見自己在醫院裡，或是在醫院附近，那就是代表某種療癒可能正在發生，或是你需要某種治療。假如你在夢中就是生病的人，那麼可能代表你的自我正在發生重大轉變。假如你是探病的人，那麼你要療癒的，可能就是你去探望的那位病人所代表的你內在的人格面向。假如夢中你是醫生，那這個夢或許是要幫助你勇敢面對生命中正在發生的改變。在夢裡面，你對醫院的害怕和排斥，都是在讓你知道，你在無意識中做了多少抵抗。如果真實生活中你的健康確實出了問題，那醫院這個意象就真的是代表醫院，你在夢中對於醫院的態度，也是代表你潛意識裡面對於自己的身體以及它的健康狀態，是否有所抗拒、不願意接受。

禮物 *Gift / Present*：

你夢到的是未知來源的喜悅。禮物通常跟獎賞某件事有關，而一項禮物的贈與和收受，重點並不在送禮的理由，而在於雙方兩人的情誼關係。如果你夢見有另外一個人跟你交換禮物，你可以將這個人視為你的一個性格面向，在這個時候，這個性格會為你帶來非常大的好處。無論你是送禮或是收禮的人，皆是如此。交換禮物會讓人非常開心興奮，因此很多人喜歡與人交換禮物，因為他們想要體驗那種興奮感。假如你的夢符合這種情況，那麼不妨檢視一下，你生命中有哪些地方可能需要多注入一點歡樂。如果夢中那個禮物非常神祕，那可能表示你生命中可能有一些事情可以為你帶來禮物，但你不知道那是什麼事，你還無法看到它的價值。外表上看起來是困境，事實上是一項禮物，你的潛意識通常會比你的意識還要早知道這件事。於是它會以禮物這個意象符號預先出現在你夢中，告訴你這件有價值的事物即將出現，即使它看起來尚不明顯。

鎚／鐵鎚 *Hammer*：

　　鐵鎚是用來進行修建工作的一項基本工具，藉由它的力量，可以讓一件物體穿過另一件物體。如果這是你試圖要做的事，而且一切進行順利，鐵鎚這個符號代表的就是更有效率地將事物接合在一起，以建造出某樣東西。不過，鐵鎚這個符號也可以代表試圖強迫某樣東西使它變得更加精緻。你可以根據夢境的前後情節，來決定如何解釋這個符號。

叢林 *Jungle*：

　　這個符號代表的是異國風情、異域、人跡罕至之地。根據定義，叢林是指一片植被茂密的土地，本質上是無法以正常方式穿透的。只有在熱帶氣候地區才會有叢林，這些廣大遼闊、蘊含豐富水氣的生態棲息地，往往與世隔絕、充滿神祕，而且對大多數西方人來說，是一個完全陌生的文明地帶。因為這個緣故，也讓叢林這個夢境符號增添了一種浪漫的想像。如果你夢到一片叢林，而且讓你感覺奇異又目眩神迷，那表示你可能已經踏進你生命中某個新奇又有趣的領域。若從反面來看，叢林這個意象可能代表你內心渴望去經歷跟現在完全不同的新經驗。你的夢可能是一種對於生命的請求，想去嘗試截然不同的異域生活。叢林地形也可能是相當惡劣、荒涼的；其中還有攜帶著各種病菌的動物和昆蟲死屍，在這樣的境地裡，你的人生可能危險滿布。如果你夢到的是這種叢林，那表示你實際生活中可能讓你有孤立、孤絕感，或是感覺自己像是異鄉人那般，內心充滿恐懼和壓力。雨林是地球母親的肺，它能將氧氣釋放到我們的大氣層中。如果我們不斷破壞這些珍貴資源，就等於是讓我們的生存陷入險境。無論你本身是否有在倡導保護熱帶雨林，事實上，在集體潛意識的層面，我們每一個人都與這個地球緊密相連。這個夢或許是在提醒你，無論是在地球方面或是你個人的生活中，資源正在遭受無情破壞。可試著從這兩方面解析你的夢。

騎士／武士 *Knight*：

騎士這個人物角色對應的是戰士原型。戰士將這個世界區分成「對與錯」兩個陣營。他捍衛無辜之人，而且可以接受召喚來糾正所有錯誤。

鎖 *Lock*：

鎖的功能在於讓某些東西無法被進入、被穿過。作為一種符號，它原本的涵義是指有人擁有鑰匙。如果你夢中出現一個鎖頭，那表示有某樣東西是你不知道的，或者你無法取得的。如果要得到更全面的解釋，那就要考慮這顆鎖的種類，以及它究竟是不想要你開啟什麼東西。夢到壞掉的鎖，可能會讓你感到相當不安，如果你是在這個鎖起來的房間裡面，原本一開始應該是這個鎖要保護的對象。

鯊魚 *Shark*：

捕食者的極致象徵，這是一般人很常作的夢，代表內心恐懼和焦慮。作為一種圖騰，鯊魚的力量非比尋常。鯊魚代表我們一心一意、不屈不撓、勇往直前的能耐。但是當牠們出現在夢裡，經常讓人感到排斥和恐懼。因此，如果你夢裡面出現鯊魚，你必須問自己，你在害怕什麼。這樣的夢也許是在提醒你，要將自己的力量更加發揮出來。專注、堅毅、完全不受外來干擾、不分心，是鯊魚這個動物圖騰帶來的療癒之藥。但首先，你必須排除內心的恐懼，才能將這股力量接納進來，成為你自己的。

縮小 *Shrinking*：

在象徵符號的世界中，尺寸較小的東西是代表感覺不那麼重要，或是無足輕重。夢見一個東西正在縮小，而且是以穩定的速度慢慢變小，表示你的力量正在被削減。夢裡面正在縮小的是什麼東西，意謂著那樣東西對你的影響力正

在變小。這對你可能有利，也可能有害，要看是什麼東西正在變小。如果是一個人正在縮小，那表示你內在的這部分人格特質可能正在減弱，或是需要向下調節它的影響力。如果是你自己正在縮小，可以檢視一下，在哪一方面你需要稍微抑制，或是在生活中哪些事情上你感覺自己正在失去力量。

戳刺 *Stabbing*：

某些事情正在對你產生深刻影響，可能是跟背叛有關。戳刺這個動作會造成一道很窄、很深的傷口，雖然被刺傷的肉非常少，但造成的傷害卻很巨大。換句話說，一個極小的行為就能造成深遠影響。尖酸刻薄的話語也具有相同效果。我們說出的一句話、說這句話時的語調，都可能深深刺傷一個人。事實上，任何一種突然發生且帶有暴力成分在內的穿透行為，在夢裡面都會以戳刺這個動作來呈現。我們也經常用「背刺」這句話來形容不忠和背叛。意外的消息也會讓我們感覺心臟像是被刺了一刀。一個可以造成大量出血的小傷口，本質上就是象徵即使是極小的傷害，也可能帶來毀滅性的破壞。

鞦韆／擺盪 *Swings*：

小孩子最早體驗到什麼叫做自由與興奮的感覺，就是來自鞦韆。因此，鞦韆這個符號代表的涵義有兩層，一個就是這種自由興奮感，另一層就是可以允許自己去感受這種孩子般的純真。在夢的解析上，盪鞦韆代表對於你意識中的這個部分有一種渴望。如果你夢裡的鞦韆讓你感覺危險，或是讓你想到受傷，那表示你生活中可能面臨到一些壓力，需要更多的自由。

鞦韆遊戲組 *Swing Set*：

這個意象畫面反映的就是孩子般的歡樂感受。夢中的鞦韆代表一個非常簡單、單純的想法，卻能帶來極大的快樂。如果你對鞦韆有什麼特別的童年記憶，解夢時也要把這個部分考慮進去。有時候，最歡樂的畫面也可能以扭曲的

形式出現在噩夢中。噩夢純粹就是代表你要負擔的風險賭注比較高；因此，夢到跟鞦韆有關的噩夢，可能是在提醒你，這種童心未泯的快樂，在你生命中的重要性比你所想的還要高。

簡訊 *Texting*：

簡訊代表一種即時溝通的概念，以及想要直接、即時地與另一個人溝通彼此的想法。對現代人來說，互傳簡訊已經變成生活的日常，因此，除了代表想要與對方即時聯繫之外，幾乎沒有其他象徵涵義。

臍帶 *Umbilical Cord*：

對人類來說，這是你人生中第一個能讓你的需求得到滿足的地方。事實上，有了臍帶，需求就可立即得到滿足，兩者之間沒有任何距離。因此，臍帶代表的象徵涵義就是：所有的需求都能得到滿足。在解夢上，它還有一個隱含的意義：希望回到小時候，不需要工作就能讓欲求得到滿足的那段時光。

獸醫 *Veterinarian*：

獸醫是醫生，因此跟治療師這個原型有關。獸醫是動物醫生，因此也代表從動物王國的原型性格獲得智慧。當你在療癒某些創傷或解開人生的某些限制時，可以多多運用動物的療癒力量。

藝術品 *Art*：

一件藝術品代表的是先前的創意與活力經驗的一個總結。它所連結的你過去的記憶，代表你的表現力或熱情是放在什麼地方。如果是夢見你正在創作一件藝術品，那可能表示你某個層面的創造力尚未完全表現出來，需要你更多的關注。

藝術家 *Artist*：

夢見藝術家，代表你自己的人格當中有一個部分是充滿創意和表現力的。夢中這位藝術家正在做什麼事，也代表著你的潛意識希望你能夠在清醒時如何表現你自己。如果夢中出現比較極端或危險的行為，可能表示你清醒時也有類似的衝動，而這種衝動對你並無好處。此外，藝術家所使用的媒材，也可作為解夢的參考。雕塑家對應的是務實和物質的概念，畫家連結的是熱情。行為藝術家則是對應藉由行動表現自己的想法。

鬍子 *Beard*：

通常有點年紀的人才會留鬍子，因此鬍子也成為年紀和智慧的一種象徵。所以，夢到鬍子就代表了成熟和智慧。鬍子有時候也會把大半的臉遮住，因此也可以代表你想要隱藏自己的真實感受。

繭皮／骨痂 *Callus*：

當你一次又一次重複某個相同動作，你的那塊皮膚表面就會變硬，形成繭皮組織。它的目的是讓你可以繼續進行那些動作，而不會再感覺疼痛或是受

傷。表皮結繭就是一種證明，表示你曾經努力工作並得到成果，已具備了某項技能。夢到繭皮，是在提醒你去想一想，你在哪些方面已經付出極大努力，而且獲得注目。

離婚 *Divorce*：

結婚象徵的是一個人內在不同人格面向的整合。它也可以象徵一個人的內在意識開始得到統整，而這也是所有意識擴展與成長的主要目的。離婚則是象徵這種意識上的成長進程來到一個終點，不再繼續往前進。為了讓自己繼續成長，你必須放掉一些舊有的意識。夢到離婚其實就是象徵著你在這個階段的成長功課已經完全結束，新的階段即將展開。

藥房 *Drugstore*：

藥房是一個可以滿足多種需求的地方，也正因為有那些需求，藥房才有存在的意義。夢見藥房也可能代表身體健康出現狀況，或是有什麼疾病需要醫治。

鵰／鷲 *Eagle*：

所有的鳥類都是代表某種信使。鵰可能是空中鳥禽當中最雄偉的一種，這個圖騰的醫治力量是非常強大的。牠也是最大型的鳥類之一，由於牠的體型和力量，許多原住民文化都將鵰鷲視為神靈在地球上的化身。鵰鷲這個符號象徵的就是力量、勇氣，以及超越一切艱難險阻的能力。夢見鵰，也代表你正站在和鵰鷲一樣的制高點上。

爆炸 *Explosion*：

爆炸的實質意義是燃燒，而燃燒就是代表改變與轉換。爆炸和燃燒的差別在於這個變化發生的速度有多快，爆炸是瞬間發生的。在解釋爆炸的夢時，請

務必記得，爆炸是一件正向的事情，它意謂著你生命中突然發生某種改變，而且可能讓你感到害怕。改變有時真的非常嚇人，這也是為什麼很多人都很害怕改變。夢到爆炸場景，也許是在告訴你，現在發生的這件事，無論如何都是避不掉的。

霧 *Fog*：

現在的你可能因為思想和感受產生錯覺混淆，導致無法看清楚事情。霧這個東西，最有趣的事情之一，就是它是兩個不同元素之象徵意義的組合：空氣和水。霧是空氣中一種現象，但它只在空氣當中充滿水氣的情況下才會發生，因此，霧這個夢境意象連結的就是情緒。因為同時包含了空氣和水這兩個元素，因此霧這個現象，就是表示當我們的潛意識想法和內在隱藏的情緒相結合，霧就產生了。霧氣可以把你的視線完全遮蔽，讓你看不到方向，而導致安全疑慮。因此霧也代表了陷在霧裡的人正處於潛在的危險當中，無論你是在水面上或陸地上。它也可以代表盲目、看不清的狀況，當你的思維想法和情緒感受彼此之間產生衝突、混淆時，結果就是會發生這種情況。霧也可以暗指你內心有一種需要，你希望在你前進的路途中能夠放慢速度，更加小心謹慎。如果你夢到身在霧中，不妨問問自己，你生活中是不是有哪些事情正陷入迷霧當中、看不清楚。

鏡子 *Mirror*：

夢裡面出現鏡子，是在提醒你要去思考你在生活中所看見的一切。我們的意識所經驗到的事物，會依據我們的內在信念反射回來讓我們看到，如果在夢中出現鏡子的特寫，那表示你目前正在反省這種意識反射的模式。鏡子會對人產生混淆作用，讓人產生困惑。不只是因為鏡中呈現的是左右反轉的影像，而是鏡中的影像雖然給人真實感，但實際上並非真實。它只是一個人物的反射，而不是那個人物本身。鏡子跟基本的因果法則很像。你可以用它作為一種有效

工具，來檢視事物的當前狀態。但是，如果你不喜歡你所看到的反射影像，你想要改變它，那麼你就必須對那件被反射的物件做一些事，而不是把那面鏡子換掉。在夢裡面，誰在看那面鏡子，或是從鏡子裡看到什麼，都是代表你的潛意識正在觀看的東西。思考一下，鏡子裡面的影像是不是跟你的自我概念相吻合。如果你直視鏡子，而且對你所看到的一切感到自在，那表示你能誠實面對真實的自己。假如你看起來有點手足無措，那可能是在提醒你，要去檢視一下你在哪些方面對自己不夠誠實。這也暗示著你可能很想隱瞞什麼東西不讓人知道，或是有某些較為庸俗的心態，比如很在乎別人的看法。解夢時也要把鏡子本身的狀態考慮進去。舉例來說，破掉的鏡子可能是想要提醒你，去面對某些讓你感覺不祥的事情，因為西方文化當中經常有打破鏡子會帶來厄運的故事。手持的鏡子則可以讓你近距離凝視自己，因為它的主要目的，就是讓人私下用來觀看自己在外人眼中看到的樣貌。全身鏡代表你需要看見自己目前生活的全貌。如果夢中出現的是別人的鏡子，那可能代表你此時對自己的感受，是依據別人的價值觀或看法來決定的。鏡子有時也會被視為一種魔法的象徵，因為它可以顯示一件事情的真相，比如著名的童話《白雪公主》裡面那位惡皇后所擁有的魔鏡。探索關於鏡子之夢的主題，你就能發現更深層的真相。

懷孕 *Pregnancy*：

你正在醞釀一個新想法、新計畫，或是新的人生方向。懷孕代表某樣全新的東西即將出現。所有的概念主張、人生方向的改變，以及物理上的轉向，首先都必須先在我們的頭腦中產生新的想法。我們在人生中創造出來的每一樣東西，最初都只是一個靈光一閃的想法。夢到懷孕，就是象徵著我們正在與這種創造的過程連結，因此也代表我們生活中將會有劇烈的改變發生。並不是只有女性才會作懷孕的夢，男人也經常會夢到自己懷孕。根據作過這類夢境的男性所述，通常當他們身邊有重要人士真的懷孕即將生產，他們就會作這種夢，而在夢的解析上，這代表隨著父親這個身分的降臨，他們的人生也將發生重大改變。有的人會對這種懷孕的夢感到羞恥或害怕，是因為他們不希望生命中的改

變所帶來的不確定性，他們很在意其他人對這種改變的看法。夢中懷孕的產期愈近，代表改變愈是迫在眉睫。如果是夢到別人懷孕，那你就要從這個人是代表你內在的哪一部分人格特質來解這個夢，也就是說，你內在的這個部分即將發生改變。假如在夢裡面，你很清楚自己懷孕了多久，那你可能要去思考，在受孕那個時間點，你實際生活中發生了什麼事。比如說，假如你夢到自己已經懷孕七個月，那就要回顧七個月前，你實際生活中是不是發生了什麼新的改變。

繩索 *Rope*：

代表資源放置在隨手可得之處，讓你的生活可以隨時進行一些調整。繩子是很棒的工具，可以幫你做很多事情；最常見的用途，就是將兩個原本分開的東西綁在一起。以象徵符號的角度來說，你想要用繩子綁在一起的東西，可能跟思想有關，也可能跟情感有關。繩索本身也可以用來讓原本混亂的場面得到某種程度的控制。在夢裡面，這條繩索是用來做什麼用途，也反映出它所代表的涵義。另外還要特別注意這條繩子的打結方式，因為結代表你過去曾經付出的努力，但那件事情可能未能如你所願。也請記得，所有的結都可以被解開，只要你付出適當的努力。

蠍子 *Scorpion*：

蠍子代表的就是死亡與重生的法則。在黃道十二宮占星學當中，蠍子是唯一具有殺戮能力的原型，因此，蠍子連結的概念是與死亡與重生、祕術，以及生命中的神祕領域有關。蠍子這個動物圖騰代表的涵義是：有能力扭轉情勢、帶來巨大改變。

繼親家庭 *Stepfamily*：

繼親家庭（同父異母或同母異父）跟原生家庭在解夢上擁有相同的涵義，只是要多加入「命運」這個解釋元素，因為作為原始婚姻的繼位家庭，代表這樣

的選擇勢必會帶來複雜的關係。如果你實際生活中也有一個繼親家庭，那麼這個家庭中的每一個成員就是代表你內在人格的不同面向，同時也會反映出你與繼親家庭之間的感情好壞。這樣的夢可能同時反映兩件事，一個是你自己本身的意識狀態，另一個是你實際生活中跟繼親家庭成員間的互動關係。（參見家族成員／Family Members）

繼兄弟姊妹 *Stepsiblings*：

也就是同父異母或同母異父所生的小孩。如果你實際生活中有一個繼親家庭，那麼夢中出現的每一個人就是這個繼親家庭裡每一個成員的反射。如果你是這種情況，你夢中的同父異母（或同母異父）兄弟姊妹除了代表你內在人格的不同面向之外，同時也是代表你對於家庭這個原型的概念想法之反射。（參見家族成員／兄弟姊妹〈Family Members／Siblings〉，第179頁、61頁）

繼父母 *Stepparents*：

如果你實際生活中有繼親家庭，你的夢實際上就是在反映這些家庭成員的狀況。如果你是這種情況，那你夢中的繼父繼母就代表兩種涵義：一個是你內在人格中的不同角色面向，同時也是代表你對於家庭這個原型的概念想法之反射。（參見家族成員、父母親〈Family Members／Parents〉，第179頁、47頁）

鯨魚 *Whale*：

要了解這種雄偉動物的象徵意義，一定要從牠的棲息地來思考。海洋代表我們的深層潛意識，而鯨魚是用肺呼吸空氣的動物，但卻可以潛入海水深處，探索水面下的事物。因此，鯨魚代表的就是我們有能力連結我們的情緒與海流，去探索那些平常無法被我們的表意識所察覺的深層事物。夢中出現鯨魚，牠帶給你的療癒之藥就是這種深深潛入表層意識之下，去獲取廣大智慧的能力。

鯨魚歌聲 *Whale Song*：

你現在受到召喚，要深深潛入你表層意識之下，去探索那些隱藏的情緒和行為模式。（參見鯨魚／Whale，第361頁）

二十畫

蘋果 *Apple*：

蘋果可以代表很多東西。夢中若出現蘋果，雖然不一定牽涉到金錢，但很可能是繁榮和富裕的一種象徵。蘋果也跟健康有關，因為人們常會說：「一天一蘋果，醫生遠離我」。夢見蘋果也可能跟伊甸園神話中的誘惑概念有關聯，因為它就是引誘亞當和夏娃犯罪的東西。不過請記得，蘋果也可以代表智慧，因為在伊甸園神話當中，那棵知善惡樹上所生長的果實就是蘋果。

獾 *Badger*：

獾是一種生活在深層土壤裡的動物，因此牠的力量主要也跟牠在表層意識之下的機動能力有關。獾是性格頑強的穴居動物，因此也象徵持續深入事物底層，直到達成目標為止的意志。夢到獾，表示你該要開始忙碌了。

籃子 *Basket*：

籃子是一種裝東西的容器，它本身的用途就是它所象徵的意義。把東西放在籃子裡，是為了便於攜帶，因此，籃子就是組織和效能的象徵，表示你能夠隨時隨地取得你想要的東西。夢到籃子，是在提醒你去思考，你是否有辦法照顧到你全部的需求。此外，籃子也暗示著某些東西是否即將或已經被運送出去。

礦場 *Mine*：

礦場其實是深入地底下挖出的一條地道，主要是為了開採某種礦物原料。由於陸地代表我們的意識層面，因此礦場也代表當我們深入表面之下可能獲得的東西。如果你知道夢中那片礦場是在開採什麼原料，在解夢時可以把那個元素加進去。礦場通常也隱含著極大危險，瞬間就可能爆發悲劇。這就像我們在自我探索時，有時內心也會充滿恐懼一樣。

礦井 *Mine Shaft*：

礦場是在地底下開採某種礦物原料，而礦井就是通往地下礦場的門戶。從表面上來說，它證明了一個地方正在進行挖掘工作，以及開採的通道已經被建立。很多人都會作這種夢，它代表我們可能需要再次造訪我們意識表層之下那些陰暗駭人的地方，好讓自己從這些隱晦之地得到助益。如果夢中這座礦井看起來像是已經荒廢，那代表你正在重溫過去已經獲得的某些領悟或覺察，運用過去得到的智慧來解決眼前的問題。

警察 *Police*：

警察代表的就是將世界區分為「是與非」兩大陣營的戰士原型。警察形象連結的是你的內在權威感，因為它與社會能夠接受的行為有關。夢裡面出現警察，可能表示你正在權衡一個決定或一個構想的好處與壞處。假如夢裡面警察跟你有直接的互動，那就必須從整個夢境的內容來解析，他是不是想要提醒你，要去思考你目前的人生選擇。

獻祭 *Sacrifice*：

古代很多文化都有獻祭的儀式，它是用活口生命來獻給神，以此來展現對神的虔敬。因此，獻祭的核心概念就是一種隱藏式的交換。夢的解析有一個不

變的法則，當夢裡面出現死亡，比如獻祭，就代表將過去的事物釋放，讓新的東西誕生。這個過程帶有非常強大的力量，因此，如果夢中出現獻祭場景，那表示這是你內在心靈一種非常深層的改變。某些東西已經對你不再有益，你必須將它放下，才能讓新的東西長出來。

爐子 *Stove*：

爐子作為一種象徵符號，它的背後涵義在於：某樣東西可能很快就要煮熟了。烹煮食物主要是跟維持生命與營養有關，因此夢到爐子最直接的關聯就是代表你的自我照顧型態。正在烹煮食物的爐子，代表一切功能運作正常，夢到爐子壞掉或受損，表示你提供給自己的某樣東西需要被檢視。

懸雍垂 / 小舌 *Uvula*：

懸雍垂（又稱小舌、吊鐘）是懸掛於喉嚨後方的一塊組織。它的功能主要是與人類語言的發聲發音有關。當這個部位發生感染，身體開始作戰，懸雍垂通常會膨脹，當它受到刺激，就會引發嘔吐或乾嘔的反射動作。如果你夢見自己的懸雍垂有狀況，你要思考的是，你是否有辦法充分表達你自己。

二十一畫

露營 *Camping*：

露營是一種回歸大自然、讓你跟大地更親近的活動。夢到露營，代表你有一種需要或渴望，想要回到最簡單、最基本的生活方式，不想讓自己的生活因為太過複雜而變得混亂和充滿壓力。

露珠 *Dew*：

　　露珠就是空氣中尚未被太陽光蒸發掉的水氣凝結的結果；人們通常覺得露珠很美麗而且神奇。露珠的成分是水，因此也象徵情感情緒，當夜幕降臨，它會安心地展現自己。當陽光升起，露珠就會蒸發消失，因此也象徵短暫和隱密感。露珠的另一層隱含意義是，對於日子在平常生活中消逝，有種微微的觸痛和感傷。

露天汽車電影院 *Drive-In*：

　　幾乎快要絕跡的露天汽車電影院，是一種結合了汽車和電影兩種象徵符號的有趣組合。在夢的解析裡面，露天汽車電影院是代表內在動力，你想要暫時停下你正在進行的動作，花點時間來放鬆和逃避一下生活壓力。如果夢裡面的情境，很明顯重點是放在電影螢幕上，那麼你可能要進一步去探索，你的潛意識陰影裡面隱藏了什麼想法。

蠟燭 *Candle*：

　　蠟燭是人類生命火花的象徵。當你想要顯示某些時刻的重要性，你也會點上一根蠟燭，表示你有能力在先前沒有光的地方創造出光明。夢到蠟燭，可能表示你目前就處在這樣一種充滿創造力的時刻。夢見熄滅的蠟燭，代表那股光明的潛能現在處於黑暗空間。夢見你在點蠟燭，可能表示你內心有一個渴望，想要慶祝生命的里程碑和重要經歷。假如你夢到的蠟燭是有顏色的，那在解夢時也要把那個顏色的深層涵義考慮進去。

寶石 *Gemstone / Jewels*：

　　寶石是利用地球上最稀有的東西製造出來的貴重物品，它們是最能代表財富、繁榮、豐盛，以及所有我們所珍視之物的象徵。寶石也被視為一種神聖物件，夢到寶石也可能代表精神上的抱負和志向（參見石頭／Stones，第67頁）。

魔術 / 魔法 *Magic*：

你藉著轉移對方的注意力和操縱對方來滿足你的需要。這種使用能量的方式可能是正面的，也可能是負面的；只有你自己能決定它的好壞。魔術的精髓在於使用詭計和錯覺來轉移觀眾的注意力，並把你真正的意圖藏起來。這樣做或許能達到你的目的，但終究是不誠實的。夢中是誰在變魔術，會決定你如何解釋這個夢。如果你就是那個變魔術的人，那表示你覺得需要隱藏自己的真實動機。如果是別人在變魔術，那代表你可能因為被蒙在鼓裡而做出了某個選擇。

魔術師 *Magician*：

你正在與你的內在力量連結，使無法解釋或意想不到的事情顯化成真。魔術師是構成人類生命狀態的其中一個主要原型，他代表的是我們內在能夠運用神奇、神聖之力，來創造任何我們想要的東西的那股力量。不過，這個魔術師原型概念，與我們一般看到在舞台上從事娛樂表演的魔術師有很大差別。從事娛樂表演的魔術師，他們在我們眼前耍弄的是不可能的幻術；我們都知道那裡面有詐，但我們還是會為他們的表演感到驚奇連連。這種魔術師代表的就是一種操縱的概念。

魔毯 *Magic Carpet*：

作為精靈的標準配備，魔毯當然就是代表魔法的力量，而任何在空中飛的東西，也都跟我們的智力和頭腦意識領域有關。魔法思考可以是一種振奮人心的恩賜，也可以代表對於生命的現實與困難情境之抵禦。夢到魔毯，可能是在邀請你，要在你的思考當中加入可以帶來希望的精神信仰，或是試著檢視一下，你是否在逃避現實生活中需要你關注的一些事情。

魔杖 *Wand*：

　　魔杖是巫師或女巫用來引導能量的工具，能夠幫你實現內心的願望。魔杖與煉金術原理有關，它是象徵你有能力為你的生活帶來巨大改變，掌控那些無法被控制的事物。作為巫師手上的一種用具，魔杖是讓他（或她）能夠揮舞魔法、發揮力量的一個工具原型。哈利波特這個電影小說人物的出現，已經讓魔杖變成一種人人都可接近的東西。因此，夢到魔杖，可能是在提醒你，要善用自己的力量來創造你想要的任何東西。

護士 *Nurse*：

　　護士是當我們生病或受傷時負責照顧我們的人。在夢的解析當中，護士作為一個角色面向，代表的是當我們需要很多照顧時，我們內在被呼喚出來執行這份工作的那個自己。夢到護士，代表你需要跟自己內在這位照顧者培養更緊密的關係。

護照 *Passport*：

　　護照是一種身分證明文件，同時也是我們前往國外地區的通行證。護照作為一個夢境符號，它代表的是你是否能夠離開你的舒適圈，將你的意識往外擴展到更深遠的境界。這樣的夢也是代表你內心的一種欲望，想要拓展你的人生視野，發掘一些更有趣的事物。如果夢見自己遺失護照，那表示你感覺自己的能力受到限制，無法完成更多事情，或是沒辦法用更多的創意來解決問題。

欄杆 *Railing*：

　　欄杆是在一個開放區域裡面，為了防止有人掉落而架設的一種安全保護裝置。害怕掉落，通常都跟控制和需要維持某種狀態有關。在夢的解析上，欄杆這個意象符號是代表：在可能的風險區域架設起安全的保護裝置。如果你夢裡面

的欄杆有斷掉的情形，那表示你可能感覺到不安全，內心非常不安。夢見自己抓著欄杆，可能代表你內心有很多的恐懼，但其實那並不是絕對必要的。

鐵路 *Railroad*：

鐵路一度是世界上偉大的地面征服者，為人類的文明、商業以及文化皆帶來巨大變革。而今，鐵路幾乎快要成為過時的古董，但它的象徵意義依然存在，代表我們意識當中的不同區域，透過一種方式相互連結起來。在夢的解析上，任何一種旅行都是代表你想要在生活中做出一些改變或變革。如果你的旅行方式是透過慢速度的鐵路，那代表你可能正在考慮人生的其他可能性。夢見鐵路，也可能代表老舊的思考方式。

二十二畫

襯衫 *Shirt*：

衣物就是我們表達自己的一種方式。我們的上軀幹內部有很多重要器官，因此，襯衫也代表你面對情緒以及處理情感傷害的方式。襯衫這個符號代表你對自己的保護，同時也是你獨特個性的展現。「把襯衫脫下來」(the shirt off your back)，這句話的言外之意，就是對於你個人最重視的東西，你願不願意被改變，或是跟別人交換。

癮癖／成癮 *Addict*：

這是你人格當中的一個面向，表示你正在逃避某些東西，而且處於失控狀態。在夢中，你的成癮狀況會顯示你的這種內在衝動有多嚴重，以及它正在對你造成什麼樣的傷害。

籠子 *Cage*：

籠子本身的目的就是要把某樣東西關起來，但又讓它保有一種像是處在開放空間的錯覺。或許你覺得自己在生活中受到了某些束縛。籠子裡關了什麼人或是什麼東西，會大大關係到你如何解析這個夢境。如果被關在籠子裡面的是你，那麼你可能要去看一下，你在哪些事情上給自己設了限制。

灑水器 *Sprinklers*：

灑水器可以讓出水量和出水方向同時受到良好控制。如果你夢中出現的灑水器是為了園藝澆花之用，這個夢反映的，就是你希望確保你在執行創意的過程中，可以維持專注力不間斷，來完成這個計畫或創意想法。如果是夢到用來協助滅火的消防灑水系統，那代表你希望阻止那些不在你預期中的突發改變。有些改變可能會讓人措手不及、無法承受，因此夢到消防灑水系統，代表你想要採取一些預防措施，讓變化不要太多太快。

二十三畫

變裝皇后 / 男扮女裝 *Drag Queen*：

變裝皇后是基於一種高度想像，用極為誇張的方式來表現女性特質。這個符號意象通常帶有活力開朗和喜悅的感覺，意謂著事物並非它們表面上看起來的那樣。我們內在本性的陰柔面，就是指充滿滋養、創造力以及耐心的這些面向。夢見變裝皇后，或許是意謂著這些特質需要以更為真實的方式跟你的生命整合起來。

變性人 *Transsexual*：

在西方文化中，性別的表現非常複雜，而且經常被很多人誤解，這使得我們在解釋變性人這個夢境意象時，也同樣遇到相當複雜的情況。假如你對變性的經驗有某種程度的熟悉，那這個夢可能就是單純在探索這個角色的各種不同外顯方式，它可能比大多數人想像的還要不固定、更易變。變性人這個符號的核心涵義是指在陽性能量與陰性能量之間轉換，或是動與不動這兩種能量狀態的轉換。夢到變性人可能是在提醒你，對於目前生活中的某個情況，你可以考慮用完全相反的角度來觀看。雖然在你想像中，應該要採取行動比較好，但實際上可能暫時不動對你比較有利。如果你平常的習慣是動作很慢，那或許這次大膽放手去做，會是比較好的選擇。

黴菌 *Mold*：

黴菌是一種幾乎無法被肉眼看見的真菌，只有在某些情況下才會顯現，比如在某個溫度下，將食物放置過久沒有處理。其他還有一些帶有毒性的黴菌，則會藏在我們家中或是其他建築裡面。由於黴菌是不受歡迎的東西，因此在象徵意義上也跟厭惡和腐敗有關。黴菌還有另一層次要涵義，就是當你長時間忽視清潔問題，黴菌就會出現。夢到黴菌，可能是在提醒你去檢視，你生活中是不是因為長期忽視了某些東西，而導致出現問題。

體育場 *Stadium*：

無論是在實際生活中，或是作為一種夢境象徵符號，體育場所能容納的人數，就是代表力量。首先，也是最重要的一點，夢裡面出現的人，都是代表我們的思想和意念。成千上萬的人聚集在一起，就是象徵你正在為一個概念投入全部的熱情，聚集起一致性的動力。你生活中正在為什麼事情全心全意做準備呢？

◆ 二十四畫 ◆

罐頭 *Can*：

罐頭的用途是保存東西（通常是食物），以供日後使用。因此，罐頭象徵的就是某樣從過去一直被保存到現在的東西。如果你夢見的這樣東西是很貴重的，那麼它就是一個積極正向的夢境。不過，罐頭裡面裝的物品也可能會腐壞，變成帶有危險性，如果你夢到的是這類物品，那可能表示現在該是你放下過去某些東西的時候了。

罐子 *Jar*：

罐子的目的是為了裝東西，而且通常是用來做長期保存之用。因此，罐子象徵的就是一種能力，可以捉住事物的精髓，並盡可能將它保存起來，供之後使用。任何可以用來盛裝東西的物品，都是象徵女性能量法則的接納特質。

鷹 *Hawk*：

所有的鳥禽都代表某種信使，但其中鷹的力量是最大的。鷹的智力極高，而且擁有絕佳的視力。牠們雄偉的羽翼可以把牠們帶到極高之地，讓牠們看得非常遠。如果有老鷹來拜訪你的夢境，表示你現在可以運用這個能力，跨越時間和空間，仔細眺望遠方。老鷹是傳遞訊息的使者，可以幫助你帶著自信和清明看見人生的新方向。

鷹架 *Scaffolding*：

　　當我們要維修一棟建築，首先得在它旁邊架設一道外部結構，看起來就像這棟建築的外骨骼，也就是俗稱的鷹架。夢中出現建築鷹架，意謂著改變和變革正在發生，即使我們很難將它視為直接證據。但可以確定地說，夢到鷹架就是代表你生活中某些情況即將獲得改善。

癱瘓／無法動彈 *Paralyzed*：

　　很多人都會在睡夢中發現自己全身無法動彈。這有一部分是生理上的因素，因為在睡眠的快速動眼期 (REM)，大腦會讓身體處於麻木狀態；這是因為在這段睡眠時間，大腦的活動非常活躍，如果不暫時讓身體無法動彈，你可能會像清醒時一樣到處走動。如果這種癱瘓的強度不夠，它就會導致睡眠障礙，比如說夢話或是夢遊。這整個過程的運作，其實有它的指令順序，在我們恢復意識之前，癱瘓狀態就會自動解除。但如果這個過程進行得不順，你就會發現自己人已經醒來，但是身體依然動彈不得。因為此時的你其實還在睡夢狀態，你會夢到你在自己睡覺的房間裡面，但是身體完全動不了，這往往會讓我們感到害怕。這就是所謂的「夜驚」(night terrors)，小孩子出現這種現象的機率比成人更高，而這也是為什麼會有床底下躲著鬼怪這類故事的由來。人處在這種狀態下，對於能量的敏感度增高，也因此更能感應到平常意識清醒時覺察不到的東西。這種全身無法動彈所帶來的恐怖感受，再加上感覺房間裡面似乎躲著什麼東西，於是我們常常會假設，我們在這個房間裡面可能會受到極大傷害。其實這並不是真的，而且我們可以運用我們的心靈意識來改變這個經驗，讓它變得非常輕鬆美妙。不過，這種經驗一開始確實會讓人感到害怕。因此，夢到自己全身癱瘓動彈不得，代表你的身體出現這種現象，而且應該將它視為非常難得的解夢機會，因為它反映的是你的潛意識內容。假如這種全身無法動彈狀態是發生在一個更複雜的夢境當中的一部分，那麼可能代表你生活當中有某樣東西正在阻礙你，讓你無法採取確切的行動。

癲癇發作 *Seizure*：

　　夢裡面很明顯出現癲癇發作的畫面，代表你對生活中某些事情感到非常困惑，甚至讓你感到無力。癲癇是一種神經學上的現象，由於腦內細胞和神經系統不正常放電，導致身體瞬間出現失控情形。癲癇的發生有各種不同原因，但結果常常都很危險。在象徵意義的層次上，任何跟我們大腦相關連的東西，都是代表我們如何思考。癲癇本身是一種異常的神經混亂狀態，因此代表的就是極度混亂和混雜的思維。你生活中是不是有些事情讓你感到非常混亂、困惑，或是焦慮？如果你夢見自己癲癇發作，那麼最好檢視一下，你生活中哪些事情讓你感到混亂，而且為你帶來深層的傷害。如果夢裡面是其他人癲癇發作，那麼請用這個人的性格特質來檢視你自己的內在，看看是否這個部分的你也因為混亂而感到痛苦。

靈魂伴侶 *Soul Mate*：

　　靈魂伴侶是一種概念的體現，也就是說，我們相信世上有一個非常特別的人，你注定要跟他相遇成為親密伴侶。作為一種象徵符號，這其實就是指你的本我不可避免必然經歷的擴展過程，而靈魂伴侶的核心意義在於感受，你感覺你們兩人是上天早就注定好的。這個夢會讓你感覺像是你現實生活中在找尋這樣一個人，但從某種層次上來說，這個夢就是你邁向內在真我整合旅程的一部分。尋找你的靈魂伴侶，就是代表追求自性的圓滿完整，以及（或是）這個追尋完滿的過程中可能遇到的阻礙。成功找到自己的靈魂伴侶，代表你的自性真我整合即將完成。如果夢境裡面顯示你在尋找靈魂伴侶的過程遇到困難，那些困難就是代表你在目前生活中完成自性整合所遇到的障礙。

鑰匙 *Key*：

一個鎖頭只能被一把鑰匙打開。在象徵符號的領域中，鎖代表問題、困境、障礙，或是尚未達成的願望。而鑰匙就是代表為了解決你所面臨的這些問題，你所需要擁有的東西。大部分跟鑰匙有關的夢，都是夢見在尋找遺失的鑰匙，或是你手上有一把鑰匙，但是不知道它原來配置的鎖頭是哪一個。生活是一個不斷前進的過程，會有很多時候，你需要用正確的鑰匙來插進正確的鎖頭裡，但這只是解決問題的第一步而已。鑰匙這個符號最深層的涵義，就是有效地處理生命的根本迷奧。

觀音 *Quan Yin*：

觀音是陰性能量法則的代表女神之一，祂能聽聞世間一切眾生的絕望呼喊。觀音是慈悲的化身，對應的是西方基督教信仰中的聖母瑪利亞。如果這個原型形象出現在你的夢境中，那代表你正在與更高層次的愛與慈悲之靈性能量緊密連結。（參見聖母瑪利亞／Mother Mary，第259頁）

◆ 二十六畫 ◆

驢子 *Donkey*：

驢子是勤奮不倦的勞動者，牠們被人類馴養後，憑藉牠們的力量和毅力無私地為人類服務。因此，這個動物圖騰帶有的療癒涵義就是：憑藉自我奉獻和毅力決心來達成目標。夢見驢子，代表你正在與這種意志和原則連結，以面對生活中所需要的工作重荷。

◆ 二十七畫 ◆

鱷魚 / 短吻鱷 *Alligator*：

　　所有的爬蟲類動物，在象徵意義上都跟基本生存與本能的原始傾向有關。由於鱷魚是水棲動物，這代表牠們的存在意義和力量跟我們的情緒有關。鱷魚性格有點凶猛，因此也代表在意識表面下存在著恐怖和危險的感覺。夢見鱷魚，表示你正處於等待狀態，你以這種方式來作為保護自己的力量。但同時，當你自身情感脆弱的那一面出現時，也可能因為這種情緒反應而受傷。鱷魚也代表在一切狀態下都能保持精準和控制。短吻鱷（Alligator）和長吻鱷（crocodile）很容易讓人搞混，但在象徵意義上，兩者並無不同。

纜車 *Cable Car*：

　　這種城市旅遊的景象可能差不多在地球上消失了，但這個意象可能還是會出現在我們夢中。在解夢上，首先，纜車可以被視為一種能力，象徵一個人有辦法從複雜的思維模式中摸索出正確行進方向，其中，纜車的運送元素代表行進方向，而城市地景環境則代表我們的複雜思維。其次，要從你個人對纜車的聯想來解析。或許纜車會讓你想到一個人的思考速度比較緩慢，但思考過程卻比較開放。

鑽石 *Diamond*：

　　鑽石是碳分子長時間受到擠壓堆疊而形成的珍貴晶石。在象徵意義上，碳分子是所有生命形態的基礎成分，因此也代表一切萬有。時間和壓力這兩個要素在解夢上就直接代表字面上的意思，因為我們的生活確實有很大部分就是被這兩樣東西填滿的。因此鑽石最終極的象徵意義，＋就是你在經歷生命的艱難挑戰之後所獲得的禮物和利益。作為一種貴重的寶石，鑽石代表的是我們生命中最珍視的東西，因為鑽石的形成過程充滿著巨大挑戰。（參見石頭／Stones，第67頁）

◆ 分類索引 ◆

第四章：人類世界
Human World

第五章：精神世界
Spirit World

5-1 神祕的存在 Mythical Beings

解夢辭典

出　　　版／楓樹林出版事業有限公司
地　　　址／新北市板橋區信義路163巷3號10樓
郵 政 劃 撥／19907596　楓書坊文化出版社
網　　　址／www.maplebook.com.tw
電　　　話／02-2957-6096
傳　　　真／02-2957-6435
作　　　者／麥可‧蘭諾克斯
譯　　　者／黃春華
企 劃 編 輯／陳依萱
校　　　對／許瀞云、周佳薇
港 澳 經 銷／泛華發行代理有限公司
定　　　價／480元
初 版 日 期／2021年11月

國家圖書館出版品預行編目資料

解夢辭典 / 麥可‧蘭諾克斯作；黃春華翻譯.
-- 初版. -- 新北市：楓樹林出版事業有限公司
, 2021.11　面；　公分

ISBN 978-986-5572-59-4（平裝）

1. 夢　2. 解夢

175.1　　　　　　　　　　　110014693